William Montgomery McGovern, Ph.D. (Oxon)

Buddhistische Philosophie und Kosmologie

Aus dem Englischen von Dr. Julian Braun

Angkor Verlag

Bibliografische Information der Deutschen Bibliothek:

Die Deutsche Bibliothek verzeichnet diese Publikation in der Deutschen Nationalbibliografie; detaillierte bibliografische Daten sind im Internet über http://dnb.ddb.de abrufbar.

Buddhistische Philosophie und Kosmologie./McGovern, William Montgomery. Aus dem Englischen von Julian Braun. – Frankfurt: Angkor Verlag, 2016.

Website: www.angkor-verlag.de

Herstellung: Books on Demand GmbH, Norderstedt

ISBN: 978-3-943839-34-0

Vorwort zur deutschen Übersetzung

Das hier übersetzte und vor knapp einhundert Jahren erschienene Werk ist ein imposantes Zeugnis des hohen Kenntnisstandes, der in vielen Bereichen der Buddhismusforschung zu dieser Zeit bereits bestand. Der Verfasser William Montgomery McGovern (1897-1964) hat ein abenteuerliches Leben geführt – es wurde sogar vermutet, dass er die berühmte *Indiana Jones*-Figur inspirierte. Im hier vorliegenden Werk bezieht er sich auf eine eindrucksvolle Fülle an Originalquellen, um wesentliche Aspekte der buddhistischen Philosophie und Weltsicht zu erläutern: den Aufbau der Welt und des Kosmos, die ihn konstituierenden Faktoren, die darin wirkenden Gesetzmäßigkeiten. Das Werk ist eigenständig lesbar, es bietet jedoch auch eine gute Gelegenheit, einzelne Aspekte mit Hilfe moderner Sekundärliteratur sowie den Übersetzungen von Quellentexten zu vertiefen.

Die folgende Liste der von McGovern angeführten Abkürzungen ist von mir ergänzt; ich konnte nicht alle, die im Buch vorkommen, zuordnen. Im Text habe ich an einigen wenigen Stellen den englischen Begriff nicht übersetzt oder in eckige Klammern gestellt, welche ansonsten für eigene Ergänzungen stehen.

Dr. Julian Braun München, 2014

Liste der von McGovern verwendeten Abkürzungen

Abkürzung	**Titel**
Ab. Hr.	*Abhidhamma-hridaya*
Ab. Sam. San.	*Abhidhamma-samyukta-sangitit*
A. K.	*Abhidhamma-kosa*
A. P.	*Abhidhamma-prakarana*
A. S. P.	
A. S. S.	
A. V. P.	
C. P.	*Abhidhammata-sangaha* *(Compendium of Buddhist Philosophy)*
D. A.	*Dirgha-Agama*
D. B.	*Dialogues of the Buddha*
D. N.	*Digha-Nikaya*
Dh. K. (*Dh. Kaya*)	*Dhatu-kaya pada*
Dh. Sk.	*Dharma-skandha pada*
Dt.	
F. A.	
F. Ch.	*Fa-chieh-an-li-t'u* (?)
F. L.	
F. T.	*Fo-tsu-t'ung-chi* (?)
Jn. Pr.	*Jnana-prasthana*
K. I.	
Lal. Vist.	*Lalita-vistara*
M. B.	*Manual of Buddhism (Spencer Hardy)*
M. V.	*Mahavibhasa*
M. Vy.	*Mahavyutpatti*
Maha. Vibh.	*Mahavibhasa*
N. A.	*Nyayanusura*
Neo. Stu.	
P. A.	
P. Sk.	siehe *Pan. Sk.* (?)
Pan. Sk.	*Panca-skandhaka-sastra*
Par. Sk. Vai.	*Panca-skandha-vaipulya-sastra*
Pr. Pad	siehe *Pra. pa* (?)

Pra.pa.	*Prakarana pada*
R. P.	
S. Dh.	*Sata dharma-vidya-dvara*
San-par.	*Sangiti-paryaya pada*
Sat. D.	siehe *S. Dh.* (?)
V. M. S.	*Vidyamatra-siddhi*
Wei-shi	*Wei-shih-lun-chiang-i*
Y. B.	*Yogacara-bhumi*
Yog. Bhu.	*Yogacara-bhumi*

Inhaltsverzeichnis

Einführung

1. Das Studium der buddhistischen Philosophie

Alle Formen des Buddhismus, egal wie unterschiedlich, beanspruchen für sich drei Objekte der Verehrung zu haben; nämlich *buddha, dharma* und *sangha.* Das erste ist der Begründer des Glaubens, das zweite ist die von ihm verkündete Lehre, und das dritte ist der von ihm begründete Orden. Bei der Betrachtung dieser drei *ratna* oder sogenannten „Juwelen“ sind eine enorme Menge an Spekulationen entstanden; mit einer Vielzahl von Ansichten darüber, wie sie auf korrekte Weise zu verstehen sind.

Fragen, welche den *sangha* betreffen, werden umfangreich in den verschiedenen Versionen des *Vinaya-Pitaka* behandelt, den Büchern des kanonischen Rechts, und ihren späteren Kommentaren. Sie befassen sich mit der rechten Organisation der Klöster, den Riten, welche die Aufnahme von Männern und Frauen in den Orden begleiten, sowie der Nahrung, Kleidung und Behausung, welche sie anschließend gebrauchen. All diese Fragen liegen gänzlich außerhalb des Bereichs der Philosophie und somit auch außerhalb des Bereichs unseres gegenwärtigen Unternehmens.

Spekulationen den Buddha betreffend, oder besser gesagt: die Buddhas, gemeinsam mit weniger erhabenen Wesen wie den Selbst-Verwirklichern bzw. *pratyeka-buddha* und Heiligen bzw. *arhat* haben sogar eine noch größere Rolle in der Geschichte des Buddhismus gespielt, denn es wurden heftige Diskussionen über die Eigenart und die Kräfte jedes dieser Wesen geführt; und über die Frage nach den Mitteln, mit welchen solche Zustände erreicht werden können. Aber da all diese Probleme eher der Religion zuzurechnen sind als der Philosophie, sind sie unserer hier vorliegenden Arbeit gleichermaßen fern.

Der *dharma* bzw. das Gesetz, welches der Buddha seinen Schülern verkündet hat und dann an spätere Generationen überliefert worden ist, die die älteren Lehren nach und nach modifiziert und neuinterpretiert haben, ist die Grundlage, auf welcher die buddhistische Philosophie – zurecht so genannt – später errichtet wurde. Frühzeitlicher Buddhismus war vielmehr ein schlichter religiöser und ethischer Kodex denn ein metaphysischer Versuch, die Probleme des Universums zu lösen; aber als die Zeit verstrich und spätere Kommentatoren, sich an Tiefgründigkeiten erfreuend, nach weiteren Wahrheiten strebten und ihren eigenen Ruf vergrößerten, indem sie die alten Muster für eine rationale Erklärung des gesamten Universums verwandten, wurde der alte *dharma* durch einen neuen *Abhidhamma* ergänzt. *Abhidhamma* bezeichnet für gewöhnlich die Metaphysik; aber die ersten Abhidhamma-Werke waren eher dogmatische Traktate, welche eine vermeintliche, systematische Klassifikation der älteren Lehrkategorien anführten, wobei schrittweise andere und dazu passende Inhalte formuliert wurden.

Bis zu diesem Zeitpunkt gab es kaum formale Logik oder wenigstens rationale Argumente aufgrund allgemein anerkannter Daten. Als Basis für die Wahrheit galt der Korpus der von einem mysteriösen Lehrer dargelegten Lehren; und das Maximum, was ein Kommentator tun konnte, bestand darin, die überlieferten *dharma-paryaya* in eine neue und bessere Anordnung zu bringen,[1] sowie diejenigen Ideen herauszuheben, von denen angenommen wurde dass sie den älteren Aussagen inhärent seien. Konsequenterweise ist der alte bzw. kanonische Abhidhamma eher dem zuzuordnen, was wir Theologie nennen würden, denn der Philosophie.

Kontroversen zwischen den verschiedenen buddhistischen Gruppierungen machten zwar die Einführung einer abstrakteren Begründung notwendig, dennoch konnte man sich weiterhin auf die Sutras berufen; oder wenigstens auf diejenigen Sutras, welche von allen Schulrichtungen als kanonisch anerkannt wurden, so dass die wichtigsten Entwicklungen in der buddhistischen Philosophie erfolgten, als die buddhistischen Denker in gewaltsamen Konflikt mit den voll entwickelten fremden Philosophien gerieten. Dies ereignete sich – was Indien betrifft – zwischen dem ersten und den fünften Jahrhundert, und in China zwischen dem fünften und dem neunten Jahrhundert.

Angefangen mit Buddhaghosa hat die Pali-Schule des Buddhismus in China und später in Burma viele wichtige Lehr-Ergänzungen zum buddhistischen Vermächtnis beigetragen; aber zum größten Teil blieb die Pali-Schule ausreichend behütet, um sie vom Ton her hauptsächlich theologisch denn philosophisch werden zu lassen.

Wer buddhistische Philosophie studieren will, muss seine Aufmerksamkeit auf die Abhidhamma-Texte richten, wobei damit nicht nur die ursprünglichen Werke von Schulen wie den Sarvastivadin oder Sthaviravadin gemeint sind, sondern auch und vor allem die späteren Kommentare – mit besonderer Bezugnahme auf diejenigen Texte, in welchen die buddhisti-

[1] Jap. *hômon* oder „Tore der Lehre"; siehe den Eintrag im *Princeton Dictionary of Buddhism*.

schen Mönche sich daran gemacht haben, ihre Lehren gegen Angriffe von außerhalb zu verteidigen. Für die Pali-Lehren haben wir uns natürlich den Werken von Budddhaghosa und Anuruddha sowie ihren Nachfolgern zuzuwenden. Für die Hinayana-Tradition[2] von Indien selbst müssen wir die Sarvastivadin-Schulrichtung in Betracht ziehen, und darin eingeschlossen die Mahavibhasa-Schulrichtung sowie die Werke von Vasubandhu und Sanghabhadra. Für das indische Mahayana haben wir die großen Vertreter der zwei Hauptschulrichtungen des Mahayana – Madhayamika und Yogacara – einschließlich Nagarjuna, Aryadeva und Candragomin für erstere sowie Asanga, Vasubandhu, Dignaga, Dharmapala und Dharmakirti für letztere. Die Triebfedern der chinesischen buddhistischen Philosophie finden sich in den Schriften der Patriarchen der T'ien T'ai-Schulrichtung und der Hua Yen-Schulrichtung.

Hier stoßen wir jedoch schon zu Beginn auf große Schwierigkeiten. Die Pali-Texte sind uns in der Tat überliefert; und die Pali-Text-Society hat große Dienste geleistet und leistet sie auch weiterhin, indem sie diese Texte dem westlichen Publikum mittels neuer Ausgaben in der Originalsprache sowie in englischer Übersetzung zugänglich macht. Aber die Arbeit derjenigen, welche die eher philosophischen Werke des Sanskrit-Buddhismus studieren wollen, wird dadurch erschwert, dass die meisten der wichtigen philosophischen Texte nicht mehr in ihrer ursprünglichen Form erhalten sind, denn mit dem Niedergang des Buddhismus in Indien ist auch ein großer Teil der buddhistischen Literatur untergegangen; und obwohl eine Anzahl von Sutras – hauptsächlich des Mahayana – und *avadanas* bzw. fromme Geschichten erhalten sind, sind die gewichtigeren Werke verschwunden. Von den zahlreichen Abhidhamma-Werken der Sarvastivadin ist nur ein einziger Kommentar zum *Abhidhamma-kosa* erhalten. Obwohl wir durch das *Madhayamika-vrtti* eine gute Erläuterung der Madhyamika-Schulrichtung haben, sind die meisten der philosophischen Texte der Yogacara-Schulrichtung verloren; was noch übrig ist, sind Schriften wie das *Sutra-Alamkara*, fromme Handbücher für den nach Buddhaschaft strebenden Adepten, kaum Schriften zur Lehre und Metaphysik.

Glücklicherweise wurde eine gewisse Menge an Texten ins Tibetische übersetzt, und im Laufe der Jahre werden diese uns vermutlich erschlossen

[2] [Fußnote im Original] Für die Definition von Hinayana und Mahayana sowie für die hauptsächlichen Unterschiede zwischen den beiden Zweigen des Buddhismus siehe meine Einleitung in meiner *Introduction to Mahayana Buddhism*.

werden. Aber leider sind die tibetischen Texte in keiner Weise vollständig. Die Tibeter besaßen vor der Einführung des Buddhismus praktisch keine eigenständige Kultur. Sie waren nicht einmal der Kunst des Schreibens fähig; und so ist es kein Wunder, dass es, als sie den Buddhismus annahmen, einen größeren Bedarf an Sutras, Avadanas, Jatakas und Dharanis gab[3] als an ab-strusen Texten, welche sich minutiös mit Ontologie und Phänomenologie beschäftigen. Aber wir müssen dankbar sein für das, was erhalten ist.

An vielen Stellen jedoch, wo die Sanskrit-Überbleibsel stumm sind und wo selbst der tibetische Kanon keine Hilfe geben kann, finden wir eine vollständige Erläuterung in den chinesischen Übersetzungen der buddhistischen Texte, welche im Allgemeinen – wenn auch etwas ungenau – als „chinesisch-buddhistischer Tripitaka" bekannt sind. Hier finden sich all die wichtigen Werke der Sarvastivadin, Madhyamikas und Yogacarin, zusätzlich zu den originalen Werken der Denker aus der T'ien T'ai- und der Hua Yen-Schulrichtung, welche bereits erwähnt wurden.

Konsequenterweise muss jemand, der ein Studium der buddhistischen Philosophie angehen will – egal ob in ihrer finalen Form oder hinsichtlich ihrer Entwicklung –, sich an die gelehrten Abhandlungen zur endgültigen Seinsweise des Geistigen (*noumenon*) und der Phänomene in einer Sprache machen, welche mono-syllabisch ist, und von der die meisten Zeichen ein Nomen, ein Verb oder eine Präposition sein können, je nach Kontext oder der Laune des Autors bzw. Übersetzers.

Angesichts der sprachlichen Schwierigkeiten, welche auf diesem Weg lauern, ist es kein Wunder, dass ungeachtet der enormen Fortschritte, welche die Orient-Wissenschaften in den letzten Jahren gemacht haben, vieles der buddhistischen Philosophie weiterhin unbekannt ist. Wir können zu Recht behaupten, einen guten Teil der religiösen Seite des Buddhismus zu kennen, besonders was die Pali-Schulrichtung betrifft, denn die meisten ihrer fünf *nikaya* haben ihren Weg in die eine oder andere europäische Sprache gefunden. Ebenso wurden fünf oder sechs bekannte Mahayana-Sutras übersetzt, während wir vom Vinaya zumindest die mehr als ausreichende Wiedergabe der Pali-Version von Oldenberg und Rhys Davids ha-

[3] [Fußnote im Original] Für diese und andere Sparten der buddhistischen Literatur siehe die Einleitung in Burnoufs *Bouddhisme Indien.* [Dieses bahnbrechende Pionierwerk des Indologen Eugène Burnouf (1801-1852) ist seit 2010 auch in einer englischen Übersetzung erhältlich, *Introduction to the History of Indian Buddhism.*]

ben.[4] Unsere Kenntnis der buddhistischen Philosophie jedoch, ja sogar der buddhistischen Theologie, ist auf drei oder vier Übersetzungen aus dem Vermächtnis des Abhidhamma begrenzt; wertvoll als ein Vorgeschmack auf das zu Erwartende, aber unzureichend, um diejenigen zufriedenzustellen, welche eine gehaltvollere philosophische Kost suchen. Beinahe nichts wurde bislang unternommen, um die nördlichen [im chinesischen Kanon erhaltenen] philosophischen Werke dem westlichen Leser zugänglich zu machen; und es kann mit Gewissheit gesagt werden, dass selbst die Pali-Werke nicht vollständig verständlich sind, solange ihre Lehren nicht mit den anderen Strömungen der buddhistischen Tradition verglichen worden sind.

Die vorliegende Arbeit ist ein gänzlich unvollkommener Versuch, unsere Kenntnis von der Geschichte der buddhistischen Philosophie ein kleines bisschen zu erweitern. Im besten Fall können wir ein wenig an der riesigen Menge des vor uns liegenden Material knabbern und dann schnell zum Druck davonhuschen, bevor die Unermesslichkeit des Gebiets in einem solchen Ausmaß über uns herein dämmert, dass wir schweigend erstarren.

Aber wenn wir nur knabbern können, wollen wir wenigstens versuchen, es systematisch zu tun, und in einer Weise, welche weitergehende Erkundungen in der Zukunft unterstützt; in der Tat lediglich ein kleines Loch in einen gewaltigen Komplex nagend, aber ein Loch, welches uns und anderen für einen Wiedereintritt dienen kann. Anstatt daher zu versuchen, das gesamte Feld buddhistischer Philosophie abzudecken, innerhalb der Grenzen, welche notgedrungen unsere eigenen sind, greifen wir einige Hauptstränge heraus und versuchen hierüber eine einigermaßen detaillierte Übersicht zu geben.

Ein geeignetes Thema ist leicht zu finden. Der Buddhismus hat seit jeher eine Unterscheidung zwischen relativer und transzendentaler Philosophie erkannt, zwischen den Theorien die Analyse der Phänomene betreffend und den Theorien hinsichtlich der letztgültigen Beschaffenheit der Dinge. Ersteres deckt sich in vielen Bereichen mit dem, was in Europa das besondere Gebiet der jeweiligen Fachwissenschaft geworden ist, wie z. B. Astronomie, Physik, Chemie, Biologie und Psychologie; während letzteres sich eher in Einklang mit dem befindet, was im Abendland als Philosophie oder genauer gesagt Metaphysik abgegrenzt ist. Hier finden wir den Kern buddhistischer

---

[4] Hermann Oldenberg (1854-1920), ein deutscher Indologe, schrieb u.a. das Buch *Buddha – Sein Leben, seine Lehre, seine Gemeinde* (1881). Zusammen mit Thomas William Rhys Davids (1843-1922) hat er den Vinaya-Pitaka übersetzt und herausgegeben.

Philosophie, ihre vermeintlichen Lösungen für Probleme die Realität oder Unwirklichkeit äußerer Phänomene betreffend, ihre Bewertung der Welt von einem optimistischen und pessimistischen Standpunkt aus, und bezüglich all der anderen, für immer unlösbaren Rätsel, welche die Philosophie so interessant machen.

Von diesen beiden Bereichen buddhistischer Philosophie neigen wir natürlich dazu, den zweiten für unsere eingehendere Betrachtung auszuwählen, und zwar aus mehreren Gründen. Zunächst einmal gibt es hier mit höherer Wahrscheinlichkeit Schätze zu entdecken, denn die Buddhisten hatten gemeinsam mit anderen Orientalen mehr Chancen, mit abendländischen Metaphysikern zu konkurrieren als mit abendländischer Wissenschaft. Die genau bemessene und gewichtige Dialektik buddhistischer Weiser zur endgültigen Natur der Dinge ist zeitweise ebenso beeindruckend wie die vielsilbigen Beweise ihrer westlichen Verwandten; aber buddhistische Astronomie und Geologie sind nicht einmal kurios genug, um ihre Irrtümer, mit denen sie auf uns einstürmen, zu verschleiern. Es wäre theoretisch möglich, dass eine der zahlreichen einander widersprechenden Lösungen der noumenalen Probleme, welche von den Buddhisten dargeboten werden, sich aus keinem anderen Grund als richtig erweist als dem, dass manch ein Philosoph unter ihnen jede nur erdenkliche Antwort für das Problem gegeben zu haben scheint; aber selbst der willigste Orientalist hätte seine Schwierigkeiten damit, die Unwahrscheinlichkeiten buddhistischer Physik weg zu deuten.

Zweitens sollten wir es bevorzugen, uns mit der transzendentalen Seite buddhistischer Philosophie zu beschäftigen, weil hier der Buddhismus am originellsten war und den Fesseln der Tradition am weitesten entgangen ist, buddhistischen oder nicht-buddhistischen (*tirthaka*). Der Grund hierfür findet sich in der Tatsache, dass die früheren Werke minutiöse Details hinsichtlich der relativen Philosophie enthielten, und nur sehr wenig über noumenale Angelegenheiten. Als dann große buddhistische Denker wie Vasubandhu, Dignaga und Dharmapala auftraten, wagten sie es konsequenterweise nicht, die alten Mythen hinsichtlich der Größe oder des Aufbaus von Sonne oder Mond zu ändern; aber sie waren in der Lage, hochinteressante Ansichten über die letztgültige Beschaffenheit von jeder materiellen und geistigen Erscheinung zu formulieren.

Aus diesen und vielen anderen Gründen sollten wir es bevorzugen, uns mit der transzendentalen Seite der buddhistischen Philosophie zu beschäftigen. Die praktische Notwendigkeit jedoch hält uns in dieser einführenden Übersicht an dem anderen und weniger interessanten Aspekt des Themas fest; aus keinem anderen Grund als dem, dass die buddhistische transzendentale Philosophie vollkommen unverständlich ist ohne eine Kenntnis der relativen Philosophie, auf welcher sie basiert. Moderne westliche Philosophie ist ohne eine Kenntnis westlicher Wissenschaften sehr viel besser verständlich als es die buddhistische Metaphysik ohne eine Kenntnis buddhistischer Pseudo-Wissenschaft ist. Ein Buddhist kann die Wirklichkeit des Universums nur in Begriffen wie *dharma*, *paramanu*, *caitasika*, *citta-viprayukta dharma*, *dhatu*, *ayatana* und *skandha* diskutieren – und solange wir nicht mit diesen Begrifflichkeiten vertraut sind, von denen keine eine exakte westliche Entsprechung hat, werden wir die buddhistische Philosophie vergeblich studieren. Der Atheismus, Polytheismus, Pantheismus und Monotheismus der unterschiedlichen Ausprägungen des Buddhismus kann nur dann zutreffend verstanden werden, wenn man um die *deva* der *kama-dhatu* und die *brahma* der *rupa-dhatu* weiß.

Mit der Absicht, die Grundlagen für spätere, seriösere Studien der buddhistischen Philosophie zu legen, müssen wir uns daher notwendigerweise mit mythischen Kontinenten und unmöglichen Seen beschäftigen. Wir müssen uns darum bemühen, das zwischen Sarvastivadin und Mahasanghika heiß diskutierte Problem zu lösen, ob die Liktoren der Hölle reale fühlende Wesen sind oder eigens hierfür geschaffene Automaten. Wir müssen lange, uninteressante und schlecht arrangierte Listen von Bewusstseinszuständen durchwandern; und wenn all dies vollbracht ist, können wir zwar nicht behaupten, mit buddhistischer Philosophie vertraut zu sein, aber fähig, ihre Probleme zu diskutieren.

2. Die Bereiche buddhistischer Kosmologie

Wir haben uns entschieden, diese relative Philosophie des Buddhismus als buddhistische Kosmologie zu bezeichnen – nicht weil der Ausdruck besonders angemessen wäre, sondern in Ermangelung eines besseren. So abgegrenzt hat das Thema drei Hauptbereiche: (1) kosmische Synthese; (2) kosmische Analyse; (3) kosmische Dynamik.

(1) Kosmische Synthese. Der erste Bereich umfasst die kosmographischen Mythen; d. i. die Beschaffenheit, Größe und Gestalt des phänomenalen Universums als reale Entität und ohne weitere Analyse. Dies deckt Bereiche ab, die im Westen als Astronomie und Geographie bezeichnet

würden; nur dass die buddhistischen Astronomen nach Dantes Rolle [in der *Göttlichen Komödie*] trachten und nicht nur die Sterne erklären würden, sondern auch die Himmel und ihre diversen Bewohner.

Dies ist der Punkt an dem der Buddhismus am wenigsten originell ist. Die meisten seiner Mythen sind nicht nur vom zeitgenössischen indischen Denken geborgt, sondern vielmehr auch Teil jener primitiven Kosmographie, welche Warren in seinem Buch (*Paradise Found*) zu dem Thema zu erklären suchte.[5] Nichtsdestotrotz, einmal in das buddhistische System inkorporiert, spielten sie eine wichtige Rolle in der Formulierung späterer Spekulationen, z. B. wenn die Kommentatoren ihre Listen der Bewusstseinsstadien aufgrund der dreifachen Einteilung des Universums in *kama-dhatu, rupa-dhatu* und *arupa-dhatu* erstellen.

Im Verlauf der vorliegenden Arbeit wird sichtbar, dass es diese Mythologie ist, der alle buddhistischen Systeme am meisten zustimmen, was zeigt, dass die Hauptstruktur buddhistischer Kosmographie bereits zu einem Zeitpunkt ein wesentlicher Bestandteil des Buddhismus war, bevor seine Aufteilung in verschiedene Schulrichtungen erfolgte. Das führt uns zu einem sehr frühen Datum. Die Ausschmückungen der späteren Kommentatoren (die aus Ceylon können in dem *Manual of Buddhism* von Spence Hardy eingesehen werden) konnten die wesentliche Struktur nicht mehr verändern.[6]

Hier müssen wir jedoch unterscheiden zwischen (a) einer Kosmographie im eigentlichen Sinne, d. i. einer Karte der realen materiellen Welt mit ihren zentralen Gebirgsketten, Ozeanen und Kontinenten, welche mit den Mythen außerhalb Indiens übereinstimmen; und (b) der Entwicklung der Vorstellung von Himmel und Hölle zu den verschiedenen Bereichen der drei *dhatu*. Diese ist fast gänzlich indischen Ursprungs und repräsentiert, was die Reihenfolge der oberen himmlischen Ebenen angeht, die Abfolge der Entwicklung des Denkens in Indien. Die Tatsache beispielsweise, dass die *deva* über den *asura* angesiedelt sind, geht zurück auf die Zeit als die Perser und Inder vereint waren. Die 33 Götter, welche den Gipfel des Bergs Sumeru bewoh-

---

[5] William Fairfield Warren (1833-1929), erster Präsident der Universität von Boston. In seinem Buch *Paradise Found – The Cradle of the Human Race at the North Pole* (1885) macht er den heutigen Nordpol zum Zentrum über Mythen aus der Frühzeit der Menschheit wie z. B. Atlantis oder den Garten Eden.

[6] Robert Spence Hardy (1803-1868), Methodisten-Missionar und Asienreisender; er schrieb u. a. ein *Manual of Buddhism* (1858), *The Sacred Books of the Buddhists Compared with History and Modern Science* (1863) sowie *The Legends and Theories of the Buddhists Compared with History and Modern Science* (1866).

nen, sind ein Überbleibsel aus der theologischen Entwicklung der Veden. Die Himmel des *maha-brahma* verkörpern das spätere Ringen der Brahmana und Upanischaden nach einem höheren Ideal als die vedischen Gottheiten.[7] Die vier formlosen Sphären (*arupa-dhatu*) sind buddhistische Versuche, die Unterlegenheit zeitgenössischer Ansichten bezüglich der höchsten Glückseligkeit gegenüber ihrem eigenen Nirvana zu illustrieren.

Einzelheiten die Bewohner dieser Ebenen betreffend sind größtenteils das Werk der allzeit bereiten buddhistischen Kommentatoren, welche mit dem bereits vorhandenen Material arbeiteten. Das weitgehend hohe Alter der buddhistischen Kosmologie zeigt sich auch an der Tatsache, dass alle Versionen des *Dirgha-Agama* einen Bericht über den Kreislauf der Entstehung und Zerstörung [des Kosmos] enthalten. Soweit wir wissen wurde diese Lehre eines endlosen Kreislaufs von Schöpfung und Vernichtung von den arischen Denkern erst nach der Zeit der Veden entwickelt, und ist daher vergleichsweise jung. Sie ist sicherlich vorbuddhistisch, jedoch hat die buddhistische Akzeptanz dieser Ansicht viel zu ihrer Unterstützung beigetragen.

(2) Kosmische Analyse. Zusätzlich jedoch zur Akzeptanz zeitgenössischer Mythen bezüglich der Geographie des phänomenalen Universums gingen die Buddhisten einen großen Schritt weiter, indem sie versuchten, dieses bunt gemischte Ganze in eine Gruppe von fundamentalen Einheiten aufzulösen, aus denen alle anderen Phänomene als bloße Verbindungen oder Kombinationen zusammengesetzt sind. Dieses Bemühen, das Komplexe auf eine kleine Anzahl von einfachen und einheitlichen Letzt-Entitäten [*ultimates*] zu reduzieren, spielte eine äußert wichtige Rolle in der buddhistischen Philosophie. Obwohl einige Jahrhunderte vergehen mussten, bevor die vollständige und endgültige Liste dieser Elemente fertig war, begann die Tendenz zur kosmischen Analyse doch bereits in der ersten Tagen des Buddhismus, wie anhand von so simplen Kategorien wie den fünf Gruppen

[7] „Zu jedem Veda gehört ein Brahmana, eine Anleitung (*vidhi*) zum praktischen Gebrauch des in der Samhita vorliegenden Materials. Daran schließen sich Erklärungen (*arthavada*) der verschiedensten Art an. Sie sind der Ausgangspunkt für Betrachtungen und Gedanken philosophischer Art, welche meist gegen Ende der Brahmanas entstehen und deshalb unter dem Namen Vedanta („Veda-Ende“) zusammengefasst werden. Er bildet den Inhalt der Nachträge zu den Brahmanas, den sogenannten Aranyakas, aus denen später die Upanischaden hervorgegangen sind, die deshalb jeweils einem bestimmten Veda zugeordnet werden.“ (*Lexikon der östlichen Weisheitslehren*).

(*skandha*), zwölf Grundlagen (*ayatana*) oder achtzehn Elementen (*dhatu*) deutlich wird. Die deutlichen Meinungsverschiedenheiten zwischen den verschiedenen Schulrichtungen diese Faktoren des Daseins betreffend – abgesehen von den angesprochenen simplen Kategorien – zeigt aber auch, dass die kosmische Analyse sich erst nach der kosmischen Synthese zu entwickeln begann, und ein Ergebnis von langanhaltendem und sorgfältigem Nachdenken war. Hier finden sich keine nicht-indischen oder vorbrahmanischen Anteile mehr, und tatsächlich scheint – außer vielleicht der Atom-Theorie – nur sehr wenig von rivalisierenden Gedankensystemen geborgt zu sein, so dass die buddhistische Klassifikation der Elemente des Daseins ein einzigartiger und originaler, wenn auch wertloser Beitrag zum menschlichen Denken ist. Von weit größerer Bedeutung vom philosophischen Standpunkt aus sind die Theorien, welche die Buddhisten hinsichtlich der Beschaffenheit ihrer eigenen oder irgendwelcher anderer Listen von Daseinsfaktoren aufstellten.

Die Entwicklung der letztgültigen Daseinsfaktoren war für den Buddhismus ebenso bedeutsam wie die Entdeckung der Elemente durch die modernen Wissenschaftler für die neuen Philosophen des Westens; außer dass die 80 [gegenwärtig: 112] sonderlichen Elemente unserer eigenen Wissenschaft alle materiell sind, während die buddhistischen Elemente hauptsächlich geistiger Art sind, da für die Buddhisten der Geist nicht weniger ein Zusammengesetztes ist als der Körper oder unbelebte Objekte. Unglücklicherweise waren die Buddhisten bei ihren Aufzählungen dieser Elemente für ihre Listen zu sehr mit religiös-ethischen Überlegungen beschäftigt, als dass sie von größerem Wert für die moderne Psychologie oder Philosophie sein könnten; aber es lässt sich mit Recht sagen, dass ihre Analyse ebenso akkurat ist wie die irgendeiner anderen orientalischen philosophischen Schulrichtung.

(3) Kosmische Dynamik. Diese bezieht sich auf die verursachenden Kräfte, welche die Kombinationen der Daseinsfaktoren zusammenbringen. Die Entwicklung dieser Theorie war eine Antwort auf die Frage, wie das analysierte Universum zu einem synthetisierten Universum geworden war, und weshalb nicht eine Anzahl von Elementen getrennt blieb, sondern durch Kombination die menschliche Persönlichkeit entstand. Einigen Denkern zufolge könnte diese Verbindung der Elemente zu konkreten Phänomenen einfach Zufall gewesen sein, der spontane Wille der Elemente selbst, Be-

stimmung oder Schicksal, oder der Entscheid Gottes. Für die Buddhisten war keine dieser Erklärungen zufriedenstellend, und sie bemühten sich zu zeigen, dass die Formierung und Auflösung der Komponenten infolge eines endlosen Kreislaufs fester Ursachen erfolgt. In früheren Stadien geschahen diese Überlegungen zur Kausalität größtenteils von einem persönlichen Standpunkt aus und hatten einen speziellen Bezug zur Lehre des Karma und der Wiedergeburt, welche der primitive Buddhismus aus früherem Gedankengut übernommen hatte. Zu diesem Zeitpunkt war die Lehre der Kausalität vor allem mythischer oder religiöser Natur, wie aus den zahlreichen *jataka* und *avadana* deutlich wird, Geschichten, die zeigen, wie die Ausführung guter Taten in einem Dasein der Vergangenheit eine glückliche Wiedergeburt in diesem Leben bewirkt. Mit dieser Seite der Lehre von der Verursachung verbunden ist die alte, als *pratitya-samutpada* [„Kausalnexus"] bekannte geheimnisvolle Formel.

Aber in Ergänzung zu dieser eher populären Auffassung von Kausalität zeigen sogar die ältesten Sutras, dass dem philosophischen Problem Aufmerksamkeit geschenkt wurde, wie ein Ding durch ein anderes verursacht oder bedingt ist; und als der persönliche Aspekt der Kausalität überschattet wurde vom kosmischen oder universellen Zusammenwirken der Ursachen, machte der Buddhismus einen großen Schritt auf dem Pfad des philosophischen Fortschritts. Wie sich vermuten lässt, war dies eine der späteren Entwicklungen buddhistischen Denkens, die gänzlich nach der Zeit des Buddha und der frühen Gemeinde erfolgte. Aber während alle Zweige des Buddhismus bezüglich der Hauptpunkte der Kosmographie (kosmische Synthese) übereinstimmen und es gewisse Kategorien wie *skandha*, *ayatana* und *dhatu* gibt, welche ebenfalls allen Formen des Buddhismus gemeinsam sind, sind sie doch uneins bezüglich anderer Aspekte der kosmischen Analyse; sogar die vierundzwanzig *pratyaya* oder Arten konditionaler Beziehung, welche in den Pali-Werken angeführt werden, sind nicht nur namentlich, sondern auch, was ihre philosophische Bedeutung angeht, verschieden von den Arten der Ursachen und Bedingungen, welche in den nördlichen indischen Schulen aufgezählt werden. Für alle späteren Philosophen jedoch waren Fragen die Anzahl der kausalen Einflüsse betreffend von solcher Wichtigkeit, dass die kosmische Dynamik den gleichen Stellenwert inne hatte wie die anderen Bereiche der Kosmologie.

3. Die drei kosmologischen Schulen

Wir haben nun die Grenzen und die Gliederung unseres vorliegenden Unternehmens dargelegt; aber es ist ebenso notwendig zu bestimmen, welche Aspekte des Buddhismus in unserer Übersicht eingeschlossen sind und welche ausgeschlossen, denn der Begriff „Buddhismus“ deckt jede auffindbare Art von religiösem Glauben und philosophischer Ansicht ab. Innerhalb des großen Spektrums buddhistischer Orden finden sich Schulen, welche einen Realismus, Idealismus, Nihilismus, Pantheismus oder Pragmatismus verkünden, so dass es vor der Verwendung der glatten Formel „der Buddhismus sagt“ oder „der Buddhismus lehrt“ notwendig ist, ausdrücklich festzustellen, welcher Zweig des gewaltigen Komplexes miteinander verbundener Ansichten durch die Verwendung des allgemeinen Terminus gemeint ist.

Für manche Zweige buddhistischer Forschung wäre es notwendig, praktisch alle Schulrichtungen und Untergruppen zu überblicken, bevor wir sagen könnten, dass unsere Untersuchung vollständig ist. Aber da wir uns selbst auf Themen der Kosmologie beschränkt haben, sind wir in einer glücklicheren Lage; denn nur drei Schulrichtungen des Buddhismus haben den kosmologischen Themen ausreichend Beachtung geschenkt oder genügend eigenständige Beiträge dazu eingebracht, um eine sorgfältige Untersuchung zu gewährleisten.

Die drei in Frage kommenden Schulrichtungen sind:

(1) Die ceylonesische Schulrichtung, welche in der Pali-Tradition gründet und welche beansprucht, der direkte Nachfolger der frühesten buddhistischen Schulrichtung zu sein, bekannt als Sthaviravadin oder Theravadin. Wir können derzeit noch nicht sagen, wie eng die Verwandtschaft zwischen den echten Sthaviravadin und der ceylonesischen Schule ist; aber für heute geben wir den singhalesischen Gelehrten den Vorzug vor dem Zweifel (eines sehr seriösen Zweifels) und titulieren alle, welche dem Pali-Kanon folgen, als original Sthaviravadin.

(2) Die zweite Schulrichtung ist die der Sarvastivadin, der gelehrten und philosophischen Schule des Hinayana, wie sie sich direkt in Indien entwickelt hat, und deren Kanon ursprünglich vermutlich in einer Form des Prak-

rit verfasst, aber später in Sanskrit geändert wurde, welches seither die kanonische Sprache ist.[8]

(3) Die dritte Schulrichtung sind die Yogacarin, welche häufig auch als Vidyamatrin [Cittamatrin?] oder Vijnanavadin bezeichnet werden. Sie unterscheidet sich von den vorangehenden Schulrichtungen dadurch, dass sie eher Mahayana denn Hinayana ist. Folgerichtig vertritt sie eine eher idealistische denn realistische Interpretation kosmologischer Probleme. Nichtsdestotrotz war sie historisch eng mit der Sarvastivada-Schulrichtung verknüpft, und ihre philosophischen und anderen Werke waren ebenfalls in Sanskrit verfasst.

Die Schulen welche keine besondere Bedeutung für das Studium der buddhistischen Kosmologie spielen, können in folgender Weise zusammengefasst werden:

(1) Indische Hinayana-Schulrichtungen, welche eine andere als die Sthaviravada und Sarvastivada-Tradition repräsentieren. Es heißt, dass es in Indien achtzehn Hauptschulen des Hinayana gegeben hat – obgleich keine zwei Berichte exakt dieselben Namen überliefern oder spezifische Unterscheidungskriterien.[9] Dennoch hatten acht oder neun davon einen nicht unerheblichen Einfluss, und Reste ihrer Philosophie sind uns erhalten geblieben. Daraus können wir erkennen, dass praktisch alle Hinayana-Schulrichtungen sich mehr oder weniger mit kosmologischen Themen beschäftigten; aber nur zwei von ihnen (die Sthaviravadin und die Sarvastivadin) verfassten einen Abhidhamma-Pitaka oder schrieben ausführliche Kommentare zu philosophischen Fragestellungen, so dass diese beiden nicht nur die einzigen Schulen sind, von denen wir genauere Kenntnis haben, sondern auch nur sie scheinen eine definierte und systematische

---

[8] Prakrit ist eine Bezeichnung für verschiedene mittelindische Sprachen, welche auf das Altindische folgten und im Unterschied zur Gelehrtensprache der Brahmanen, dem Sanskrit, den regionalen Mundarten näher standen.

[9] [Fußnote im Original] Siehe hierzu *Points of Controversy* für den Pali-Kanon, für den chinesischen Kanon die Nummern 1284, 1285, 1286 nach der Zählung von Nanjô, und für den tibetischen Kanon *Life of the Buddha* von Rockhill. [*Points of Controversy* ist der Titel der Übersetzung von S. Z. Aung und C.A.F. Rhys Davids des zum Abhidhamma gehörenden *Kathavatthu*, erhältlich über die Pali-Text-Society. Bunyû Nanjô (1849-1927) war ein japanischer buddhistischer Gelehrter; seine Auflistung der Bücher des chinesischen Kanons ist als *A Catalogue of the Chinese Translation of the Buddhist Tripitaka* als Reprint erhältlich. William Woodhille Rockhill (1854-1914) war ein amerikanischer Diplomat und gilt als Begründer der Tibet-Studien in Amerika. Sein *The Life of the Buddha and the Early History of his Order, Derived from Tibetan Works in the Bkah-Hgyur and Bstanhgyur, Followed by Notices on the Early History of Tibet and Khoten* ist ebenfalls als Reprint erhältlich.]

kosmologische Philosophie besessen zu haben, im Unterschied zu den allgemeinen Diskussionen und Widerlegungen der anderen Schulrichtungen.

(2) Andere indische Mahayana-Schulrichtungen als die Yogacarin. Die Überlieferung[10] berichtet, dass es zwei philosophische Hauptschulen gab: die frühe, durch Nagarjuna und Aryadeva repräsentierte Madhyamika-Schule, und die von Asanga und Vasubandhu vertretene Yogacara-Schule. Für die vorliegende Aufgabe kann die Madhyamika-Schule gänzlich außer Acht gelassen werden, da sie keinerlei Bezüge zu irgendwelchen kosmologischen Spekulationen hat. Sie war in Dispute hinsichtlich der Beschaffenheit der endgültigen Wahrheit und der letztgültigen Seinsweise der Realität vertieft. Vom absoluten Standpunkt aus gesehen gilt das Universum als gänzlich nicht-existent – warum sollte man sich da mit der Klassifizierung einer Fiktion beschäftigen? Von einem relativen Standpunkt aus erkannten die Madhyamika-Philosophen die Kategorien der Sarvastivadin an, ohne sie in irgendeiner Weise zu verändern.

Eine Untersuchung der verschiedenen, ins Chinesische übertragenen Mahayana-Sutras und Shastras zeigt, dass es eine Menge wichtiger Ansichten gab, die unter den indischen Mahayana-Buddhisten geläufig waren, jedoch in keiner der beiden oben angeführten Schulrichtungen wiedergegeben werden. Diese können jedoch ebenfalls ignoriert werden; erstens, weil sie nie in systematischer Art und Weise entwickelt wurden; und zweitens (was von größerer Bedeutung ist), weil solche Arbeiten mehr mit metaphysischen und ontologischen Themen beschäftigt sind als mit Problemen der Kosmologie.

(3) Chinesische und japanische Schulen des Buddhismus. Die außerhalb von Indien gegründeten buddhistischen Gemeinden waren größtenteils damit zufrieden, ihre grundlegenden philosophischen Konzepte von den original indischen Schulen des Denkens abzuleiten, wobei es für diesen Zweck nötig ist, Ceylon, die Heimat der späteren Sthaviravadin-Bewegung, als Teil von Indien anzusehen. In diesem Sinne haben Burma und Siam die Kosmologie ebenso wie die Ontologie der Pali-Abhidhamma-Werke akzeptiert. Wenn die tibetischen und mongolischen Mönche nicht damit beschäftigt

---

[10] [Fußnote im Original] Siehe die Einleitung zu Takakusus Übersetzung von I-tsing. [Gemeint ist der berühmte Reisebericht des chinesischen Mönches Yi Jing (635-713), der ausgiebige Reisen in ganz Asien (unter anderem Indien und Sumatra) unternahm. Sein Bericht ist ein unschätzbares historisches Dokument zur Situation des Buddhismus während seiner Zeit. Übersetzung durch den japanischen Gelehrten Junjirô Takakusu (1866-1945), *A Record of the Buddhist Religion As Practised in India and the Malay Archipelago*, 1896.]

waren, Teufelstänze auszuführen oder Beschwörungen und Verzauberungen zu entwerfen, studierten sie die philosophischen Systeme Indiens, ohne viel Eigenes beizufügen. Chinesische und japanische Buddhisten jedoch haben gedankliche Schulrichtungen entwickelt, welche wirklich originell und bedeutsam sind, und jede allgemeine Geschichte buddhistischer Philosophie muss diesen Neuerungen beträchtliche Aufmerksamkeit widmen, genauer gesagt der Entwicklung des Kultes des indischen *buddha-ksetra* zu einem philosophischen Monotheismus,[11] und des Madhyamika-Nihilismus zu einem realistischen Pantheismus; aber diese Entwicklungen hatten Bezug zur Kosmologie, und die neuen Schulen waren damit zufrieden, die von den Sarvastivadin oder Yogacarin entwickelte kosmische Geographie zu übernehmen.[12]

Wir sehen also, dass ein Studium der drei Schulen der Sthaviravadin, Sarvastivadin und Yogacarin ausreichend ist, um uns mit dem gesamten Feld buddhistischer Kosmologie vertraut zu machen. Damit jedoch die Geschichte der Entwicklung kosmologischer Ideen verständlich wird, ist es notwendig, etwas zur Chronologie und Beziehung dieser drei Schulen zueinander zu sagen.

(1) Die Sthaviravadin,[13] oder zumindest die in Ceylon, Burma und Siam florierende Schulrichtung, welche diese Bezeichnung für sich in Anspruch nimmt, hat eine eigenartig isolierte Stellung innerhalb der diversen buddhistischen Schulen. Ihr Sutra- und Vinaya-Pitaka sind weitgehend identisch mit denen der anderen Hinayana-Schulen, wie erkennbar wird, wenn man die Pali-Versionen mit den verschiedenen Hinayana-Sutra und Vinaya-Texten des chinesischen buddhistischen Kanons vergleicht; aber der Hauptanspruch für eine philosophische Unterscheidung ist ihr Abhidhamma-Pitaka, welcher

---

[11] *Buddha-ksetra* (*bukkoku-do*) bezeichnet die Sphäre oder das „Land" der Wirksamkeit eines Buddha. Der Hinweis bezieht sich vermutlich auf die buddhistischen Schulen des Reinen Landes, bei denen eine Geburt in der Sphäre des Buddha Amitabha angestrebt wird.

[12] [Fußnote im Original] Siehe die kosmologischen Abschnitte des 四教義 für T'ien-t'ai und 五教章 für Hua-yen.

[13] [Fußnote im Original] Die allgemeine Geschichte des Buddhismus auf Ceylon ist so bekannt, dass es nicht nötig ist, Autoritäten zu zitieren; man vergleiche jedoch Geigers Übersetzung des *Mahavamsa* mit dem Abschnitt über Ceylon in Sir Charles Eliots neuem Buch *Hinduism and Buddhism*. [Wilhelm Ludwig Geiger (1856-1943) war ein deutscher Indologe, der u. a. eine Übersetzung der ceylonesischen Chroniken *Mahavamsa* („Große Chronik") und *Dipavamsa* („Chronik der Insel") aus dem Pali anfertigte. Sir Charles Eliot (1862-1931) war ein britischer Diplomat und Kolonialbeamter.]

von Ceylon aus kurz nach der Bekehrung dieser Insel durch Mahinda (Mahendra), den Sohn oder Neffen von Asoka, im dritten Jahrhundert gekommen sein soll. Es ist zweifelhaft, ob der gesamte Pali-Dreikorb zu dieser Zeit überliefert wurde, ja ob die Zusammenstellung der Werke zu so einem frühen Zeitpunkt überhaupt schon abgeschlossen war. In jedem Fall erfolgte die Übertragung mündlich und ergänzt durch Erläuterungen. Die sieben Abhidhamma-Werke müssen jedoch ziemlich in ihrer heutigen Form zu Beginn der christlichen Zeitrechnung existiert haben, von wo an sie schriftlich fixiert wurden. Obwohl zu dieser Zeit der Kanon in Pali aufbewahrt wurde, wurden auch einige Kommentare auf Singhalesisch geschrieben bzw. ins Singhalesische übersetzt; diese sind jedoch verloren gegangen. Die danach bedeutendste Zeit dieser Schulrichtung, während der sie weitgehend, wenn auch nicht gänzlich, von einer Theologie zu einer Philosophie transformiert wurde, repräsentiert um 400 Buddhaghosa. Er schrieb eine Anzahl von neuen Kommentaren (wenn wir der Geschichte glauben dürfen), vernichtete die älteren Kommentare und wurde schließlich als der offizielle Interpret der Pali-Schule angesehen. Obwohl der buddhistische Orden in der Zeit nach Buddhaghosa aus materialistischer Sicht viele Wechselfälle erfahren musste, war seine philosophische Entwicklung langsam und stetig. Als der ceylonesische Typus des Buddhismus schließlich Burma und Siam dominierte, wo er anscheinend andere Formen des Buddhismus verdrängt hat, war der Buddhismus des Buddhaghosa die vorherrschende Form des Hinayana, und darum ist sein System der westlichen Welt am besten bekannt.

Ein Punkt jedoch verdient Beachtung, und zwar das völlige Fehlen irgendeiner Erwähnung des Pali-Kanon in Nordindien. Die Pali-Schulrichtung macht ihrerseits sehr reißerische Kommentare. Sie behauptet, dass Pali die ursprüngliche Sprache des Buddha war, dass die sieben Abdhidhamma-Bücher Teil seines Vermächtnisses sind, und dass sie auf dem ersten Konzil rezitiert wurden. Es wird auch gesagt, dass Buddhaghosa, der große Kommentator, von irgendwo aus Nordindien kam und ein Gelehrter von anerkanntem Ruf war, bevor er nach Ceylon ging. Diese beiden Aussagen implizieren eine enge Beziehung zwischen der ceylonesischen buddhistischen Schule und derjenigen Indiens. Es ist daher wichtig, auf folgende Sachverhalte aufmerksam zu machen: Der einzige Abhidhamma-Pitaka von dem wir nachweisen können, dass er den Buddhisten Nordindiens bekannt war, ist derjenige der Sarvastivadin. Lange Zeit wurde angenommen, dass diese Werke lediglich unterschiedliche Versionen des Pali-

Abhidhamma-Kanons seien;[14] oder dass, wenn es Unterschiede gäbe, die Sarvastivadin-Texte vermutlich halbe Kommentare oder neue Versionen der in Ceylon erhaltenen Werke darstellen. Wir wissen jedoch, dass es zwischen den beiden Sammlungen von Texten keine Verbindung gibt und dass die Sarvastivadin-Werke von Personen verfasst wurden, von denen schwerlich anzunehmen ist, dass sie die Pali-Texte gesehen oder auch nur von ihren Kategorien gehört haben. Ebenso wenig finden wir irgendeinen Gelehrten innerhalb oder außerhalb der Sarvastivadin-Schulrichtung, der die Pali-Abhidhamma-Werke anerkannt, zitiert oder attackiert hätte. Sie wurden, was unsere Kenntnis angeht, vollständig ignoriert, und obwohl die Sthaviravadin ab und an zitiert werden, gibt es keine Stelle wo wir die angeführten Aussagen derart identifizieren könnten, dass das Vorhandensein eines fest umrissenen Abhidhamma belegt würde. Weiterhin gibt es viele Stellen, an denen die Sautrantikas den Sthaviravadin zustimmen, im Gegensatz zu den Sarvastivadin; in ihren Argumentationen mit letzteren heißt es lediglich: „Wir akzeptieren den Abhidhamma-Pitaka nicht, sondern halten uns nur an die Sutras." Da sich diese Passagen ausdrücklich auf die sieben Texte der Sarvastivadin beziehen, ist es seltsam, dass die Sautrantikas keinen rivalisierenden Abhidhamma-Pitaka erwähnen; insbesondere, da die Existenz eines solchen Rivalen ein Argument gegen die Akzeptanz irgendeines Abhidhamma-Pitaka gewesen wäre.

Ebenso werden einzig die Sarvastivadin zitiert, wenn sich die Philosophen des Madhyamika auf die Hinayana-Abhidhamma-Werke beziehen. Tatsächlich wird unter den Madhyamika der Begriff Abhidharmika als ein Synonym für Sarvastivadin verwendet.

Es ist schwierig, aus dem Nichtvorhandensein von etwas zu argumentieren; aber auf jeden Fall wird deutlich, dass der Pali-Abhidhamma nie als Quelle der Weisheit für die Buddhisten in Nordindien galt. Er wurde vermutlich in Südindien erstellt, wo die buddhistische Philosophie ihre eigenen Entwicklungen hervorbrachte.[15]

Zweitens zu Buddhaghosa. Er kann kaum aus Nordindien stammen, denn wir wissen, dass der Einfluss der Sarvastivadin dort besonders stark war,

---

[14] [Fußnote im Original] Siehe z.B. Kerns *Manual of Buddhism*, S.5 und Vidyabhusanas *Indian Logic: Medieval School*, S. 63/64. [Johan Hendrik Caspar Kern (1833-1917), Indologe und Sanskrit-Forscher.]

[15] [Fußnote im Original] Zur geographischen Verteilung der Hinayana-Schulrichtungen siehe die Einleitung in Takakusus Übersetzung der Reisen von I-tsing.

und in seinem *Attha-salini* erwähnt er zwar diverse Ansichten bezüglich des Abhidhamma-Pitaka, macht aber keine Bezugnahme auf den Abhidhamma der Sarvastivadin. Fragestellungen hinsichtlich der Überlieferung der ceylonesischen Schulen sind jedoch ein eigenes Forschungsfeld, so dass wir uns damit hier nicht länger aufhalten.

(2) Die Sarvastivadin. Mit jedem Jahr wird durch die Forschungen der Gelehrten betreffs der Geschichte des Buddhismus deutlicher, welche wichtige Rolle die Sarvastivadin spielen. Der Tradition zufolge sind sie etwa dreihundert Jahre nach dem Tod des Buddha eine eigenständige Schulrichtung geworden; aber die Sarvastivadin selbst nehmen für sich in Anspruch, dass drei ihrer [sieben Abhidhamma-]Texte zur Zeit des Buddha verfasst worden seien, ein weiterer etwa hundert Jahre danach, und die verbleibenden drei etwa dreihundert Jahre nach seinem Tod. Einer dieser drei letzten ist das berühmte *Jnana-prasthana*, welches das wichtigste von allen, ja der Grundstein für alle anderen ist, und zu dem die anderen sechs als die sechs *pada* oder Beine bekannt sind.

Die Hauptzentren dieser Schulrichtung scheinen in Gandhara und Kasmira gewesen zu sein, welche damals mehr als heute ein integraler Bestandteil von Indien waren. Ursprünglich muss die heilige Sprache der Sarvastivadin eine Form von Prakrit gewesen sein, und die phonetische Wiedergabe einiger Begriffe in den frühen chinesischen Übersetzungen weist darauf hin, dass die sieben Abhidhamma-Texte selbst in diesem Stil verfasst wurden. Später jedoch wurde Sanskrit angenommen, und der von dieser Schule ausgeübte Einfluss trug viel dazu bei, diese Sprache zur kanonischen Sprache des Buddhismus zu machen; obgleich natürlich auf Ceylon mit Pali eine Sprache erhalten geblieben ist, die – wenn auch zusammengesetzt, literarisch und künstlich – näher am [vom Buddha gesprochenen] Original ist als Sanskrit.

Ohne Zweifel war die Bekehrung von Kaniska zu dieser Schulrichtung im ersten Jahrhundert ein einflussreicher Faktor dafür, dass die Sarvastivadin zur vorherrschenden Schulrichtung in ganz Indien werden konnten, von wo aus sie sich nach Zentralasien, Java, China etc. ausbreitete. Sie scheint in Indien als die Hinayana-Schule *par excellence* gegolten zu haben und war daher auch das Objekt der Abneigung derjenigen, die keine Buddhisten waren oder, obgleich Buddhisten, zu einer der Mahayana-Schulrichtungen gehörten. Viele der Gründer anderer buddhistischer Schulrichtungen waren in der Tat anfänglich Sarvastivadin und trugen Spuren des

Sarvastivadin-Einflusses bis zu ihrem Lebensende mit sich, egal wie unterschiedlich sie über einzelne Details gedacht haben mochten.

Der Höhepunkt der Sarvastivadin-Philosophie schien zwischen dem ersten und dem fünften Jahrhundert christlicher Zeitrechnung gelegen zu haben. Zu Beginn dieser Phase erschien eine Gruppe von Kommentaren mit der Bezeichnung *Vibhasa*. Etwa zu Beginn des zweiten Jahrhunderts wurden alle anderen derartigen Werke durch den als *Mahavibhasa* genannten Text in den Schatten gestellt. Es handelt sich um eine enzyklopädische Erläuterung buddhistischer Philosophie in Form eines Kommentars zum *Jnana-prasthana*. Die Tradition sagt, dass es von fünfhundert Arhats bei einem von Kaniska einberufenen Konzil verfasst wurde. Die Zeit und Heiligkeit der Verfasser mögen fraglich sein, aber die gewaltige Beschaffenheit des Werkes verdient Anerkennung. Es behandelt jedes Problem der Philosophie, so wie dieser Begriff im alten Indien verstanden wurde.

Die nächste und letzte Stufe in der Entwicklung der Sarvastivadin-Philosophie verkörpern Vasubandhu und sein großer Gegenspieler Sanghabhadra, deren Lebensdaten unsicher sind, obwohl es am besten scheint, sie in der zweiten Hälfte des vierten Jahrhunderts anzusiedeln.[16] Obwohl weniger synthetisch, waren sie dafür kritischer und systematischer; und man kann sagen, dass sie die zwei oberen Marksteine der Sarvastivadin-Philosophie bilden.

Nach diesen nahm der Einfluss der Sarvastivadin und der aller anderen Schulrichtungen des Hinayana ab, teilweise infolge der Bekehrung von Vasubandhu zum Mahayana. Jedenfalls entstanden keine neuen Entwicklungen mehr, und zu dieser Zeit verschwanden auch die Sarvastivadin-Schulrichtung und später alle anderen Formen des Buddhismus aus Indien. Die Sarvastivadin überlebte in fernöstlichen Ländern, wo der Buddhismus noch vorherrscht, vorwiegend als rein theoretisches Studienfach. In diesen Ländern beginnen die Mönche, gleich welcher Schulrichtung, ihre Karriere mit einem Kurs in der Philosophie der Sarvastivadin, hauptsächlich anhand des *Abhidhamma-kosa* von Vasubandhu.

---

[16] [Fußnote im Original] Das von Takakusu für Vasubandhu angegebene Datum in seinem Artikel der JRAS (1905) wurde mehrfach in Frage gestellt. Für die vorliegende Untersuchung ist diese Frage von geringer Bedeutung.

(3) Die Yogacarin.[17] Die Yogacarin-Schulrichtung stellt für den Studenten der buddhistischen Philosophie ein sehr interessantes Problem dar, da sie nicht nur den Höhepunkt der Mahayana-Philosophie verkörpert, sondern auch ein Versuch ist, die besten Elemente sowohl des Hinayana wie des Mahayana zu vereinen. Man könnte vermuten, dass die früheren Phasen des Mahayana dem Hinayana am nächsten stünden und dass mit zunehmenden Abstand von der alten Tradition die Unterscheidungsmerkmale deutlicher werden. Tatsächlich sieht es jedoch anders aus, da die relativ späte Yogacarin-Schulrichtung so etwas wie einen Kompromiss darstellt. Viele Punkte, auf denen diese Aussage basiert, liegen eher im Bereich des Transzendenten denn in demjenigen relativer Philosophie, aber der folgende Aspekt verdient Beachtung. Die Yogacarin sind als einzige der Mahayana-Schulrichtungen zu den kosmologischen Anschauungen des Hinayana zurückgekehrt und sind daher auch die einzige Mahayana-Schule, welche ein kosmologisches System besitzt. Das Hinayana war zu großen Teilen mit phänomenologischen Fragestellungen beschäftigt, die Madhyamika und andere Vertreter des frühen Mahayana-Idealismus dagegen fast ausschließlich mit ontologischen. Die Yogacarin sind, nachdem sie ihre Ansichten bezüglich der Materie ontologisch ausgedrückt haben, zu den phänomenologischen Diskussionen zurückgekehrt. Der wichtigste Unterschied zwischen den Hinayana-Anhängern, den Madhyamika und den Yogacarin besteht darin, dass die ersten an die [objektiv-eigenständige] Existenz der äußeren Welt und ihrer Konstituenten, der *dharma*, glaubten; die zweiten verleugneten die Existenz der Welt und der *dharma* vollständig; und die dritten glaubten, dass die Welt, obgleich ein Produkt des Geistes, dennoch eine relative Existenz besitzt, und dass die *dharma* eigentlich Stadien der Entwicklung des Geistes sind.

Es gibt einige Zweifel, was den exakten Gründungszeitraum der Yogacarin-Philosophie betrifft, aber ihre ersten Patriarchen Asanga und Vasubandhu können nicht später als 359 bzw. 450 christlicher Zeitrechnung gelebt haben.[18] Sowohl Asanga als auch Vasubandhu, die Brüder waren, begannen ihre Laufbahn als Hinayana-Anhänger, was den synkretistischen

---

[17] [Fußnote im Original] Die beste Zusammenfassung der traditionellen Gegebenheiten der Yogacarin-Geschichte finden sich im *Pa-tsung*, Vol. II, S.9ff.

[18] [Fußnote im Original] Für Details hinsichtlich der Leben von Vasubandhu und Asanga siehe Takakusus Übersetzung von Paramarthas „Life of Vasubandhu“: *T'oung Pao*, 1904, und auch die Einleitung zu Levis Übersetzung von Asangas *Sutralankara*. [Sylvain Levi (1863-1935), französischer Indologe und Orientalist.]

Charakter der Yogacarin-Schulrichtung teilweise erklären kann. Vasubandhu, der jüngere Bruder, gelangte unter den Hinayana-Anhängern zu Anerkennung, und sein *Abhidhamma-kosa* und andere Hinayana-Texte verhalfen ihm zu großem Ansehen in der gesamten buddhistischen Welt.

Sein sorgfältiger, vernünftiger und philosophischer Geist nahm ihn vermutlich gegen die bestehenden Formen des Mahayana ein, welche entweder wilder Aberglaube und übertrieben oder mit Fragen eines sophistischen Nihilismus beschäftigt waren (Madhyamika). Asanga aber besaß, obgleich er ein mehr als passabler Philosoph war, wie aus seinen Werken ersichtlich wird einen eher religiösen Geist und trat in einem frühen Alter zum devotionaleren und mystischeren Mahayana über, in dass er jedoch eine nicht geringe Zahl von Modifizierungen einbrachte; er entwickelte den kruden Idealismus, wie er sich in zahlreichen, nach der Zeit von Nagarjuna verfassten Sutras findet, zu einem definierten und systematischem Gedankengebäude weiter. Dennoch war seine Lehre dabei eher theologisch als philosophisch, wie man anhand der Einführung des Maitreya-Mythos erkennen kann.[19]

Das von Asanga begründete System setzte sich letztlich gegenüber Vasubandhu durch, der seine größeren philosophischen Kräfte mit einem Mal der Entwicklung der neuen Schule des Denkens zuwandte [d. i. dem Mahayana]; und obwohl er wenige Jahre nach seiner Bekehrung starb, hatte er dennoch die Grundlagen einer philosophischen Bewegung gelegt, welche die höchste Phase indischen Denkens repräsentiert und welche für ihre Konsistenz, Scharfsinnigkeit, logische Argumentation und rationale Vorgehensweise sich mit jedem philosophischen System messen kann, welches nicht auf durch experimentelle Wissenschaften gewonnenen Daten beruht.

Viele Namen spielen in der Unmenge von Denkern, welche die Yogacarin zwischen dem Tod von Vasubandhu und dem Niedergang des Buddhismus in Indien hervorgebracht haben, eine Rolle; unter ihnen sind Dignaga, Dharmapala und Dharmakirti die wichtigsten. Dignaga revolutionierte die buddhistische Logik und kann in mancher Hinsicht der eigentliche Begründer der buddhistischen Philosophie genannt werden, im Unterschied zur

[19] Maitreya ist der Buddha der Zukunft, Maitreyanatha ist der „Beschützer Maitreya". Es ist nicht sicher, ob es sich bei letzterem um eine historische Persönlichkeit handelt; jedenfalls werden ihm traditionell eine Anzahl von Texten zugeschrieben, und er gilt als Lehrer des Asanga. Siehe dazu: Giuseppe Tucci, *On Some Aspects of the Doctrines of Maitreya(natha) and the Asanga*, Calcutta, 1930; Reprint 1975.

buddhistischen Theologie, denn er war es, der erstmals den Grundsatz einführte, dass jede Lehre entweder durch Sinneserfahrung oder durch logisches Schließen, ohne Bezugnahme zur Tradition, bewiesen werden muss. Dharmapala führte die Arbeit von Dignaga mit besonderem Augenmerk auf die Metaphysik fort, und sein Kommentar zu Vasubandhus *Vidyamatrasiddhi* wurde, zumindest in China, der Standardtext der Yogacarin-Schulrichtung. Dharmakirti erbrachte kurz darauf viele bemerkenswerte Ergänzungen und Modifizierungen zur Yogacarin-Philosophie. Unglücklicherweise war die Periode seines Schaffens zu spät, als dass in China davon Kenntnis genommen werden konnte, aber der tibetische Kanjur enthält viele seiner Werke.[20]

4. Referenzquellen

Wir haben bereits auf viele wichtige Texte der drei Schulen Bezug genommen, als wir ihre chronologischen Beziehungen zueinander behandelt haben. Es ist jedoch gut, noch eine vollständigere Liste der Texte beizufügen, welche als autoritative Quellen hinsichtlich der kosmologischen Lehren jeder der Schulrichtungen dienen.

1. Die Sthaviravadin. Hier bestehen die schriftlichen Autoritäten aus den Pali-Versionen des Vinaya-, Sutra- und Abhidhamma-Pitaka. Von diesen drei kann der erste für die vorliegende Arbeit gänzlich außer Acht gelassen werden. Der Sutra-Pitaka besteht bekanntermaßen aus den folgenden fünf Nikaya:

(1) *Digha-Nikaya*, eine Sammlung von 34 langen Dialogen in keiner bestimmten Reihenfolge.[21]

(2) *Majjhima-Nikaya*, eine Sammlung von 150 Lehrreden mittlerer Länge, ebenfalls in keiner systematischen Anordnung.[22]

[20] Der tibetische buddhistische Kanon besteht aus zwei Teilen, dem Kanjur und dem Tanjur. Der erste Teil enthält alle dem Buddha zugeschriebenen Texte einschließlich Mahayana-Sutras und Tantras. Der zweite Teil enthält v. a. Kommentare zu den Texten des ersten Teils.

[21] [Fußnote im Original] Übersetzung ins Englische von Professor und Frau R. Davids, *Dialogues of the Buddha*, 3 Bände, im Folgenden zitiert als *D. B.* [Gemeint ist die Übersetzung von Carolin Augusta Foley Rhys Davids (1857-1942) und Thomas William Rhys Davids (1843-1922), dem Gründer der Pali-Text-Society. Eine deutsche Übersetzung liegt vor von Karl Eugen Neumann (1865-1915).]

[22] Übersetzung ins Deutsche von Karl Eugen Neumann, sowie eine überarbeitete neue Ausgabe bzw. Übersetzung aus dem Englischen von Kay Zumwinkel.

Diese beiden sind vermutlich älter als die beiden nächsten Nikaya und repräsentieren die älteren und weniger formal angeordneten Lehren.

(3) *Samyutta-Nikaya*, eine Sammlung einer großen Zahl von kurzen Lehrreden, wobei ein Versuch gemacht wurde, sie entsprechend ihres Themas zu gruppieren; z. B. wurde viel psychologisches Material des frühen Buddhismus unter der Gruppe der Grundlagen bzw. *ayatana* zusammengestellt.[23]

(4) *Anguttara-Nikaya*, ebenfalls eine Sammlung einer großen Anzahl von kleinen Lehrreden, nach numerischen Kategorien angeordnet, einer bevorzugten Methode der Gruppierung.[24]

Diese repräsentieren die zweite Stufe buddhistischer Philosophie, in welcher es keine langen Dialoge mehr gibt, die zur Kundgebung einer neuen Wahrheit führen, sondern es wird die Bedeutung bestimmter, in Gruppen arrangierter Begriffe diskutiert. Die fünfte Sammlung, den *Khuddaka-Nikaya*, können wir gegenwärtig außer Acht lassen. In keinem der Pali-Nikaya findet sich eine systematische Erklärung irgendeines Aspekts buddhistischer Kosmologie; aber es werden hier und dort eine Menge Fachausdrücke verwendet, welche als Grundlage für spätere Entwicklungen dienen. Wie zu erwarten sind die Begriffe, welche sich auf die kosmologische Synthese beziehen, fast vollständig vorhanden, ebenso wie eine Menge von Begriffen zur kosmischen Analyse, aber praktisch keine, welche die kosmische Dynamik betreffen.

Das nächste Stadium wird durch die sieben Werke des Pali-Abhidhamma-Pitaka repräsentiert. Es handelt sich um: (1) *Dhamma-sangani*; (2) *Vibhanga*; (3) *Dhatu-katha*; (4) *Puggala-pannatti*; (5) *Kathavatthu*; (6) *Yamaka*; (7) *Patthana*.[25] Besondere Beachtung verdienen dabei:

1) *Kathavatthu* (*Points of Controversy* ist der Titel der englischen Übersetzung von Frau Rhys Davids und S. Z. Aung), welches einen Bericht da-

---

[23] [Fußnote im Original] Übersetzung des ersten Teils durch Frau Rhys Davids, *Kindred Sayings*. Individuelle englische Übersetzungen einzelner Sutras sowie teilweise oder vollständige französische und deutsche Übersetzungen bedürfen keiner Erwähnung. [Eine vollständige deutsche Übersetzung durch einen einzigen Übersetzer liegt derzeit nicht vor; die Gesamtausgabe enthält die Arbeit von Wilhelm Geiger, Nyanaponika Mahathera, Hellmuth Hecker und Karl Eugen Neumann.]

[24] Deutsche Übersetzung durch Nyanatiloka Mahathera, überarbeitet von Nyanaponika Mahathera.

[25] Für eine klare Übersicht des Inhalts und Aufbau dieser teils sehr umfangreichen und komplexen Werke siehe Nyanatiloka, *Führer durch den Abhidhamma-Pitaka*.

rüber enthält, welche Lehren die Pali-Schulrichtung von anderen Hinayana-Schulen unterscheidet. In manchen Fällen handelt es sich dabei um kosmologische Themen.

2) Die systematischste Behandlung der kosmischen Synthese findet sich im letzten Kapitel des *Vibhanga*, wenngleich der Großteil der Kategorien in diesem Werk – ebenso wie in den anderen – sich auf die kosmische Analyse bezieht.[26]

3) Die für uns wichtigste Behandlung der kosmischen Analyse findet sich jedoch im *Dhamma-sangani*, insbesondere in der Übersetzung von Frau Rhys Davids (*A Buddhist Manual of Psychological Ethics*).[27]

4) Pali-Theorien die kosmische Dynamik betreffend finden sich in dem gewaltigen schriftlichen Dschungel, der bekannt unter dem Namen *Patthana* ist. Obwohl er als bedeutendster der sieben Texte gilt, hat bisher kein Westler einen Weg durch das Dickicht geschlagen. Trotz der enormen Anzahl an Wiederholungen, welche er enthält, wird eine Übersetzung dieses Werks zu großen Teilen neues Licht auf die Entwicklung buddhistischer Ideen werfen.

Nach dem Abhidhamma-Pitaka entstanden, aber noch zumindest teilweise indisch, sind halbkanonische Werke wie das *Milinda-panha*, *Netti-pakarana*, *Petakopadesa* etc. Von diesen ist das erste durch die Übersetzung von Professor Rhys Davids unter dem Titel *The Questions of King Milinda* wohlbekannt.[28]

Die nächste Phase des Pali-Buddhismus, welche in mancher Hinsicht am wichtigsten ist, da sie das letzte und vollständige System der Kosmologie repräsentiert, findet sich in den Werken von Buddhaghosa. Aus der Vielzahl der von ihm verfassten bzw. ihm zugeschriebenen Werke müssen wir hier nur die folgenden erwähnen:

> (1) *Visuddhi-maggha*, der „Pfad der Reinheit", ein originelles Werk, welches im Grunde genommen eine brauchbare Enzyklopädie der buddhistischen Lehre darstellt, entsprechend dem – wenn auch nicht so ausgezeichneten – Sarvastivadin-*Abhidhamma-kosa*

[26] Englische Übersetzung von Ehrwürden U Thittila, *The Book of Analysis*.

[27] Deutsche Übersetzungen von Nyanatiloka und Santuttho.

[28] Deutsche Übersetzung durch Nyanatiloka und Nyanaponika, *Darlegung der Bedeutung* (bearbeitet und ediert von Sven Bretfeld und Rainer Knopf; Pali Text Society 2005).

von Vasubandhu. Das *Visuddhi-magga* ist die Standardautorität der Neo-Sthaviravadin-Philosophie.[29]

(2) *Sumangala-vilasini*, ein Kommentar zum *Digha-nikaya* mit einer einführenden Übersicht der gesamten Sutra-Literatur.

(3) *Atthasalini*, ein Kommentar zum *Dhamma-sangani*, mit einer einleitenden Übersicht der gesamten Abhidhamma-Literatur. Mittlerweile ins Englische übersetzt von Pe Maung Tin und Frau Rhys Davids (*The Expositor*).[30]

(4) *Pancappakarana Atthakatha*, ein Kommentar zu den letzten fünf Büchern des Abdhidhamma-Pitaka.

Aus der großen Zahl der nach der Zeit von Buddhaghosa verfassten Werke muss nur eins eigens erwähnt werden. Gemeint ist der *Abhidhammattha-sangaha* von Anuruddha; ein kurzer Abriss der buddhistischen Lehre, welcher zum Handbuch jedes Mönchsstudenten des südlichen Buddhismus geworden ist und aufgrund seiner Kürze und Exaktheit das *Visuddhi-magga* weitgehend abgelöst hat.[31] Die Übersetzung dieses Werks durch S. Z. Aung und Frau Rhys Davids ist von unschätzbarem Wert, nicht nur wegen ihrer sorgfältig ausgewählten Übersetzung derjenigen Begrifflichkeiten, welche der gesamten buddhistischen Literatur zu eigen sind, sondern auch wegen des einleitenden Essays von S. Z. Aung, der hier einen höchst wertvollen Bericht der späteren Interpretationen der Sthaviravadin im allgemeinen gibt, welche, wie wir wissen, hauptsächlich mit kosmologischen Themen beschäftigt waren.

2. Die Sarvastivadin. Wie im Fall der Pali-Schulrichtung können wir auch bei den Sarvastivadin den Vinaya-Pitaka außer Acht lassen und müssen uns nur mit den beiden anderen beschäftigen. Wir wissen mit ziemlicher Sicherheit, dass die Sarvastivadin einen eigenen Sutra-Pitaka besaßen, der zu großen Teilen identisch mit dem der Sthaviravadin war, sich in einigen Details jedoch davon unterschied. Unglücklicherweise besitzen wir davon nur Fragmente, und es könnte sich herausstellen, dass viele der chinesischen Übersetzungen der vier Nikaya andere Schulrichtungen als die Sarvastivadin repräsentieren. Dennoch zeigt sich durch Zitate bei Vasubandhu, Sanghabhadra und anderen Sarvastivadin-Autoren, dass mit

[29] Deutsche Übersetzung von Nyanatiloka.
[30] Deutsche Übersetzung von Nyanaponika.
[31] Deutsche Übersetzung von Nyanatiloka.

einer Ausnahme die aktuelle chinesische Version zu großen Teilen mit derjenigen der Sarvastivadin übereinstimmt. Es mag daher von Interesse sein, ihre Namen (wie sie vermutlich auf Sanskrit gelautet haben) anzuführen:

(1) *Dirgha-Agama* (*Digha-Nikaya*), von dem gemeinhin angenommen wird, dass er die Dharmagupta-Schulrichtung repräsentiert.[32]

(2) *Madhyama-Agama* (*Majjhima-Nikaya*),[33] wahrscheinlich die Übersetzung einer Version der zum selben Zweig der Sarvastivadin gehörenden Schulrichtung.

(3) *Samyukta-Agama* (*Samyutta-Nikaya*).[34] Es gibt drei Übersetzungen dieses Werks, von der nur eine annähernd vollständig ist. Manche rechnen sie den Sarvastivadin zu, andere sagen, sie gehöre zu den Kasyapiya. In jedem Fall ist die Zusammenstellung leider fehlerhaft.

(4) *Ekottara-Agama* (*Anguttara-Nikaya*).[35] Dies ist zweifellos die Übersetzung einer Mahasanghika-Version, da sie zu großen Teilen von der Art her dem Mahayana entspricht.

Es finden sich in den vier Agamas auch eine große Anzahl von separaten Übersetzungen einzelner Sutras. Diese sind von großem Wert für eine feinere Kritik. Es kann hier noch ergänzt werden, dass sich die Anordnung der Sutras sehr von derjenigen in der Pali-Version unterscheidet, dass manche Sutras sich nur in der chinesischen Version finden und manche nur im Pali-Kanon, und dass manche Sutras in unterschiedlichen Agamas oder Nikayas platziert sind; aber im Großen und Ganzen gibt es eine bemerkenswerte Ähnlichkeit zwischen der nördlichen und der südlichen Version.

Eine der wenigen Ergänzungen zum nördlichen Kanon ist ein langes, dem *Dirgha-Agama* angehängtes Sutra, welches einen langen und detaillierten Bericht des buddhistischen „Kosmorama" bzw. der kosmischen Synthese gibt.[36] Lehrmäßig unterscheidet es sich wenig von den Beschreibungen,

---

[32] [Fußnote im Original] Nanjôs Nr. 545. Der Name Nanjô [abgekürzt N.] gefolgt von einer Nummer bezieht sich auf die Nummer in Nanjôs *Catalogue of the Chinese Buddhist Canon Tripitaka.*

[33] [Fußnote im Original] N. 542.

[34] [Fußnote im Original] N. 546, 547, 544; vollständig nur 544.

[35] [Fußnote im Original] N. 543.

[36] [Fußnote im Original] Es gibt drei getrennte Übersetzungen dieses Sutra, N. 549, 550 und 551; ich zitiere jedoch aus N. 545, da alle vier Versionen im Wesentlichen übereinstimmen. Dieses Sutra und andere Teile der chinesischen Version der langen Sammlung werden

wie sie sich verstreut in den anderen Sutras der chinesischen Übersetzungen finden, und steht daher im Einklang mit dem Pali-Kanon; aber keines der Sutras in der südlichen Version führt einen derart systematischen Bericht an. Diese Tendenz in Richtung Systematisierung zeigt sich im Norden stets stärker als im Süden.

Der Abhidhamma-Pitaka der Sarvastivadin besteht aus sieben Werken, welche einen klar umgrenzten, autoritativen Kanon bilden. Sechs davon sind die *pada* oder Stützen des siebten Texts, des *Jnana-prasthana*, welcher damit innerhalb der Sarvastivadin-Texte eine noch gewichtigere Stellung einnimmt als das *Patthana* im Abhidhamma-Pitaka. Wie das *Patthana* war er außerdem vermutlich das als letztes kompilierte Werk. Hinsichtlich des Sarvastivadin-Kanon gibt es Anzeichen dafür, dass vor der Abfassung des *Jnana-prasthana* eine der sechs Stützen, das *Dharma-skandha*, als führender Abhidhamma-Text betrachtet wurde – eine Stellung, welche er selbst nach dem Erscheinen des *Jnana-prasthana* nicht gänzlich verlor. Die sieben Texte des Sarvastivadin-Abhidhamma-Pitaka sind, zusammen mit ihren traditionellen Daten und Verfassern:

(1) *Jnana-prasthana.*[37] 300 nach Buddha, Katyayaniputra.
(2) *Dharma-skandha pada.*[38] Zu Lebzeiten des Budhha, Mahamaudgalyayana.
(3) *Sangiti-paryaya pada.*[39] Zu Lebzeiten des Buddha, Sariputra.
(4) *Prajnapti pada.*[40] Zu Lebzeiten des Buddha, Katyayana.
(5) *Vijnana-kaya pada.*[41] 100 nach Buddha, Devasarman.
(6) *Prakarana pada.*[42] 300 nach Buddha, Vasumitra.
(7) *Dhatu-kaya pada.*[43] 300 nach Buddha, Vasumitra.

---

als *D. A.* [*Dirgha-Agama*] zitiert, während *D. N.* [*Digha-Nikaya*] für die Pali-Version steht, und *D. B.* [*Dialogues of the Buddha*] für die englische Übersetzung der Pali-Version.

[37] [Fußnote im Original] N. 1273-1275, zitiert als *Jn. Pr.*

[38] [Fußnote im Original] N. 1296, zitiert als *Dh. Sk.*

[39] [Fußnote im Original] N. 1276, (selten) zitiert als *San-par.*

[40] [Fußnote im Original] N. 1317, nicht zitiert, da die Übersetzung fragwürdig ist.

[41] [Fußnote im Original] N. 1281, nicht zitiert, da der Text schlecht zusammengestellt und von geringem Interesse ist.

[42] [Fußnote im Original] N. 1292, 1277, zitiert als *Pr.pa.* Der erste Teil ist wertvoll und interessant.

[43] [Fußnote im Original] N. 1282, zitiert als *Dh. K.*, interessant nur wegen der Eigenheit seiner Auflistungen und Definition der *caitasika* [geistige Begleitfaktoren].

Dank der knappen Zusammenfassung dieser Werke durch Takakusu in der J.P.T.S., 1905, ist es, was den Inhalt dieser Werke betrifft, nicht nötig, weiter ins Detail zu gehen.

Vom philosophischen Standpunkt aus betrachtet sind diese sieben kanonischen Werke jedoch weitgehend überschattet vom *Mahavibhasa*.[44] Hier haben Hinayana-Buddhisten erstmals Probleme in einer rationalen Art und Weise diskutiert; und wenngleich die älteren Kategorien überlebt haben, wurde doch der Versuch gemacht, ihnen eine rationale Grundlage zu geben. Es wird zweifellos die fruchtbarste Quelle für jede zukünftige Studie sein, welche die Entwicklung des indischen Hinayana-buddhistischen Denkens darstellen will, da die Ansichten jeder Gruppe der Sarvastivadin-Gemeinschaft repräsentiert sind. Unter der Menge der verschiedenen Interpretationen der früheren Theorien, welche im *Mahavibhasa* stehen, finden wir eine besondere Betonung der Ansichten von Vasumitra, Ghosa, Bodhideva und Dharmatrata. Jede dieser vier Personen hat eigenständig mehrere Bücher geschrieben, von denen uns viele in chinesischer Übersetzung erhalten sind. Ebenso wurden viele weitere Werke während dieser Zeit verfasst; sie sind jedoch von geringerem Nutzen.

Mehr als 150 Jahre nach der Erstellung des *Mahavibhasa* gelangen wir in die Zeit von Vasubandhu und Sanghabhadra, welche üblicherweise als Neo-Vibhasa bezeichnet wird. Aufgrund der hohen Komplexität des *Mahavibhasa* einerseits, die es nur als Referenzquelle verwendbar macht, und dem Mangel an Vollständigkeit bei den übrigen Dokumenten andererseits, sind die drei wichtigsten Werke dieser Neo-Vibhasa-Periode die eigentlichen Handbücher für Studenten der Sarvastivadin-Philosophie. Diese drei sind (1) der *Abhidhamma-kosa* von Vasubandhu.[45] (Es gibt zwei chinesische Übersetzungen, eine von Paramartha und die andere von Hsüan Tsang. Letztere gilt als die verbindliche.) (2) *Nyayanusura* von

---

[44] [Fußnote im Original]. N. 1264, 1263. Letzteres ist die einzig vollständige Übersetzung und die einzige, die hier im Folgenden als *M. V.* oder *Maha. Vibh.* zitiert wird. Bezüglich der Zitationsweisen siehe die nächste Seite.

[45] [Fußnote im Original] N. 1270 (nur Verse), N. 1269, 1267. Im Folgenden häufig zitiert als *A. K.*, wobei nur die Übersetzung von Hsüan Tsang verwendet wird. Bei Angaben wie 2-7a bezieht sich 2 auf die Nummer des Bandes (巻), welche in allen Editionen gleich ist; 7 bezieht sich auf die Nummer des Bogens, „a“ steht für rechte Seite und „b“ für die linke Seite. Die Seitenzählung unterscheidet sich natürlich je nach Ausgabe. In diesem Fall verwende ich ebenso wie beim *M. V.*, *N. A.* und *A. P.* die Ausgabe, welche ich in China erworben habe und sich in meinem Besitz befindet.

Sanghabhadra.[46] Dies ist ein Kommentar zum *Abhidhamma-kosa* und gleichzeitig eine Widerlegung derjenigen Punkte, bei denen Vasubandhu von der orthodoxen Sarvastivadin-Tradition abgewichen ist. (Übersetzung durch Hsüan Tsang). (3) *Abhidhamma-prakarana*, der Titel ist unsicher.[47] Es handelt sich um eine Zusammenfassung des vorherigen Werks, verfasst vom selben Autor. Hier hat Sanghabhadra viel seiner Polemik weggelassen und sich nur mit der Erläuterung der Sarvastivadin-Philosophie zufrieden gegeben.

3. Die Yogacarin. Die schriftlichen Autoritäten der Yogacarin-Schulrichtung bestehen aus sechs Sutras und zwölf Sastras. Die sechs Sutras bilden eine Art speziellen Sutra-Pitaka, denn zusätzlich zu den sechs Sutras selbst erkennen die Yogacarin die Authentizität aller anderen Schriften, des Hinayana ebenso wie des Mahayana, prinzipiell an. Gleichermaßen bilden die zwölf Sastras eine Art speziellen Abhidhamma-Pitaka.

Mit Blick auf die sechs Sutras wissen wir, dass die von Asanga begründete Yogacarin-Schulrichtung einen neuen und auf viele Arten originellen Beitrag zum buddhistischen Denken darstellt. Konsequenterweise befand sie sich in keiner genauen Übereinstimmung mit irgendwelchen bereits bestehenden Texten, selbst des Mahayana. Dennoch wurde als notwendig erachtet, der neuen Schule durch das Zitieren bestimmter, bereits bekannter und anerkannter Sutras zusätzliches Prestige und Autorität zu verleihen. Für diese Aufgabe kamen jedoch nur wenige Sutras in Frage. Die vier *Agama* lehrten vieles, was im Widerspruch zu den Ansichten der neuen Schulrichtung stand. Dasselbe galt auch für die *Prajnaparamita-sutra* und andere Texte von ähnlicher Art, welche die Lehren der Madhyamika-Philosophen darlegten. Auch die rein buddhologischen Sutras wie das *Sukhavati-vyuha* waren gleichermaßen unvereinbar mit der philosophischen Grundausrichtung der neuen Schule. Also konnte nur auf diejenigen Sutras zurückgegriffen werden, welche einen transzendenten Idealismus lehrten – eine Lehre, welche offenbar in der Nachfolge von Nagarjuna entwickelt wurde und im Gegensatz zu dessen vorangehenden Nihilismus. Als er schließlich fertig erstellt war, umfasste der neue Sutra-Kanon folgende Schriften:

[46] [Fußnote im Original] N. 1265, zitiert als *N. A.*

[47] [Fußnote im Original] N. 1266, zitiert als *A. P.*

(1 & 2) *Abhidhamma-Sutra* und *Tathagatha-avirbhava-guna-alamkara-Sutra* (Titel fraglich). Diese beiden wurden nicht ins Chinesische übersetzt und scheinen gänzlich verloren.

(3) *Avatamsaka-Sutra*, von dem wir zwei vollständige chinesische Übersetzungen haben, zusätzlich zu einzelnen Teilen.[48]

Wie alle anderen Sutras des Yogacarin-Kanon kann auch dieses nicht auf die Zeit vor Nagarjuna zurückgehen; aber es muss eines der ältesten sein, da die Tirthaka (Ketzer) und Hinayana-Anhänger behaupten, es sei von Nagarjuna selbst verfasst, und sogar die orthodoxe Mahayana-Tradition sagt, dass er dieses Sutra in der Drachen-Höhle gefunden haben soll. Als Ganzes existiert es wahrscheinlich erst nach Nagarjuna, da es – ergänzend zur Lehre der *sunya* bzw. des Nihilismus, von der wir wissen, dass sie die Spezialität von Nagarjuna war – in einer eher vagen Weise die Lehre verkündet, dass das Universum ein Erzeugnis des Geistes ist; dabei handelt es sich um eine spätere Entwicklung. Abgesehen von buddhologischen Aspekten ist es jedoch in erster Linie mit der Erklärung der Stufen (insgesamt 52) eines Bodhisattva auf seinem Weg zur Vollkommenheit bzw. Buddhaschaft befasst. Dieses Sutra ist die Grundlage für eine eigene Schule des chinesischen Buddhismus,[49] welche lose mit der Yogacarin-Schulrichtung verbunden ist, aber viele wichtige Unterschiede aufweist. Das Sutra selbst lehrt nirgends spezifische Yogacarin-Ansichten, aber es entstand vermutlich nach dem *Saddharma-pundarika-Sutra*, welches seinerseits in der heute vorliegenden Form nach Nagarjuna anzusiedeln ist.

(4) *Lankavatara-Sutra*.[50] Dies ist ein vom philosophischen Standpunkt aus sehr wichtiges Sutra, welches in einer beinahe systematischen Art und Weise ein definitiv idealistisches System verkündet, obgleich es sich dabei in mehreren Punkten vom späteren, orthodoxen Yogacarin-System unterscheidet; hauptsächlich weil das Sutra den noumenalen Aspekt der Phänomene betont, mit einer Tendenz zum Monismus und Transzendentalismus, im Gegensatz zum eher pluralistischen und phänomenalistischen Idealismus der Lehre von Asanga. Lehrmäßig stimmt es zu großen Teilen mit dem *Ma-*

---

[48] [Fußnote im Original] N. 87-8. [Übersetzung von Thomas Cleary, *The Flower Ornament Scripture*, 1993.]

[49] [Fußnote im Original] Die weiter oben erwähnte Hua-Yen-Schule. Die T'ien-t'ai-Schule hat das *Saddharma-pundarika-Sutra* als Grundlage.

[50] [Fußnote im Original] N. 175, 176, 177. [Übersetzung von Karl-Heinz Golzio, *Lankavatara-Sutra. Die makellose Wahrheit erschauen*, 1996.]

hayana-sraddhotpada-Sastra überein, von dem wir durch Suzuki eine exzellente englische Übersetzung besitzen.[51]

(5) *Ghanda-vyuha.*[52] Dieses Sutra wurde vor dem Tod von Hsüan Tsang nicht ins Chinesische übersetzt, und es ist wahrscheinlich, dass die erhaltene Version zahlreiche Einschübe und Ergänzungen enthält. Seine Lehren sind größtenteils ähnlich denjenigen der vorherigen Schriften, nur dass hier das Esoterische stärker betont wird.

(6) *Sandhi-nirmocana-Sutra.*[53] Von diesem Sutra haben wir mehrere chinesische Übersetzungen, unter denen erneut die von Hsüan Tsang wohl die beste ist. Die große Zahl der Übersetzungen zeigt, wie geschätzt das Werk in China war. Dieses Sutra unterscheidet sich von allen vorangehenden, da es tatsächlich ein Text ist, der die Yogacarin-Philosophie in ihrer orthodoxen Form lehrt. Aus diesem Grund wird es von den Yogacarin als das wichtigste der sechs Sutras angesehen. Diese Gleichheit der Lehre hat den Verdacht sogar der unkritischen Orientalisten erregt, und es wurde wiederholt vermutet, dass es von Asanga selbst verfasst sei. Diese Sicht wird teilweise gestützt durch die Tatsache, dass das Sutra als Ganzes in das spätere *Yogacara-bhumi* eingebettet ist, und noch mehr durch die Gegebenheit, dass sein Stil eher der eines Sastra ist denn der eines gewöhnlichen Mahayana-Sutra (ein Umstand, der ihm, so können wir hinzufügen, einen umso größeren literarischen Wert verleiht).

Die zwölf Sastras sind:

(1) *Yogacara-bhumi.*[54] Dies ist das gigantische Werk in 100 Bänden, von dem es heißt, dass es dem Bodhisattva Maitreya diktiert und von Asanga niedergeschrieben wurde. Buddhisten von außerhalb der Yogacarin-Schulrichtung haben Bedenken, das gesamte Werk Asanga zuzuschreiben. Das *Yogacara-bhumi* ist das grundlegende Sastra der Yogacarin, so wie das *Sandhi-nirmocana* das grundlegende Sutra dieser Schulrichtung ist. Spätere Texte sind zu weiten Teilen Kommentare oder Auszüge dieses Sastra. Auf

[51] [Fußnote im Original] *Awakenig of Faith in Mahayana Buddhism.* [Gemeint ist die Übersetzung des großen Zen-Verkünders und Gelehrten Daisetz Teitaro Suzuki (1870-1966).]

[52] [Fußnote im Original] N. 444 [Das Sutra ist ein in sich geschlossener Teil des *Avatamsaka-Sutra.*]

[53] [Fußnote im Original] N. 154, 155, 156, 246, 247. [Übersetzung von John Powers, *Wisdom of Buddha*, 1995.]

[54] [Fußnote im Original] N. 1170, zitiert als *Y. B.* oder *Yog. Bhu.*

eine allgemeine Weise entspricht es im Umfang dem *Mahavibhasa* der Sarvastivadin, außer dass es von einem einzigen Standpunkt aus verfasst ist und seine Lehren als autoritativ präsentiert werden, im Unterschied zu den versammelten Argumenten der diversen Denker der Hinayana-Schulrichtungen, welche den größten Teil des *Mahavibhasa* ausmachen. So kommt es, dass – obwohl kein Text der Yogacarin philosophischer Gedanken ermangelt – das *Yogacara-bhumi* vom Ton her eher theologisch als philosophisch ist. Es wurde ins Chinesische übersetzt von Hsüan Tsang, das Original ist verloren.

(2) *Sutra-alamkara.*[55] Dies ist ein schriftlicher Abriss vieler praktischer Aspekte des *Yogacara-bhumi*, d. h. der Stadien eines Aspiranten auf dem Pfad, sowie der Handlungen, Meditationen und Studien, welche jede Stufe begleiten sollen, zusammen mit den mit diversen Graden der Heiligkeit verknüpften heilsamen Eigenschaften. Es hat keine Verbindung mit dem gleichlautenden Werk des Asvaghosa.[56] Wir haben glücklicherweise eine französische Übersetzung von Asangas und Asvaghosas *Sutra-alamkara*; erstere von dem altgedienten Gelehrten Sylvain Levi, und letztere von E. Huber, dessen Tod für die buddhistischen Studien einen großen Verlust bedeutet.

(3) *Arya-vaca-prakarana*,[57] die „Darlegung der Wahrheit", ein früher und berühmter Abriss der metaphysischen Seite des *Yogacara-bhumi.* Es gibt praktische keine inhaltlichen Unterschiede zum Sastra-Original, und man nimmt an, dass es gemeinsam mit dem *Yogacara-bhumi* selbst die frühe Phase von Asangas Denken repräsentiert.

(4) *Abhidhamma-sangiti*,[58] das „Kompendium der Philosophie". Die Verse, welche jeder Sektion als Grundtext dienen, werden Asanga zugeschrieben, während die Prosateile von Bodhisimha stammen, der wohl ein früher Schüler dieser Schulrichtung war. Da es sich also um ein gemeinschaftliches Werk handelt, ist eine kleine Entwicklung in der Lehre erkennbar, z. B. in der Form der Syllogismen. Von großer Bedeutung für die mittlere Phase der Entwicklung der Yogacarin-Philosophie ist der Kommentar zum *Abhidhamma-sangiti*, der *Abhidhamma-samyukta-sangitit*[59] von

---

[55] [Fußnote im Original] N. 1190. [Übersetzung von Lobsang Jamspal & Robert Thurman, *Universal Vehicle Discourse Literature*, 2004.]

[56] [Fußnote im Original] N. 1199.

[57] [Fußnote im Original] N. 1177.

[58] [Fußnote im Original] N. 82.

[59] [Fußnote im Original] N. 1178, häufig zitiert im Folgenden als *Ab. Sam. San.*

Sthitamati, nicht zu verwechseln mit Sthiramati der Madhyamika-Schulrichtung, dessen Werke ebenfalls wohlbekannt sind.

(5) *Mahayana-samparigraha*, das „Kompendium des Mahayana", dessen Verse von Asanga und dessen Kommentar von Vasubandhu stammen. Von diesem Text haben wir drei chinesische Übersetzungen,[60] von der erneut die von Hsüan Tsang als autoritative gilt. Eine weitere Übersetzung, die von Paramartha, ist auch erwähnenswert, da sie die Grundlage einer eigenen chinesischen Schulrichtung ist.[61] Diese äußerst wichtige Abhandlung unterscheidet sich von den vorangehenden, da sie ein Kommentar zum oben angeführten Abdhidhamma-Sutra ist und keine direkte Verbindung zur Yogacarin-Schule hat. Sie beruht daher auf einer anderen Überlieferungslinie.

(6) *Yogha-vibhaga*, Maitreya zugeschrieben. Von diesem Text haben wir keine chinesische Übersetzung. Es handelte sich vermutlich um eine Zusammenfassung des längeren *Yogacara-bhumi*.

(7) *Dasa-bhumika-sastra*.[62] Dies ist ein Werk des Vasubandhu, welches die zehn Stadien der Laufbahn eines Bodhisattva behandelt und nebenbei eine Diskussion allerlei metaphysischer Themen enthält. Übersetzung durch Bodhiruci. Dieser Text ist ebenso wie das *Mahayana-samparigraha* von besonderem Interesse, da es in China eine Zeitlang eine eigenständige, darauf basierende Schulrichtung gab.[63]

(8) *Madhyanta-vibhaga*, die „Unterscheidung der Mittel"; die Grundverse werden Maitreya zugeschrieben und die Prosa-Erläuterungen Asanga. Dieser Text repräsentiert die Yogacarin-Interpretation der Madhyamika-Lehre von der *sunya*. Es gibt zwei chinesische Übersetzungen.[64]

(9) *Alambana-pratyaya-sastra*. Dieser Text handelt von dem Prozess und der Verursachung von Sinneseindrücken. Für die Bedeutung des Begriffs *alambana-pratyaya* (welcher grob mit „gelegentlicher Ursache" im cartesianischen Sinne wiedergegeben werden kann) siehe die Diskussion im vorliegenden Werk unter der Bezeichnung „Kosmische Dynamik". Der Originaltext wird Dignaga zugeschrieben, dem großen Yogacarin-Logiker. Es gibt zwei chinesischen Übersetzungen.[65] Es existiert auch eine chinesi-

[60] [Fußnote im Original] N. 1183, 1184, 1247.

[61] [Fußnote im Original] Die 攝宗 [She-zong], mittlerweile lange ausgestorben.

[62] [Fußnote im Original] N. 1994.

[63] [Fußnote im Original] 地宗 [Di-zong], ebenfalls lange nicht mehr existent.

[64] [Fußnote im Original] N. 1244, 1245, 1248.

[65] [Fußnote im Original] N. 1172-3.

sche Übersetzung eines Kommentars von Dharmapala, welcher berühmter ist als das eigentliche Werk selbst.[66]

(10) *Pramana-samuccava*. Hierbei handelt es sich um ein Kompendium buddhistischer Philosophie, mit besonderer Bezugnahme auf Logik. Verfasst von Dignaga, wurde es von Paramartha übersetzt, scheint aber verloren gegangen zu sein.

(11) *Vidyamatra-siddhi*, „Erläuterung des Idealismus" in zwanzig Versen [*Vimsatika*] von Vasubandhu, basierend auf dem *Lankavatara-Sutra*. Es ist ein einfacherer und allgemeinerer Text als der folgende. Es gibt drei chinesische Übersetzungen.[67]

(12) Schließlich und am bedeutendsten die *Vidyamatra-siddhi* in dreißig Versen [*Trimsika*], ebenfalls von Vasubandhu.[68] Diese ist eine systematischere Darlegung der gesamten Yogacarin-Philosophie in dreißig zum Auswendiglernen geeigneten Versen. Ihr großer Einfluss in der buddhistischen Welt verdankt sich dem Umstand, dass sie zur Grundlage für zahlreiche Kommentare wurde, verfasst von den gewaltigen Denkern nach Vasubandhu. Der erstaunlichste Kommentar stammt vermutlich von Dharmapala. Hsüan Tsang übersetzte diesen ins Chinesische und vermischte ihn mit größeren Abschnitten der Kommentare von neun anderen bedeutenden Gelehrten, v. a. von Sthitamati und Dignaga.[69] In ihren Werken wurde die Theologie der früheren Abhandlungen vollkommen in Philosophie transformiert, und zwar in eine Philosophie höchsten Anspruchs.

Die Bedeutung dieses Kompendiums wurde bald erkannt, und es wurde das Standardhandbuch für alle Studenten des Yogacarin-Systems. Es gilt darüber hinaus als notwendig, dass auch die Mönche aller anderen Schulen es gelesen haben. Egal wie sehr man anderer Meinung sein mag, ist es nicht schwer, seine klare, präzise und logische Form der Erläuterung übermäßig zu loben, die sich so sehr von der Nachlässigkeit vieler anderer buddhistischer Gedanken unterscheidet. Unglücklicherweise erlaubt es uns der Umfang des vorliegenden Werkes nur, seinen schwächsten Punkt zu präsentieren, d. i. die von früheren Traditionen übernommene Kosmologie. Aber es ist interessant festzustellen, dass übereinstimmend mit seinem Grundsatz, nur solche Dinge zu akzeptieren welche durch Vernunft oder Erfahrung

---

[66] [Fußnote im Original] N. 1174.

[67] [Fußnote im Original] N. 1238-40.

[68] [Fußnote im Original] N. 1215.

[69] [Fußnote im Original] N. 1197, im Folgenden häufig zitiert als *V. M. S.*

bestätigt werden können, die Mythen, welche eine kosmische Synthese ausmachen, darin kaum oder gar keinen Eingang gefunden haben.[70]

5. Ausgewählte Autoritäten für die vorliegende Arbeit

Es schien ratsam, eine mehr oder wenig vollständige Liste derjenigen grundsätzlichen Autoritäten oder Quellen für jede der drei in Frage kommenden Schulrichtungen zu geben, da sie anderen bei der Durchführung weiterer Studien im Feld der buddhistischen Philosophie hilfreich sein kann; umso mehr als Nanjôs Katalog des Chinesischen Tripitaka keinen Hinweise auf die Anordnung der Texte enthält, oder deren chronologische sowie philosophische Entwicklung. Jeder der oben angeführten Texte weist leichte und zuweilen wichtige Unterschiede auf, selbst bei Autoritäten derselben Schulrichtung. Obwohl ein Studium solcher Variationen von Bedeutung für das Verständnis der Entwicklungslinien einer Lehre ist, ist es für ein Buch des vorliegenden Umfangs unmöglich, jeder Phase angemessene Aufmerksamkeit zukommen zu lassen, und als Konsequenz daraus wurde entschieden, die finale Phase jeder Schulrichtung zu wählen und kurz auf die Unterschiede bezüglich der vorherigen Ansichten einzugehen.

Der Begriff „final" bedarf vielleicht einer Erklärung. Solange alle Schulrichtungen gemeinsam bestanden, fand ein gewisser Grad an Veränderung und Entwicklung statt; aber innerhalb jeder Schulrichtung gab es einen Zeitpunkt, an dem die Anzahl und Reihenfolge der Kategorien fixiert wurde. Darauf folgende Entwicklung bestand im Wesentlichen darin, die untergeordneten Begrifflichkeiten erneut zu interpretieren und die verborgenen, in den festen Kategorienlisten enthaltenen Bedeutungen offenzulegen. Daher stimmen die frühen Werke einer Schulrichtung in keiner Weise überein, was die Anzahl der *caitasika* betrifft, aber nach einer gewissen Zeit formulierte jede Schulrichtung eine definitive und feste Liste (52 für die Sthaviravadin, 46 für die Sarvastivadin und 51 für die Yogacarin). Danach hielt man sich streng an diese Anzahl.

---

[70] [Fußnote im Original] Drei andere, berühmte und wichtige Werke der Yogacarin, aber nicht in der Liste der zwölf Sastra enthalten, sind:

1. *Panca-skandhaka-sastra*, N. 1176, von Vasubandhu, zitiert als *Pan. Sk.*
2. *Panca-skandha-vaipulya-sastra*, N. 1175, ein Kommentar von Sthitamati zum vorangehenden Werk, zitiert als *Par. Sk. Vai.*
3. *Sata-dharma-vidya-dvara*, N. 1213, von Vasubandhu, zitiert als *S. Dh.* Diese drei Texte sind kurze Werke, die Listen technischer Begriffe enthalten, zusammen mit der orthodoxen Interpretation.

Für unsere vorliegende Aufgabe wurde daher von jeder der drei Schulrichtungen ein Text ausgewählt, der als maßgebliche Autorität gelten kann und gleichzeitig die finale Phase markiert. Dies ist der Standard der Deutung, auch wenn stetig auf andere der oben angeführten Werke Bezug genommen wird und einige ihrer wichtigen Aussagen zitiert werden, wie aus den jeweiligen Fußnoten ersichtlich wird.

Für die Sthaviravadin-Schulrichtung wurde als Standard der *Abhidhammattha-sangaha* gewählt, und als Kommentare hierzu die Anmerkungen und die Einleitung in der englischen Übersetzung von S. Z. Aung.

Für die Sarvastivadin wurde als Standard der *Abhidhamma-kosa* gewählt, zusammen mit der Kritik von Sanghabhadra in seinem *Nyayanusara* und *Abhidhamma-prakarana*. Von großem Wert in diesem Zusammenhang waren die klassischen chinesischen Kommentare zum *Abhidhamma-kosa*, welche sich allesamt im *Su-tsang-ching*, dem „Ergänzenden Kanon“, finden.

Für die Yogacarin-Schulrichtung wurde als Standard das *Vidyamatra-siddhi* von Dharmapala gewählt,[71] zusammen mit den klassischen chinesischen Kommentaren, welche sich ebenfalls im Ergänzenden Kanon finden.[72]

Immer wenn auf diese Kommentare oder andere Werke Bezug genommen wird – hauptsächlich in diversen chinesischen Texten –, werden sie in den Fußnoten angeführt. Zwei Texte verdienen jedoch besondere Aufmerksamkeit. Es handelt sich um zwei chinesische Kompendien zur kosmischen Synthese. In ihnen sind alle wichtigen Bezugnahmen auf kosmologische Fragestellungen der zahlreichen Mahayana- und Hinayana-Sutras und Sastras des chinesischen Kanon versammelt. Es handelt sich um:

1. *Fo-tsu-t'ung-chi* (仏祖統紀), N. 1661. Dies ist eine allgemeine Geschichte des Buddhismus, aber zwei Abschnitte beschäftigen sich mit Kosmologie.

---

[71] [Fußnote im Original] Genauer gesagt habe ich einen *Wei-shih-lun-chiang-i* (唯識論講義) genannten Kommentar gewählt, der sich selbst nicht im Ergänzenden Kanon findet, aber die zentralen Ideen aller klassischen Kommentare enthält. Zitiert als *Wei-shih*.

[72] Zu vielen kosmologischen Aspekten, zu denen das *V.M.S.* nichts sagt, habe ich aus dem oben erwähnten *Ab. Sam. San.* zitiert. Die Seitenzählung der angeführten Stellen dieser und anderer Yogacara-Sastras entspricht der Kioto-Edition des Tripitaka.

2. *Fa-chieh-an-li-t'u* (法界安立). Nicht bei Nanjô angeführt oder im Tripitaka enthalten, aber fast gänzlich aus Zitaten kanonischer Schriften bestehend.

Die Seitenangaben in den Fußnoten folgen der Edition der Schule für Orient-Studien.

Gelegentlich nehme ich Bezug und zitiere aus dem *Pa-tsung-kang-yao-chiang-i* (八宗綱要講義).[73]

Da Sanskrit die *lingua franca* aller buddhistischen Gelehrten ist, habe ich in den meisten Fällen die chinesischen Begriffe in ihrer ursprünglichen Sanskrit-Form wiedergegeben. In manchen Fällen erfolgte dies mit der Hilfe des *Mahavyutpatti*, zitiert als *M. Vy*. Dies ist ein mittelalterliches Sanskrit-Tibetisch-Chinesisch-Lexikon für Fachbegriffe eines anonymen Verfassers. Für die Geschichte dieses Textes siehe die Einleitung der Kioto-Edition zum Buch selbst.

[73] Die „Essenz der acht Traditionen" (*Hasshû kôyô*) ist ein Text des japanischen Kegon-Mönchs Gyônen (1240-1321), in dem er Geschichte und Lehren des Buddhismus in Indien, China und Japan darstellt.

Erster Teil: Kosmische Synthese

1. Methoden der Berechnung

1.1 Numerische Ausdrücke

Die detaillierte Untersuchung buddhistischer Kosmographie muss mit einer Erwägung der am häufigsten verwendeten numerischen Begriffe beginnen. Unglücklicherweise gibt es hierbei wenig Einheitlichkeit, und jede Schulrichtung scheint ihre eigene numerische Abfolge gehabt zu haben. Mit den meisten davon müssen wir uns nicht befassen, aber es ist von Vorteil, zwei der häufigsten und wichtigsten anzuführen.

In der ersten, dem *Mahavyutpatti* entnommenen Abfolge, finden wir folgendes, relativ simples Schema:

10 Zehner	= 1 Hundert (*sata*)
10 Hunderter	= 1 Tausend (*sahasra*)
10 Tausender	= 1 *ayuta*
10 *ayuta*	= 1 *laksa*
10 *laksa*	= 1 *niyuta*
10 *niyuta*	= 1 *koti*
10 *koti*	= 1 *arbuda*
10 *arbuda*	= 1 *padma*
10 *padma*	= 1 *kharva*
10 *kharva*	= 1 *nihkarva*
10 *nikharva*	= 1 *mahapadma*
10 *mahapadma*	= 1 *sanku*
10 *sanku*	= 1 *samudra*
10 *samudra*	= 1 *madhya*
10 *madhya*	= 1 *atta*
10 *atta*	= 1 *parardha*

Die Aufzählung im *Abhidhamma-kosa* (12-5b) ist wie folgt:

10 Einer	ergeben Zehn
10 Zehner	ergeben ein Hundert
10 Hunderter	ergeben ein Tausend
10 Tausender	ergeben ein *prabheda*
10 *prabheda*	ergeben ein *laksa*

10 *laksa*	ergeben ein *atilaksa*
10 *atilaksa*	ergeben ein *koti*
10 *koti*	ergeben ein *madhya*
10 *madhya*	ergeben ein *ayuta*
10 *ayuta*	ergeben ein *mahayuta*
10 *mahayuta*	ergeben ein *nayuta*
10 *nayuta*	ergeben ein *mahanayuta*
10 *mahanayuta*	ergeben ein *prasuta*
10 *prasuta*	ergeben ein *mahaprasuta*
10 *mahaprasuta*	ergeben ein *kamkara*
10 *kamkara*	ergeben ein *mahakamkara*
10 *mahakamkara*	ergeben ein *bimbara*
10 *bimbara*	ergeben ein *mahabimbara*
10 *mahabimbara*	ergeben ein *aksobhya*
10 *aksobhya*	ergeben ein *mahaksobhya*
10 *mahaksobhya*	ergeben ein *vivaha*
10 *vivaha*	ergeben ein *mahavivaha*
10 *mahavivaha*	ergeben ein *utsanga*
10 *utsanga*	ergeben ein *mahotsanga*
10 *mahotsanga*	ergeben ein *vahana*
10 *vahana*	ergeben ein *mahavahana*
10 *mahavahana*	ergeben ein *titibha*
10 *titibha*	ergeben ein *mahatitibha*
10 *mahatitibha*	ergeben ein *hetu*
10 *hetu*	ergeben ein *mahahetu*
10 *mahahetu*	ergeben ein *karabha*
10 *karabha*	ergeben ein *mahakarabha*
10 *mahakarabha*	ergeben ein *indra*
10 *indra*	ergeben ein *mahendra*
10 *mahendra*	ergeben ein *samapta*
10 *samapta*	ergeben ein *mahasamapta*
10 *mahasamapta*	ergeben ein *gati*
10 *gati*	ergeben ein *mahagati*
10 *mahagati*	ergeben ein *nimbaraja*
10 *nimbaraja*	ergeben ein *mahanimbaraja*
10 *mahanimbaraja*	ergeben ein *mudra*
10 *mudra*	ergeben ein *mahamudra*

10 *mahamudra*	ergeben ein *bala*
10 *bala*	ergeben ein *mahabala*
10 *mahabala*	ergeben ein *samjna*
10 *samjna*	ergeben ein *mahasamjna*
10 *mahasamjna*	ergeben ein *vibhuta*
10 *vibhuta*	ergeben ein *mahavibhuta*
10 *mahavibhuta*	ergeben ein *balaksa*
10 *balaksa*	ergeben ein *mahabalaksa*
10 *mahabalaksa*	ergeben ein *asamkhya*

Nebenbei bemerkt bedeutet *asamkhya* so viel wie „unzählig", und in diesem Sinne zeigt sich, dass der Ausdruck nicht ganz korrekt ist, da seine genaue Bedeutung hier entdeckt werden kann.

Zu den vielen anderen, wohlbekannten numerischen Sequenzen gehören die des *Lalitavistara*, des *Saddharma-pundarika* und des *Avatamsaka*;[74] der Umstand jedoch, dass diese Schemata gänzlich abstrus sind und nie für praktische Zwecke verwendet wurden, erlaubt es uns nicht weiter, auf sie einzugehen.

1.2 Die Berechnung von Größe und Distanz

Die letzte bzw. kleinste Einheit für die Bemessung von Größen und Distanz war das *paramanu* oder Atom. Für die Kalkulation von Größen anhand dieses *paramanu* bis hin zum *anguli* (Finger oder buddhistischer Inch) finden wir häufig folgende kuriose Tabelle:[75]

7 *paramanu*	= 1 *anu*
7 *anu*	= 1 *loharaja* oder Metall-Teilchen mit 49 *paramanu*
7 *loharaja*	= 1 *abraja* oder Wasser-Partikel mit 343 *paramanu*
7 *abraja*	= 1 *sasaraja* oder Hasen-Teilchen bzw. exakt eine Portion Hasen-Dung, mit 2.401 *paramanu*
7 *sasaraja*	= 1 *aviraja* oder Schafs-Teilchen mit 16.807 *paramanu*
7 *aviraja*	= 1 *goraja* oder Kuh- bzw. Ochsen-Teilchen mit 111.649 *paramanu*
7 *goraja*	= 1 *vatayanacchidraraja* oder die Partikel eines

[74] [Fußnote im Original] *Lal.Vist.* (Lamottes Ausgabe), Seite 149, stimmt mit dem Ch. überein. *Sad. Pun.* in Burnoufs Übersetzung stimmt mit Ch. überein. Avat. F. 48 of 60 f.ed. und f. 65 of 80 f.ed. (beide Ch.). Für Ceylon M.B. 6, K.i, 336.

[75] [Fußnote im Original] *A. K.* 12-1b; *M. V.* 136-1b; für Süden K.i, 335. *M. Vy.* 520.

Sonnenstrahls (der durch ein Loch im Fenster einfällt), mit 823.543 *paramanu*

7 *vatayanacchidraraja* = 1 *liksa* oder Nisse mit 5.764.801 *paramanu*

7 *liksa*	= 1 *yuka* oder Laus mit 40.353.607 *paramanu*
7 *yuka*	= 1 *yava* oder blankes Korn, mit 282.175.249 *paramanu*
7 *yava*	= 1 *anguli* oder Finger, mit 1.975.226.743 *paramanu* (1 Finger entspricht etwa einem ¾ Inch)

Bis hierher sind die Einheiten v. a. von theoretischem Interesse. Die größeren Bilder, wie sie im täglichen Leben verwendet werden, führt das *Abhidhamma-kosa* (12-2a) wie folgt an:

3 *anguli-parva*	= 1 *anguli* oder Finger oder Fingergelenke
24 *anguli*	= 1 *hasta*, d. h. Unterarm oder Elle
4 *hasta*	= 1 *dhanu* oder Bogen, ein Klafter oder sechs Fuß
5.000 *dhanu*	= 1 *krosa*, 500 Klafter oder 3.000 Fuß
8 *krosa*	= 1 *yojana*, die buddhistische Meile

Dies ist zwar die orthodoxe Berechnung, war jedoch keineswegs universal. Vor allem das *yojana* hatte, wie das chinesische *li* (里), einen sehr veränderlichen Wert. Manchmal wird es mit 4.650 Fuß angegeben, ein anderes Mal mit 4.5 oder 5 Meilen, was dem Bild des *Abhidhamma-kosa* am nächsten kommt; andere Autoritäten geben 6.5, 7, 7.25, $7^{2}/^{3}$, 9, 12.5, oder 16 Meilen an. Die Verwendung des Ausdrucks bei den chinesischen Pilgern war inkonsistent und widersprüchlich.

1.3 Die kleineren Zeitperioden

Diskrepanzen hinsichtlich der Berechnung der Zeit gibt es auch, jedoch nicht so häufig. Das *ksana* ist immer die kleinste Einheit. Manche Texte sagen, dass es der neunzigste Teil der Dauer eines Gedankens ist, oder der viertausendfünfhundertste Teil einer Minute, während das *Mahavibhasa* feststellt, dass 6.499.099.980 solcher *ksana* einen Tag ergeben.

Das *Abhidhamma-kosa* gibt folgende Liste:[76]

120 *ksana*	= 1 *tatksana*
60 *tatksana*	= 1 *lava*

[76] [Fußnote im Original] 12-2a. Siehe auch *Loka-prajnapti*, 5-5a für eine vollständige Auflistung.

30 *lava*	= 1 *muhurta* (48 europäische Minuten)
5 *muhurta*	= 1 *kala* (buddhistische Stunde)
6 *kala*	= 1 Tag (24 europäische Stunden)

Die *kala* werden wie folgt angeordnet (*M. Vy.*; S.522ff.): (1) Trisandhya oder drei Tagzeiten, nämlich *purvahna* oder Vormittag, *madhyahna* oder Mittag und *aparahna* oder Nachmittag. (2) Drei Nachtzeiten, nämlich erstens *prathama-yama*, zweitens *madhyama-yama* oder Mitternacht, und drittens *pascima-yama*. Übrigens merkt Hsüan Tsang an,[77] dass dies zwar die offizielle buddhistische Zeitrechnung ist, aber viele Buddhisten in Indien einen Kalendertag von acht Perioden mit vier Tagzeiten und vier Nachtzeiten anstelle von sechs verwendet haben.

1.4 Die Monate und Jahreszeiten[78]

Dreißig *vasanta* oder Tage und Nächte ergeben einen *masa* oder Monat, welcher in zwei *paksa* oder Halbmonate eingeteilt wird:

(a) *sukla-paksa*, die weiße Periode, wenn der Mond zunimmt; und (b) *krsna-paksa* oder dunkle Periode, mit abnehmenden Mond. Weiterhin gibt es zwölf *varsa* oder Monate in einem Jahr, nämlich:

1. *Caitra*	2. *Vaisakha*	3. *Jyaishta*
4. *Asadha*	5. *Sravana*	6. *Bhadrapada*
7. *Asvina*	8. *Karttika*	9. *Margasirsa*
10. *Pausa*	11. *Magha*	12. *Phalguna*

Es zeigt sich, dass es viele Wege gibt, die Monate und Jahreszeiten zu klassifizieren. Tatsächlich existierte eine zweifache, eine dreifache, eine vierfache, eine fünffache und eine sechsfache Einteilung.

a) Die zweifache Einteilung. – Diese besteht aus den *ayanas* oder Märschen – so genannt, weil während des einen die Sonne stetig nach Norden wandert und sich während des anderen stetig nach Süden bewegt. Diese Einteilung wird später noch genauer untersucht, wenn wir uns mit der bud-

---

[77] [Fußnote im Original] Watters, *On Yuan Chuang*, Kapitel zur indischen Zeitrechnung. [Thomas Watters (1840-1901), *On Yuan Chwang's Travels in India*, posthum 1904 veröffentlicht.]

[78] [Fußnote im Original] Für alle diese Berechnungen siehe *M. Vy.* 522, für Ceylon *M. B.* 23. Für die nördliche Schilderung der Jahreszeiten siehe v. a. den Anhang zu den Reisen von I-ching in der Übersetzung von Takakusu.

dhistischen Astronomie beschäftigen. Jede dieser beiden Jahreszeiten besteht aus genau sechs Monaten.

b) Die dreifache Einteilung. – Hsüan Tsang berichtet, dass die geläufigste Einteilung des Jahres die in drei Jahreszeiten, nämlich Winter, Frühling und Sommer, oder eigentlich in die kalte, die regnerische und die heiße Jahreszeit war.

c) Die vierfache Einteilung. – Dies war die Einteilung der Monate, auf die am meisten theoretischer Nachdruck gelegt wurde. Sie entspricht unserer eigenen Einteilung des Jahres in Frühling, Sommer, Herbst und Winter, und jede Jahreszeit umfasst drei Monate.

d) Die fünffache Einteilung. – Der Vinaya, die Sammlung der Ordensregeln, behandelt diese Einteilung als die orthodoxe. Sie besteht aus (1) einer Winter-Saison aus vier Monaten, (2) einem Frühling von vier Monaten, (3) einer Regen-Saison von einem Monat, (4) einer letzten Saison von nur einem Tag und einer Nacht, und (5) einem Sommer von fünf Monaten.

e) Die sechsfache Einteilung. – Diese Einteilung, welche recht häufig erwähnt wird, besteht aus sechs Jahreszeiten zu jeweils zwei Monaten. Ihre Namen sind: (1) *vasanta* oder Frühling, (2) *grisma* oder Spät-Frühling, (3) *varsa* oder Sommer bzw. Regenzeit, (4) *sarat* oder Herbst, (5) *hemanta* oder Winter, und (6) *sisira* oder Spät-Winter.

1.5 Die *yuga*; kleine, mittlere und größere *kalpa*

In späterer Zeit ging der Buddhismus dazu über, hinsichtlich der kleineren Zeitperioden die weltliche Zeitrechnung der diversen von ihm eingenommenen Länder anzunehmen; aber die längeren Einheiten blieben weiterhin ein wichtiger Bestandteil der buddhistischen Philosophie. Es handelt sich dabei um:

a) Die *yuga*. – Gemäß dem Buddhismus ist die durchschnittliche Lebensdauer eines Menschen alles andere als konstant, sondern befindet sich ebenso wie seine Statur in stetigem Wandel, welcher anfänglich zwischen einer durchschnittlichen Höhe von einem und einem halben Fuß liegt bzw. im Schnitt zehn Jahre beträgt. Dann nehmen beide Komponenten zu, bis seine Größe überwältigend wird und sein Leben an die 80.000 Jahre dauert, von wo aus sie zu ihrer ursprünglichen Größe und Dauer schrumpfen. Die

Perioden des Anwachsens oder *utkarsa* und der Abnahme oder *apakarsa* sind beide in vier Abschnitte unterteilt, bekannt als *yuga.*[79] Sie heißen:

1. *Krta-yuga*, das Zeitalter der Vollendung, in dem die Menschen ein *asamkhya* lang leben und alle glücklich sind.
2. *Treta-yuga*, in dem Größe, Dauer des Lebens und Zufriedenheit der Menschen abnehmen.
3. *Dvapara-yuga*, in dem alle Aspekte die Hälfte dessen vom *krta-yuga* betragen.
4. *Kali-yuga*, das Zeitalter der Degeneration und des Streits.

Des Leben beginnt mit einem *krta-yuga* und degeneriert dann hin zu einem *kali-yuga*, auf das ein zweites *kali-yuga* folgt, bevor es wieder aufwärts geht. Einigen Berichten zufolge beträgt die längste Lebensdauer der Menschen ein *asamkhya*. Häufig jedoch wird dies durch die Zahl 80.000 bzw. 84.000 zum Ausdruck gebracht, die übliche buddhistische Ausdrucksweise für sehr große Zahlen.

b) Kleines *kalpa.*[80] – Alle acht Yuga zusammen ergeben ein kleines oder *antara-kalpa*. Dieses kleine *kalpa* ist äquivalent zu der Zeit, in der das menschliche Leben maximal abnimmt und zunimmt, wobei die Rate einer solchen Zunahme mit einem Jahr von jeweils hundert Jahren berechnet wird. Eine solche Zu- und Abnahme muss jedoch nicht in jedem *antara-kalpa* stattfinden, da es, wie wir später sehen werden, gewisse Phasen gibt, in denen ein ganzes *antara-kalpa* lang keine fühlenden Wesen existieren. Es handelt sich also nur um eine bestimmte zeitliche Dauer.

c) Mittlere *kalpa*. – Diese *kalpa* werden weiter in Gruppen von zwanzig zusammengefasst, welche als mittlere oder *asamkhya-kalpa* bezeichnet werden. Diese mittleren *kalpa* sind ihrerseits vierfach unterteilt und folgen in dieser Ordnung aufeinander:

1. *Vivarta-kalpa*, das mittlere *kalpa* der Gestaltung, während dem die Welt ins Dasein tritt und die ersten Bewohner spontan und automatisch geboren werden.
2. *Vivarta-siddha-kalpa*, das mittlere *kalpa* der fortgesetzten Erzeugung, der Höhepunkt der Welt.

[79] [Fußnote im Original] *M. Vy. 527*, *A. K. 12-12a*; für Ceylon *M. B. 7*.
[80] [Fußnote im Original] Für die Kalpa *F. T. 30-2a*. *F. Ch. 2b* und *6a*. *A. K.* 12-12ff.

3. *Samvarta-kalpa*, das mittlere *kalpa* der Zerstörung, während dem die Welt schrittweise degeneriert und schließlich zerstört wird.

4. *Samvarta-siddha-kalpa*, das *kalpa* der fortgesetzten Zerstörung, während dem die Welt nicht existiert und alles leer ist.

Auf ein *samvarta-siddha-kalpa* folgt ein weiteres *vivarta-kalpa*, und so geht es ewig weiter. Es soll angemerkt sein, dass die Zerstörung der Welt nicht die Zerstörung des Universums bedeutet, da, wie wir später Gelegenheit haben zu sehen, der Buddhismus die Existenz einer unbegrenzten Anzahl von belebten Welten postuliert.

d) Großes *kalpa*. – Der gesamte Zyklus der vier mittleren *kalpa* wird ein großes *kalpa* bzw. *maha-kalpa* genannt und ist die größte Einheit der Berechnung. Jedes große *kalpa* ist die zyklische Periode einer Welt, während deren Verlauf sich das gesamte Drama von Schöpfung und Zerstörung abspielt. Die großen *kalpa* bestehen jeweils aus vier mittleren *kalpa*, und jedes mittlere *kalpa* besteht seinerseits aus zwanzig kleinen *kalpa*; d. h. ein großes *kalpa* umfasst achtzig kleine *kalpa*.

1.6 Andere chronologische Zyklen

In Ergänzung zu diesen mehr oder weniger mathematischen Berechnungen der Zeit erwähnt der Buddhismus häufig noch diverse andere Zyklen, welche meist eine religiösere Bedeutung haben. Von kosmologischem Bezug sind die drei großen Katastrophen, Zyklen der Zerstörung der Welt durch Feuer, Wasser und Wind,[81] sowie die drei kleineren Katastrophen, Zyklen des Unheils, welche immer dann auftreten, wenn die menschliche Lebensdauer am Geringsten ist.[82] Weiterhin werden die *kalpa* in Gruppen angeordnet, in denen es (a) Buddhas gibt und (b) keine Buddhas erscheinen. Des Weiteren gibt es innerhalb jedes *kalpa* nur bestimmte Zeiten, in denen Buddhas, *pratyeka-buddha* und *cakravartin* geboren werden können.[83] Schließlich gibt es im Zusammenhang mit der Lehre des Buddha eine dreifache Einteilung der Lehre-Zeiten, nämlich:[84] (1) die Periode der Rechten Lehre, die Buddha-Lehre in ihrer Reinheit, welche bis fünfhundert Jahre über den Tod ihres Gründers besteht; (2) die Periode der Nachgebildeten Lehre, wenn die Geisteskräfte der Menschen abnehmen und sie für eine

[81] [Fußnote im Original] *A. K.* 12-16a; *N. A.* 32-20; *D. A.* 110a.
[82] [Fußnote im Original] *A. K.* 12-14b; *N. A.* 32-18b.
[83] [Fußnote im Original] *A. K.* 12-8a; *N. A.* 32-9a.
[84] [Fußnote im Original] *F.Ch.* 30-4a.

Dauer von tausend Jahren am Buchstaben der Lehre hängen; (3) die Periode des Verfalls der Lehre, in der die Lehre korrumpiert und befleckt wird, und welche nach manchen Aussagen tausend Jahre, nach anderen zehntausend Jahre andauert.

2. Kosmische Geographie

2.1 Welt-Systeme

Die Interaktionen der Atome und Elemente bewirken die Erzeugung des Universums. Wie andere indische Philosophien lehrt auch der Buddhismus, dass das Universum aus einer unendlichen Anzahl von Welten besteht, alle mehr oder weniger der unsrigen gleich, mit derselben Anzahl von Gebirgsketten, Kontinenten, Ozeanen etc., zusammen mit den Aspekten buddhistischer Kosmographie, einschließlich der Höllen unterhalb und den Himmeln über jeder Welt.

Die Anzahl dieser Welten ist tatsächlich unberechenbar. Ihre Anzahl geht ins Unendliche, und sie sind in alle sechs Richtungen des Raums verteilt [d. i. die vier Kardinalrichtungen sowie nach oben und unten].[85] Diese Welten sind zu verschiedenen Arten von Chiliokosmen gruppiert. Ein kleiner Chiliokosmos besteht aus eintausend *cakravala* oder Welten und ist von einem gigantischen Wall umgeben. Ein mittlerer Chiliokosmos besteht aus eintausend kleinen Chiliokosmen mit eben solch einem Wall. Ein großer Chiliokosmos besteht aus eintausend mittleren Chiliokosmen und ist ebenfalls von einem Wall umgeben. Ein kleiner Chiliokosmos umfasst 1.000, ein mittlerer Chiliokosmos 1.000.000 und ein großer Chiliokosmos 1.000.000.000 Welten.[86] Der *Abhidhamma-kosa* unterrichtet uns, dass die Distanz zwischen den Welten 1.203.450 *yojana* beträgt. Unser eigener Chiliokosmos ist als *Saha-Welt* bekannt, was entweder „Ort des Leidens" oder „Zentrum" eines Chiliokosmos bedeutet und derjenige Ort ist, auf den Sakyamuni seine Offenbarung begrenzt hat.

2.2 Klassifizierung der Welt-Systeme

Nach der Unendlichkeit des Raums und der zahllosen Menge an Welten, die darin enthalten sind, besteht die nächste Aufgabe darin, zu erkunden, wie der Buddhismus diese klassifiziert.

---

[85] [Fußnote im Original] *M. B.* 2.

[86] [Fußnote im Original] *M. B.* 8; *A. K.* 11-15a; *N. A.* 31-20a; *F. A.* 32-7a; *D. A.* 92a; *A. V. P.* 1-5a.

Das Hinayana mit seiner Lehre von der Seltenheit der Buddhas unterteilt das Universum in drei Kategorien: (1) *cakravala*, welche den Buddhas erscheinen, die aber seine Lehre (*dharma*) nicht empfangen und in denen nie ein Buddha geboren wird; (2) *cakravala*, welche die Lehre der Buddhas empfangen, aber in denen kein Buddha geboren wird; und (3) *cakravala*, in welchen die vollendeten Buddhas erscheinen. Die Einteilung ist spät und gilt nur für bestimmte Zweige des Hinayana, hauptsächlich für die südlichen.[87] Die Tendenz des nördlichen Buddhismus, besonders des Mahayana, war die Universalisierung der Buddhaschaft.

Die vermutlich wichtigste Einteilung des Universums ist diejenige in die drei Bereiche von *kama* oder Lust, *rupa* oder Form und *arupa* oder Formlosigkeit.[88] Diese Klassifizierung ist allen Arten des Buddhismus geläufig und muss daher etwas genauer untersucht werden.

Die Sphäre des Verlangens oder *kama-dhatu* besteht aus denjenigen Ebenen, auf denen die Bewohner noch unter diversen Begierden leiden. Diejenigen in den unteren Ebenen sind Schmerzen ausgesetzt; die in den höheren Ebenen genießen körperliche und sinnliche Freuden. Diese Sphäre umfasst die materiellen Welten oder Gebiete mit den zahlreichen darin vorkommenden Lebensformen, sowie die sechs Himmel der Begierde.

Rupa-dhatu ist diejenige Sphäre, in welcher die niederen Arten der Begierde ausgelöscht sind, die Bewohner aber noch Gestalt und Form besitzen und anfällig für die feineren Arten geistigen Verlangens sind. Diese Sphäre besteht aus 16, 17 oder 18 Brahma-Himmeln, welche sich oberhalb der Sphäre des Verlangens (*kama-dhatu*) befinden.

Die Formfreie Sphäre (*arupa-dhatu*) besteht aus denjenigen Ebenen, auf denen sogar Gestalt und Körperlichkeit aufgehoben sind und nur noch Lebendigkeit vorhanden ist. Von diesen Gebieten werden gewöhnlich vier angeführt, wovon in den ersten drei noch ein Rest von Bewusstsein vorhanden ist, während es im vierten weder Bewusstsein noch Nicht-Bewusstheit gibt.

In Ergänzung hierzu postuliert das Mahayana eine unbegrenzte Anzahl von *buddha-ksetra* oder „Buddha-Ländern“, in denen die fortgeschrittenen Anhänger des Buddhismus wiedergeboren werden.

---

[87] [Fußnote im Original] In Ceylon (nach *M. B.*) heißt es, dass die *cakravala* immer in Dreiergruppen in Form eines Dreiecks angeordnet sind. Diese Lehre ist im Norden nicht bekannt.

[88] [Fußnote im Original] *A. K.* 8-1a.

Eine detailliertere Erklärung dieser drei Sphären folgt am besten dieser Dreiteilung: (a) Eine Beschreibung der kosmischen Geographie der Buddhisten oder eine Karte der Struktur der Erde. (b) Eine Tabelle der diversen Himmel und Höllen etc., welche sich unter- oder oberhalb der Erde befinden. (v) Eine Beschreibung der diversen Lebewesen, von denen angenommen wird, dass sie diese Regionen bevölkern.

2.3 Die Grundlage der Erde

Die Grundlage jedes Weltsystems ist eine stoffliche Erde, und da jedes Weltsystem und jede Erde insofern einheitlich sind, gilt der generelle Plan einer Erde auch für alle anderen.

Alle Sutras und Sastras sind sich darüber einig, dass die Erde die Form eines Zylinders hat; wobei sich die sichtbare Welt auf dem flachen oberen Teil befindet, während der Zylinder selbst aus verschiedenen Schichten von Material besteht. Die Schichten sind folgendermaßen aufgebaut:[89]

1) Am untersten Grund jeder Erde und somit als Stütze findet sich die unendliche und unermessliche Sphäre von *akasa*, des Raums oder Äthers, der sich gleichzeitig oberhalb, um jede und in jeder anderen Sphäre befindet.

2) Darüber befindet sich eine Schicht von Luft oder Wind, in einem solchen Maß fest und unbeweglich, dass sie selbst von Diamanten nicht durchdrungen werden kann. Ihre Dicke beträgt 1.600.000 *yojana*, aber ihr Durchmesser und Umfang sind nicht messbar.

3) Darüber befindet sich eine Schicht von Wasser; 800.000 *yojana* dick, und mit einem Umfang von 3.610.350 *yojana*.

4) Darüber befindet sich eine Schicht von Gold oder festem Fels, in direktem Gegensatz zur weichen Form, aus der die eigentliche Erde gebildet ist. Sie ist 320.000 *yojana* dick und hat denselben Umfang wie die Wasser-Schicht.

5) Schließlich kommt die Schicht der Erde selbst, 80.000 *yojana* dick, auf der sich die diversen Berge, Ozeane, Kontinente etc. befinden. Ihr Umfang stimmt mit den beiden vorherigen Schichten überein.

---

[89] [Fußnote im Original] *A. K.* 11-1a; *N. A.* 31-1a; *M. V.* 133-4a; *F. A.* 32-15a; *D. A.* 92a; *Y. B.* 27a; vergleiche die Berichte für Ceylon in *M. B.*

Es wird angenommen, dass die Erde durch die versammelte Wirkung aller Taten aller fühlenden Wesen gebildet, zusammengehalten und grundsätzlich getragen und gestützt wird. Die Art und Weise ihrer Erschaffung und Zerstörung wird im Anschluss beschrieben.

2.4 *Mahameru*, der zentrale Berg[90]

Im genauen Zentrum dieser und aller anderen Welten befindet sich ein großer Berg, welcher der Nabel der Erde ist und über den es viele Legenden gibt. Zahlreiche übernatürliche Wesen leben an seinen Seiten, seinem Gipfel und direkt über ihm.

Seine gesamte Höhe über der Wasseroberfläche des zentralen Meeres, das ihn umgibt, beträgt 80.000 *yojana*, und unterhalb der Wasseroberfläche reicht er bis zum Grund der Erde (d. i. weitere 80.000 *yojana*). Was seinen Umfang betrifft, gibt es unterschiedliche Ansichten. [91]Alle sind sich einig, dass sein Umfang am Grund (d. h. der Höhe der Wasseroberfläche) und am Gipfel am Größten ist, und die kleinsten Bereiche befinden sich dazwischen. Der maximale Umfang ist so groß wie seine Höhe, d. h. 80.000 *yojana*. An den Seiten gibt es gewisse Ausstülpungen, welches die Bleiben der entsprechenden Gottheiten sind, wie z. B. die vier himmlischen Lagen, welche von den vier *catur-maharajika* (Himmelskönigen) beherrscht werden, den Wächtern der vier Richtungen.

Jeder dieser Herrscher hat seine eigene spezielle Farbe, welche er dem Gebiet, über das er herrscht, teilwerden lässt, so dass jede der vier Seiten des zentralen Bergs einen anderen Farbton hat, ebenso wie die Meere, Gebirge, die Luft etc. in jeder Richtung. Durch Vermischung dieser vier Hauptfarben in den Bereichen, wo sie sich überschneiden, kommt es zu acht Abstufungen, nämlich:

1. Norden: Gold
2. Nordosten: *virgin-gold*
3. Osten: Silber
4. Südosten: Hellblau
5. Süden: Blau
6. Südwesten: Violett
7. Westen: Rot

---

[90] [Fußnote im Original] *A. K.* 11-2a; *F. L.* 32-8b; *Y. B.* 2-7a. für Ceylon *M. B.* 10; *K. I.* 187.

[91] [Fußnote im Original] Für Ceylon *M. B.* 10.

8. Nordwesten: Rot-Gold

Für die Buddhisten ist die gesamte bekannte Welt nur ein Teil von *jambudvipa*, dem großen südlichen Kontinent, was den Umstand erklärt, dass uns der Himmel blau erscheint, während der Himmel für die Bewohner auf den Kontinenten in den anderen Richtungen eine andere Farbe hat.

2.5 Die sieben ringförmigen Gebirgsketten

Um *mahameru* herum (in Abständen, zwischen denen sich Meere befinden) sind sieben ringförmige Gebirgsketten, welche in Höhe und Umfang schrittweise zunehmen. Was die Höhe betrifft, so ist das Ausmaß unterhalb der Wasseroberfläche bei allen Bergen identisch (nämlich 80.000 *yojana*).[92] Die Höhe der Berge oberhalb des Wasserniveaus nimmt bis zur Hälfte ab, und der Durchmesser eines Berges entspricht dem Ausmaß seiner Erhebung aus dem Wasser. Die sieben Kreise sind:[93]

1. *Yugandhara*. – Diese Gebirgskette umgibt den *Meru* von allen Seiten und ist von ihm durch ein 80.000 *yojana* breites Meer getrennt. Ihre Höhe beträgt die Hälfte der Höhe von *meru*, d. h. sie erhebt sich 40.000 *yojana* aus dem Wasser und ist von ebensolchem Durchmesser.
2. *Isadhara*, von *Yugandhara* durch einen 40.000 *yojana* breiten Ozean getrennt, mit einer Höhe über der Wasseroberfläche von 20.000 *yojana* und von ebensolchem Durchmesser.
3. *Khadiraka* ist von *Isadhara* durch einen 20.000 *yojana* breiten Ozean getrennt und hat eine Höhe und einen Durchmesser von 10.000 *yojana*.
4. *Sudarsana* ist von *Khadiraka* durch einen Ozean von 10.000 *yojana* getrennt und hat eine Höhe und einen Durchmesser von 5.000 *yojana*.
5. *Asvakarna* ist von *Sudarsana* durch einen 5.000 *yojana* breiten See getrennt und hat eine Höhe und einen Durchmesser von 2.500 *yojana*.

[92] [Fußnote im Original] Hier und an anderen Stellen gibt der *A. K.* 80.000 und der *D. A.* 84.000 als Grundlage der Bemessung an. Andere Texte variieren zwischen diesen beiden Werten. Ich folge *A. K.*

[93] [Fußnote im Original] *M. Vy.* 280. Keine zwei Berichte stimmen ganz überein; siehe die vergleichende Tabelle in *K. I.* 186; auch *M. B.* 12; *A. K.* 11-2a; *M. V.* 133-13b; *Y. B.* 2-7b.

6. *Vinataka* ist von *Asvakarna* durch einen 2.500 *yojana* breiten See getrennt und hat eine Höhe und einen Durchmesser von 1.250 *yojana*.

7. *Nimimdhara*, der letzte der Gebirgsringe, ist von *Vinataka* durch einen 1.250 *yojana* breiten See getrennt und hat eine Höhe und einen Durchmesser von 625 *yojana*.

Um diesen letzten Gebirgsring herumgespannt ist der große Salz-Ozean, dessen Tiefe von 625 *yojana* in der Nähe von *Nimimdhara* schrittweise bis auf 1 Inch Tiefe abnimmt. Dies ist der Umfang der Erde, und hier befindet sich eine weitere umgebende Gebirgskette aus Eisen, genannt *Cakravalagala* oder *Cakravada*. Sie ist halb so groß wie *Nimimdhara*, d. h. ihre Höhe beträgt 312,5 *yojana*. Anderen Berichten zufolge gibt es zwei solche Gebirge, das eine vom anderen durch etwas Raum getrennt, der bis zur Sphäre des Wassers herab reicht, wo sich einige der weniger schlimmen Höllen befinden.

2.6 Die großen Ozeane[94]

Wir haben bereits erfahren, dass sich zwischen den ringförmigen Gebirgsketten jeweils ein Ozean befindet. Der Salz-Ozean, d. i. derjenige zwischen *Nimimdhara* und dem äußersten Gebirgskreis, ist der Ozean, in dem sich die bewohnten Kontinente befinden, und er ist daher als einziger den Menschen bekannt. Alle der ersten sieben Ozeane sind 80.000 *yojana* tief. Ihr Durchmesser wurde oben angegeben. Die Tiefe des Salz-Ozeans wurde ebenfalls angeführt. Seine Breite beträgt 322.000 *yojana*. Der Umfang der gesamten Erde bzw. *cakravala* und damit der äußere Umfang des Salz-Ozeans beträgt 3.610.350 *yojana*.

Im Übrigen mögen die Maße für den Durchmesser der Erde interessant sein. Der *Abhidhamma-kosa* gibt folgende Aufzählung: Meru hat einen Durchmesser von 80.000 *yojana*, sein Radius beträgt 40.000 *yojana*. Vom äußersten Punkt des Meru zum äußersten Punkt von *Nimimdhara* sind es 158.750 *yojana* (79.375 davon Land und eine gleiche Strecke an Wasser). Über den Salz-Ozean sind es 322.000 *yojana*, oder genauer 322.312 *yojana*, so dass der gesamte Durchmesser der Erde 1.042.124 *yojana* beträgt.

Einigen Berichten zufolge sind die inneren Meere mit diversen Arten parfümierter Wässer gefüllt. Im *Abhidhamma-kosa* heißt es jedoch nur, dass

[94] [Fußnote im Original] *A. K.* 11-3b; *N. A.* 31-3a; *F. T.* 32-9a = *Y. B.* 2-7b. (= *M. B.* 12; *K. I.* 183 für den Süden).

ihre Wässer die acht magischen Qualitäten besitzen: (1) Reinheit, (2) Kühle, (3) Süße, (4) Weichheit, (5) Klarheit, (6) Wohlgeruch, (7) beim Trinken verletzt es nicht den Mund, und (8) wenn getrunken, schadet es nicht dem Bauch.

Für die Salzigkeit des achten bzw. großen Ozeans werden mehrere Gründe angeführt. Die häufigsten sind: (1) In der Mitte des Sees lebt ein großer Fisch, dessen Ausscheidungen den salzigen Geschmack verursachen; (2) in der fernen Vergangenheit hat ein Seher (*rsi*) seine magischen Kräfte eingesetzt, um die Verschmutzung zu bewirken; (3) der salzige Geschmack liegt an den Unreinheiten der Erde, welche in die See gewaschen werden.

Der Ozean läuft trotzt des durch die Flüsse ständig zuströmenden Wassers nicht über, weil sich an seinem Grund vier Juwelen befinden, welche alles überflüssige Wasser absorbieren. Sie verwandeln das Wasser in allerlei Objekte, welche schließlich verschwinden, ohne dass etwas zurückbleibt. Die Gezeiten werden damit erklärt, dass das Wasser zu festen Zeiten vom Palast der *naga* (Drachen) aus- und einströmt, der sich am Grund des Meeres befindet.

2.7 Die vier großen Kontinente

Im achten und äußersten, dem Salz-Ozean, d. i. außerhalb von *Nimimdhara* bzw. der siebten Gebirgskette, befinden sich die vier großen Kontinente; einer zu jeder Seite der Welt.

1. Im Norden, mit einem Umfang von 8.000 *yojana*, liegt der ideale Kontinent *Uttarakuru*, von quadratischer Gestalt wie ein Stuhl oder der Deckel einer Kiste, und mit vier gleichlangen Seiten von jeweils 2.000 *yojana*.

2. Im Osten, mit einem Umfang von 7.500 oder 7.000 *yojana*, befindet sich *Purvavideha* in der Gestalt eines Halbmonds. Gemäß dem *Abhidhamma-kosa* hat er drei Seiten von jeweils 2.000 *yojana* Länge und eine vierte von 350 *yojana*.

3. Im Westen liegt *Aparagodaniya* oder *Godaniya*, von runder Gestalt wie der volle Mond, 7.500 oder 7.000 *yojana* im Umfang, mit einem Durchmesser von 2.500 *yojana*.

4. Im Süden befindet sich der große Kontinent *Jambudvipa* in der Gestalt eines Dreiecks (mit der Spitze nach Süden zeigend) und mit einem Umfang von etwas mehr als 6.000 *yojana*. Das *Abhidhamma-kosa* führt aus,

dass drei seiner Seiten 2.000 *yojana* lang sind und eine vierte lediglich 3,5 *yojana.*[95]

Die meisten Berichte fügen hinzu, dass sich in der Nähe und zu jeder Seite dieser vier Kontinente zwei große Inseln oder Subkontinente (d. i. einer zu jeder Seite) befinden, was zusammen zwölf große, bewohnte Teile der Welt ergibt. Mit dem nördlichen Kontinent verbunden sind die Inseln *Kurava* und *Kaurava*; mit dem östlichen Kontinent *Deha* und *Videha*; mit dem westlichen Kontinent *Satha* und *Uttaramantrina*; und mit dem südlichen Kontinent *Camara* und *Aparacamara*. Alle werden von der gleichen Art von Menschen bewohnt, obwohl *Camara* einigen Berichten zufolge nur von *raksasa* oder Dämonen bevölkert ist.

In den frühen Stadien buddhistischer Kosmologie besteht *Jambudvipa* nur aus Indien und den unmittelbar angrenzenden Ländern, während die anderen Teile der Welt unbekannt sind. Später, nachdem Japan, China, Zentralasien etc. bekannt geworden waren, wurden sie als Teil des gleichen Kontinents angesehen. Noch später wurden sogar Europa, Afrika und sogar Amerika dazugerechnet.

Eine Vielzahl mythologischer Details wurde der buddhistischen Beschreibung von *Jambudvipa* hinzugefügt, hauptsächlich mit Bezug auf die wichtigsten Berge, Gewässer, Flüsse und Wälder.[96] Mit diesen müssen wir uns jedoch nicht beschäftigen und können uns damit begnügen, die Neugierigen auf die allgemeinen Autoritäten zu verweisen.

2.8 Buddhistische Astronomie[97]

Alle Schulen des Buddhismus lehren, dass zu jeder *cakravala* eine Sonne und ein Mond gehören, ebenso wie eine Unzahl an Sternen, allesamt relativ kleine Gebilde, welche sich auf ihrer Bahn um den Berg *Meru* befinden und die Einteilung in Tage, Nächte, Monate, Jahre etc. ermöglichen. Von der Sonne und dem Mond wird angenommen, dass sie sich 40.000 *yojana* oberhalb des Wasserspiegels befinden, d. i. in derselben Höhe wie *Yugandhara*, die erste der ringförmigen Gebirgsketten, und dass dieses Gebirge und *Meru*

---

[95] Bis auf *Uttarakuru* stimmen die Formen und Maße offensichtlich nicht überein, vermutlich handelt es sich einfach um alternative Beschreibungen.

[96] [Fußnote im Original] Für ceylonesische Erweiterungen siehe *M. B.* 15ff.; für den Norden *D. A.* 93ff.

[97] [Fußnote im Original] *A. K.* 11-8b; *N. A.* 31-12a; *F. A.* 32-16a. Vergleiche *M. B.* 20 für die Unterschiede südlicher Berichte, wo die Sonne mit 50 *yojana* und der Mond mit 40 *yojana* angegeben wird.

selbst ihre Strahlen vor den Kontinenten auf der anderen Seite verbergen, auf der sich Sonne und Mond aktuell befinden. Sowohl die Sonne wie auch der Mond bewegen sich kontinuierlich um *Meru* herum, wobei sich die Bahn ihres Orbits zwischen *Nimimdhara* und dem äußersten Gebirgsring befindet, oder anders gesagt über dem großen Salz-Ozean. Wenn es daher auf dem südlichen Kontinent Tag ist, herrscht Nacht im nördlichen Kontinent und Sonnenaufgang im westlichen.

Der *Abhidhamma-kosa* führt aus, dass der Durchmesser der Sonne 51 *yojana* beträgt und der des Mondes 50. Die Sonne besteht aus Gold und Kristall, der Mond aus Silber und Lapislazuli. Einigen Berichten zufolge ist die Sonne tatsächliche rechteckig, und nur ihre Bewegung und Entfernung lassen sie rund erscheinen. In der Sonne befindet sich der Palast von *Surya*, dem Sonnengott, und im Mond der von *Candra*, des Mondgottes. Jeder Palast ist 16 *yojana* hoch und ist rechteckig mit einem Umfang von 8 *yojana*.

Häufig erwähnt wird der zweifache Pfad oder Weg der Sonne, der nördliche und der südliche.[98] Für die sechs Monate des südlichen Wegs bewegt sich die Sonne schrittweise 5,5 *yojana* über die südliche Grenze des südlichen Kontinents *Jambudvipa* hinaus und scheint direkt oberhalb des Meeres, während bei ihrem nördlichen Weg ihr Orbit so ist, dass sie direkt auf den Kontinent selbst scheint. Aus diesem Grund sind die Tage im Winter kälter, da die Strahlen der Sonne öfter auf den Ozean treffen denn auf den Kontinent selbst, während es aus dem umgekehrten Grund im Sommer wärmer ist. Aus demselben Grund, d. h. wenn die Sonne nach und nach südlicher wandert, werden im Sommer die Tage kürzer und die Nächte länger, während in der Zeit, wenn die Sonne sich nach Norden bewegt, die Tage länger und die Nächte kürzer sind. Wenn die Tage am längsten sind, haben die Tage von den 30 *muhurta,* in die Tag und Nacht unterteilt sind, 18 und die Nächte 12, und andersherum, wenn die Umlaufbahn gewechselt hat. Während des mittleren Verlaufs haben die Tage und die Nächte jeweils 15 *muhurta*.

Die Strahlen sind immer die gleichen, sie nehmen in ihrer Hitze weder zu noch ab. Der anscheinende Unterschied ihrer Intensität liegt an den Wechseln der Umlaufbahn, der Intervention der Wolken, welche als Sieb wirken, den Nebeln, die vom Boden aufsteigen, und den Aktionen von

---

[98] [Fußnote im Original] Nach dem *M. B.* 21 werden auf Ceylon drei anstelle von zwei Pfaden gezählt.

Rahu, dem großen *asura*, der mitunter die Sonne verfinstert, indem er sie verschluckt.

Hinsichtlich des Mondes werden diverse Begründungen angeführt, um seine Phasen zu erklären. Am wichtigsten ist der Umstand, dass das übermächtige Licht der Sonne, wenn er sich ihr nähert, mehr und mehr verhindert, dass der Mond sichtbar ist. Die Sonne braucht sechs Monate, um von der nördlichen auf ihre südliche Bahn zu gelangen, und der Mond vollzieht seinen ganzen Zyklus innerhalb eines Monats.

Was die Sterne angeht, so erfahren wir, dass ihre Anzahl unermesslich ist, wovon 80.000 von besonderer Bedeutung sind. Sie bestehen aus einem sehr reinen Material und werden von *deva* bewohnt, welche der Sphäre der vier großen Könige zugehören. In alter Zeit wurden die Sterne in einer Gruppe von verschiedenen Konstellationen zusammengefasst, mit einer bestimmten Anzahl für jedes Land, welches mitsamt seinen Bewohnern dadurch beschützt wurde. Somit hat jeder Bereich seine eigenen Schutzsterne, im Osten sechs Sterngruppen und in den anderen drei Bereichen jeweils sieben. Zusätzlich gibt es neun Planeten, wobei Sonne und Mond mit eingerechnet sind. Abgesehen von diesen beiden handelt es sich um:[99]

1. *Angaraka* = Mars
2. *Budha* = Merkur
3. *Brhaspati* = Jupiter
4. *Sukra* = Venus
5. *Sanaiscara* = Saturn
6. *Rahu* und
7. *Ketu*, die beiden großen *asura*, welche manchmal als Ansteigen [*ascending mode*] und Absteigen [*descending mode*] oder umgekehrt bezeichnet werden.

Was die Größe der Sterne betrifft, gibt es sehr unterschiedliche Angaben. Dem *Lokaprajnapti* zufolge messen die größten 18 *krosa* und die kleinsten 3 *krosa*, während die durchschnittliche Größe bei 10 oder 12 *krosa* liegt.

2.9 Die Tierkreiszeichen

Gemeinsam mit anderen astrologischen Vorstellungen übernahmen die Buddhisten auch die übliche Aufzählung der zwölf Zeichen des solaren Zodiak sowie die 27 bzw. 28 Zeichen des lunaren Zodiak. Seltsamerweise war der letztere der bekanntere. Ich konnte keine Erwähnung des solaren

[99] [Fußnote im Original] *M. Vy.* 225; vergleiche *M. B.* 24.

Zodiak in irgendeinem alten Hinayana-Werk finden.[100] Im *Sannipata-Sutra* (einem späten Mahayana-Text) sind die zwölf solaren Bilder:

1. ein roter Schafbock = Aries
2. ein weißer Stier = Taurus
3. ein Mann und eine Frau = Virgo
4. ein roter Krebs = Cancer
5. ein roter Löwe = Leo
6. eine schwarze Jungfrau = Gemini
7. ein Paar Waagschalen = Libra
8. ein schwarzer Elch = Scorpio
9. ein Zentaur = Sagittarius
10. ein Seeungeheuer = Capricorn
11. ein weißer Mensch = Aquarius
12. zwei Fische = Pisces

Der Umstand, dass es eine historische Verbindung zwischen den östlichen und westlichen Tierkreiszeichen gegeben haben muss, ist offensichtlich.

Die 28 Bilder des lunaren Zodiak finden sich im frühen Indien, Arabien und China. Ihre Sanskrit-Namen lauten:[101]

1. *Krttika*
2. *Rohini*
3. *Mrgasiras*
4. *Ardra*
5. *Punarvasu*
6. *Pusya*
7. *Aslesa*
8. *Magha*
9. *Purvaphalguni*
10. *Uttaraphalguni*
11. *Hasta*
12. *Citra*
13. *Svati*

[100] [Fußnote im Original] Allerdings führt das *M. B.* 23 ihn für Ceylon an.

[101] [Fußnote im Original] *M. Vy.* 225, vgl. *M. B.* 24; für den Einfluss dieser Zeichen siehe *F. T.* 32-17a.

14. *Visakha*
15. *Anuradha*
16. *Jyestha*
17. *Mulam*
18. *Purvasadha*
19. *Uttarasahda*
20. *Sravana*
21. *Abhijit*
22. *Satabhisaj*
23. *Dhanistha*
24. *Purvabhadrapada*
25. *Uttarabhadrapada*
26. *Revati*
27. *Asvini*
28. *Bharani*

3. Die Bereiche der drei Sphären (*dhatu*)

3.1 Die Beziehung zwischen den *dhatu* und der Erde

Nachdem wir knapp die sinnliche oder materielle Welt abgehandelt haben, können wir nun die räumlichen Beziehungen zwischen der Erde und den diversen Bereichen der drei Sphären untersuchen. Dies kann in folgender Weise geschehen:[102]

a) Die Formfreie Sphäre (*arupa-dhatu*)

Die vier formfreien Himmel haben keinen besonderen Ort und somit auch keinen Platz in der kosmischen Geographie.

b) Die Feinkörperliche Sphäre (*rupa-dhatu*)

Die sechzehn, siebzehn oder achtzehn Himmel der feinkörperlichen Sphäre sind alle in Schichten von drei oder mehr über der Erde angeordnet.

c) Die Begierde-Sphäre (*kama-dhatu*)

1. Die sechs Begierde-Himmel. – Vier befinden sich oberhalb der Erde und unterhalb der feinkörperlichen Sphäre. Einer ist auf

[102] [Fußnote im Original] *A. K.* 8-1a.

dem Gipfel des Bergs Meru. Einer ist auf halber Höhe zu seiner Seite.

2. Die Menschen bewohnen die vier Kontinente.
3. Die Hungergeister (*preta*) befinden sich manchmal knapp unterhalb der Erde, manchmal an der Oberfläche.
4. Die Tiere sind gelegentlich in der Luft oder auf der Erde angesiedelt, aber meistens im Wasser.
5. Die Höllen befinden sich größtenteils unterhalb der Erde, direkt unter *Jambudvipa*.

Die wichtige Rolle, welche diese Bereiche und ihre Unterteilungen in der buddhistischen Anschauung von den drei Sphären spielen, machen eine etwas detailliertere Erklärung notwendig.

3.2 Begierde-Sphäre: Die Höllen[103]

Der Buddhismus postuliert eine unbegrenzte Zahl von Höllen, mit unterschiedlichen Graden des Leidens entsprechend den von der Person begangenen Übeln. Zusätzlich zu bestimmten Höllen außerhalb der Grenzen von *cakravala* können diese *naraka* oder Leidensstätten unter vier Bezeichnungen zusammengefasst werden, nämlich:

1. Die 84.000 kleineren *lokantarika* oder vorderen Höllen, auf der Oberfläche der Erde positioniert wie (a) auf den Bergen, (b) auf dem Wasser, (c) in der Wüste.
2. Die dunklen Höllen, acht an der Zahl, in den Außenbezirken von *Cakravala*. Auch als „belebende Höllen" bezeichnet, da jedes Wesen, welches in der ersten dieser Höllen stirbt, in der zweiten wiedergeboren wird usw.
3. Die kalten Höllen, acht an der Zahl, entweder in den Außenbezirken der Erde oder unterhalb des südlichen Kontinents angesetzt.
4. Die heißen Höllen, ebenfalls acht an der Zahl.[104] Alle Berichte stimmen darin überein, dass sie sich unterhalb von *Jambudvipa* befinden.

Die ersten beiden Arten von Höllen finden nur gelegentlich Erwähnung, so dass wir sie stillschweigend übergehen können. Die kalten Höllen sind

---

[103] [Fußnote im Original] *A. K.* 11-5b; *N. A.* 31-5a; *D. A.* 97b ff. = *Y. B.* 4-14a.

[104] [Fußnote im Original] Dies sind die einzigen, welche im südlichen Buddhismus allgemein bekannt sind. Vgl. *M. B.* 27.

ebenfalls weniger wichtig, sind aber ausreichend häufig aufgezählt, um ihre Namen bedeutsam zu machen. Es handelt sich um:[105]

1. *Arbuda*, wo die Kälte so stark ist, dass das Fleisch Blasen wirft.
2. *Nirarbuda*, wo der ganze Körper vor Kälte anschwillt und Blasen wirft.
3. *Atata*, wo die Lippen der Übeltäter so zusammengefroren sind, dass sie nur noch diesen einen Ton [*atatatatatata*] von sich geben können.
4. *Hahava*, wo nur noch dieser Ton von sich gegeben werden kann.
5. *Huhuva*, wo kein Ton mehr artikuliert werden kann, aber der kalte Wind in der Lunge diesen Ton erzeugt.
6. *Utpala*, wo die Kälteblasen am Körper den Knospen eines blauen Lotos (*utpala*) gleichen.
7. *Padma*, wo die Kälteblasen rot und entzündet sind wie ein roter Lotos (*padma*).
8. *Mahapadma* oder *Pundarika*, wo die Kälteblasen wie große Lotosblüten (*mahapadma*) oder weiße Lotosblüten (*pundarika*) aussehen.

Den meisten Berichten zufolge, einschließlich des *Abhidhamma-kosa*, befinden sich diese Höllen unterhalb des südlichen Kontinents nahe den heißen Höllen und sind pfeilförmig eine unter der anderen angeordnet, aber in der Weise, dass die mittlere oder vierte Hölle am breitesten ist und die oberste und unterste am schmalsten. Andere Berichte sagen, dass diese kalten Höllen sich an der äußeren Begrenzung der Welt befinden, zwischen zwei *cakravala*.

Die heißen Höllen sind:

1. *Samjiva*, wo die Opfer sich einander das Fleisch mit Metallkrallen herausreißen und durch Feuer verbrannt, dann jedoch von einem kalten Wind wiederbelebt werden, um die Tortur von Neuem zu erleiden. Es handelt sich um die Vergeltung übler Taten des Körpers, der Rede und des Geistes.
2. *Kalasutra*, die Hölle der schwarzen Seile, so genannt, weil die Opfer mit glühenden Ketten behängt werden. Es handelt sich

[105] [Fußnote im Original] *M. Vy.* 326.

um die Vergeltung übler Taten den eigenen Eltern, einem Mönch, dem Buddha etc. gegenüber.

3. *Samghata*, die Hölle gesammelten Leidens, die Vergeltung für angesammelte Sünden, besonders im Zusammenhang mit den drei Fesseln Unwissenheit, Lust und Ärger.

4. *Raurava*, die Hölle des Klagens, so genannt aufgrund der Schreie der Opfer, die in glühende Kessel geworfen werden; die Vergeltung für Mörder und Giftmörder.

5. *Maharurava*, die Hölle des großen Klagens, wo ähnliche, aber stärkere Torturen wie in der vorherigen Hölle erlitten werden; die Vergeltung für Ketzer und Missetäter.

6. *Tapana*, die Hölle brennender Hitze, wo die Opfer in eisernen Öfen verbrannt werden; die Vergeltung für Menschen, welche andere Lebewesen verbrannt haben.

7. *Pratapana*, die Hölle extremer Hitze, wo die Opfer in einen feurigen See geworfen und mit eisernen Dornen durchbohrt werden, wenn sie versuchen zu entkommen; die Vergeltung für gewohnheitsmäßige Übeltäter und Abtrünnige.

8. *Avici*, die Hölle ohne Unterbrechungen, so genannt weil es keine Unterbrechung des Leidens gibt und weil die Leiden nicht mit irgendeiner Form von Freude vermischt sind; die Vergeltung für die schwersten Übeltaten.

Was die Lokalisierung dieser Höllen betrifft, sagen die Kommentare, dass sich unmittelbar unterhalb der Erdoberfläche eine Schicht aus dunklem Lehm von 500 *yojana* Tiefe befindet und dann eine weitere Schicht aus weißem Lehm von ebenfalls 500 *yojana* Tiefe. Darunter befinden sich *Samjiva* und die sechs darauf folgenden Höllen, eine unter der anderen, wobei sie insgesamt den Raum zwischen 1.000 und 19.000 *yojana* Tiefe direkt unterhalb des südlichen Kontinents einnehmen. Jede dieser Höllen hat einen Durchmesser von 10.000 *yojana*.

Darunter befindet sich die Obergrenze von *Avici*, welche 20.000 *yojana* unterhalb der Oberfläche liegt und ihrerseits 20.000 *yojana* breit, lang und tief ist, so dass sich ihr Grund 40.000 *yojana* unterhalb der Erde befindet. Das *Abhidhamma-kosa* ergänzt, dass einigen Berichten zufolge die Höllen nicht in Schichten angeordnet sind, sondern auf einer Ebene liegen. Weiterhin stimmen alle Berichte darin überein, dass jede Hölle sechzehn Nebenhöllen hat, was insgesamt eine Anzahl von 136 heißen Höllen ergibt.

Es hat gewissen Unstimmigkeiten hinsichtlich der Frage gegeben, ob diejenigen, welche den Verdammten die Qualen zufügen, tatsächlich lebende Wesen sind oder leblose, durch karmische Kräfte geschaffene Maschinen.[106] Der Konsens der Meinungen bestand in der späteren Theorie, mit Ausnahme von Yama, dem König der Toten, vor dem die Verstorbenen erscheinen und ihre gerechte Strafe in Empfang nehmen. Einige Berichte sagen, dass die Bestrafung von Frauen in der Hand seiner Schwester liegt. In jedem Fall sind Yama und sein Gefolge lebende Wesen, die dort infolge eines in der Vergangenheit geleisteten Eids geboren wurden. Yama hat achtzehn Hauptminister und 1.000 Gefolgsleute. Die Lage von Yamas Hof wird ebenfalls diskutiert. Das *Abhidhamma-kosa* sagt, dass er sich 500 *yojana* unterhalb der Erde befindet. Andere behaupten, er weile auf dem äußeren Rand der Welt.

3.3 Begierde-Sphäre: Die äußeren Bereiche

Oberhalb der Höllen liegt die Sphäre der (1) *preta* oder Geister, welche ihr Hauptquartier dem *Abhidhamma-kosa* zufolge im unterirdischen Palast von Yama haben, aber auch Friedhöfe, dunkle Höhlen etc. bewohnen; (2) der Tiere jeglicher Art, welche auf der Erde und im Wasser leben, die meisten jedoch, wie die Kommentare sagen, im Wasser; (3) der Menschen, welche die vier großen Kontinente bewohnen und die acht Subkontinente; (4) der *asura* oder Halbgötter,[107] welche meist den Göttern gegenübergestellt werden und gelegentlich auf der Erde erscheinen, zum größten Teil jedoch die niederen Regionen des Bergs Meru und der sieben Gebirgsringe bewohnen; (5) der *deva*, welche die oberen Bereiche von Meru bewohnen und die Himmel direkt über seinem Gipfel.

Die *deva*-Himmel sind wichtig genug, dass wir sie gesondert betrachten.

(a) Der Himmel der vier Groß-Könige.[108] – Die Bewohner des untersten der sechs *deva*-Himmel, des *catur-maharajika*-Himmel, bewohnen die Paläste von Sonne und Mond sowie die Gipfel der sieben inneren Gebirgsringe, aber ihre Hauptquartiere sind die vier Ebenen oder Ausstülpungen der unteren Hälfte des Bergs Meru. Die niedrigste dieser Ebenen befindet sich 10.000 *yojana* über dem Wasserspiegel, die zweite 10.000 über der

---

[106] [Fußnote im Original] *A.K.* 11.7b.

[107] [Fußnote im Original] Siehe insbesondere *D. A.*, S. 103b.

[108] [Fußnote im Original] *A. K.* 11-10a; *N. A.* 31-14a; *F. T.* 32-18a; *Dt.*, S. 104b; *Y. B.* 4-4a. Für den Süden *M. B.* 24.

ersten, die dritte 10.000 über der zweiten und die vierte 10.000 über der dritten, so dass sich der höchste Punkt dieser Sphäre 40.000 *yojana* über dem Wasserspiegel befindet, d. i. genau die Hälfte der gesamten Höhe des Bergs. Die vier Ebenen erstrecken sich von den Seiten des Bergs Meru in einer Weite von 16.000, 8.000, 4.000 bzw. 2.000 *yojana*. Auf der ersten Ebene wohnen die *yaksa,* bekannt als *Karotapani* oder „Schalen-Halter". Auf der zweiten Ebene leben die *Maladhara* oder „Kronen-Halter". Auf der dritten Ebene befinden sich die *Sadamada* oder die „Immer-Vergifteten" (mit Stolz) und auf der vierten und höchsten die vier Groß-Könige selbst und ihr unmittelbares Gefolge. Die vier Groß-Könige sind die Wächter der vier Himmelsrichtungen, und so befindet sich je einer an einer der vier Flanken von Meru. Ihre Namen sind:[109]

(1) *Dhrtarastra*, Wächter des Ostens; (2) *Virudhaka*, Wächter des Südens; (3) *Virupaksa*, Wächter des Westens; (4) *Vaisravana*, Wächter des Nordens. Das Gefolge des ersten sind die *gandharva*, das des zweiten die *kumbhanda*, das des dritten die *naga* und das des vierten die *yaksa*.

Jeder dieser vier Könige hat 91 Söhne, welche den Namen, die Rechte und Pflichten ihrer Eltern teilen und helfen, die zehn Bereiche des Raums[110] zu bewachen. Weiterhin hat jeder König acht allmächtige Generäle, welche als Ausführende der vier Könige wirken und die niedrigeren Gottheiten der Berge, Flüsse, Wälder etc. in der ganzen Welt befehligen. Der Anführer von ihnen ist *Vaideha*, der als besonderer Beschützer der *bhiksu* fungiert und am Ende von chinesischen Sutras häufig als Schutzsymbol gegen alles Unheilvolle abgebildet ist. Das *Abhidhamma-kosa* fügt noch hinzu, dass unter allen *deva*-Sphären die Bewohner dieses Himmels am zahlreichsten sind.

(b) Der Himmel der dreiunddreißig Götter,[111] der *trayastrimsa*-Himmel, ist der zweite Himmel der göttlichen Sphären (*deva-loka*). Alle Traditionen stimmen darin überein, dass sich dieser Himmel auf dem Gipfel von Meru befindet und dort die gesamte Fläche einnimmt, wobei jede Seite im Allgemeinen mit einer Länge von 80.000 *yojana* angegeben wird. In jeder der vier Ecken befindet sich ein 500 *yojana* hoher Gipfel, wo die *vajrapani-yaksa* residieren, welche die Wächter dieses Himmels sind. In der Mitte des flachen Gipfeltableaus von Meru befindet sich die königliche

[109] [Fußnote im Original] *M. Vy.* 223.
[110] Vier Himmelsrichtungen, vier Zwischen-Himmelsrichtungen, oben und unten.
[111] [Fußnote im Original] *A. K.* 11-10b; *F. T.* 32-20a; *D. A.* S. 105a; *Y. B.* 4-14b.

Stadt von *Sakra*, dem Anführer der *deva*. Diese Stadt wird *Sudarsana* genannt, die „schön Anzusehende“. Jede Seite ist 2.500 *yojana* lang, und die sie umgebende Mauer aus Gold ist 1,5 *yojana* hoch. Der Boden dieses Himmels zeigt hundert verschiedene Farben. Dennoch ist er so weich wie Baumwolle und folgt den Füßen beim Auftreten und Anheben nach. In der Mitte der Stadt befindet sich der Palast von Sakra namens *Vaijayanta*. Die Länge jeder der vier Seiten beträgt 250 *yojana*. Zu jeder der vier Seiten der juwelengeschmückten Stadt befindet sich ein Vergnügungspark mit einem magischen See. Die Namen dieser häufig beschriebenen Parks sind: (1) *Caitraratha* im Osten; (2) *Purusyaka* im Süden; (3) *Misrakavana* im Westen; und (4) *Nandana* im Norden. Im Nordosten der Stadt befindet sich ein 100 *yojana* hoher, magischer Baum, der einen wundervollen Geruch verströmt; im Südwesten befindet sich die Versammlungshalle der Götter dieser Sphäre, wo sie zusammenkommen, um über die Lehre zu sprechen.

(c) Die vier übrigen himmlischen Sphären.[112] Die übrigen vier Himmel der Begierde-Sphäre (*kama-dhatu*) sind:

1. *Yama*, 80.000 *yojana* oberhalb des zweiten Himmels und 160.000 *yojana* über dem Meeresspiegel. Hier gibt es keine Unterscheidung von Tag und Nacht, sondern es ist ständiger Tag.

2. *Tusita*, 160.000 *yojana* über dem *Yama*-Himmel, 320.000 *yojana* über dem Meeresspiegel. Hier residieren die himmlisch-leuchtenden Gottheiten, die der ganzen Welt Licht spenden. Dies ist unter Buddhisten ein sehr beliebter Himmel, da sich Mahamaya, die Mutter von Gautama, hierhin nach ihrem Tod begab, und hier verbleiben die Bodhisattvas bis zu ihrer letzten Geburt als Buddhas auf der Erde. Aus diesem Grund verweilt auch Maitreya, der kommende Buddha, in diesem Himmel.

3. *Nirmanarati*, 320.000 *yojana* über *Tusita* und 640.000 *yojana* über dem Meeresspiegel. Der Name bedeutet Himmel der „sich verändernden Freuden“, so genannt, weil sich subjektive Wünsche direkt in objektive Freuden verwandeln, da Gedanken wie Wünsche kreative Kräfte sind.

4. *Paranirmitavasavarti*, 640.000 *yojana* über *Nirmanarati* und 1.280.000 *yojana* über dem Meeresspiegel. Es ist der Himmel der Freiheit der Verwandlung und der höchste der Begierde-Himmel. Hier schafft ein einziger Blick neues Karma. Seltsamerweise befindet sich weder hier noch

[112] [Fußnote Im Original] *M. Vy.* 219; *A. K.* 11-12b; *N. A.* 31-16a; *D. A.* 92b; *M. B.* 25; *C. P.* 139; *Y. B.* 4.14a.

direkt darüber die Wohnstatt von Mara, dem buddhistischen Satan, dem König der Lust und der Begierde, der daher der Herrscher der Begierde-Sphären bzw. von *kama-dhatu* ist.

Das *Abhidhamma-kosa* führt an, dass es unterschiedliche Ansichten bezüglich der Ausmaße dieser himmlischen Orte gibt. Einer Anschauung zufolge sind *Yama* und die anderen Himmel viermal so groß wie der *Trayastrimsa*-Himmel, während andere sagen, dass jeder Himmel doppelt so groß ist wie der unmittelbar vorangehende.

3.4 Die Feinkörperliche Sphäre (*rupa-dhatu*)

Oberhalb der Himmel der Begierde-Sphäre (*kama-dathu*), wo sowohl Lust als auch Form [Körperlichkeit] noch vorhanden ist, befinden sich die *rupa-dhatu*, häufig als Brahma-Himmel bezeichnet, wo es keine Begierde mehr gibt, die Bewohner aber noch Körper haben und somit auch Gestalt bzw. Form (*rupa*). Die Anzahl dieser Himmel wird häufig mit sechzehn, siebzehn oder achtzehn angegeben. Im *Abhidhamma-kosa*, der siebzehn anführt, lauten ihre Bezeichnungen folgendermaßen:[113]

1. *Brahmakayika*, der Himmel des Brahma-Gefolges.
2. *Brahmapurohita*, der Himmel der Brahma-Minister.
3. *Mahabrahma*, der Himmel von Brahma selbst.
4. *Parittabha*, der Himmel geringeren Lichts.
5. *Apramanabha*, der Himmel unendlichen Lichts.
6. *Abhasvara*, der Himmel universellen Lichts.
7. *Parittasubha*, der Himmel geringerer Reinheit.
8. *Apramanasubha*, der Himmel unendlicher Reinheit.
9. *Subhakrtsna*, der Himmel universeller Reinheit.
10. *Anabhraka*, der wolkenlose Himmel.
11. *Punyaprasava*, der Himmel glücklicher Geburt.
12. *Brhatphala*, der Himmel großer Ergebnisse.
13. *Abrha*, der leidenschaftsfreie Himmel.
14. *Atapa*, der Himmel frei von Hitze und Bedrängnis.
15. *Sudrsa*, der Himmel der vollkommenen Form.
16. *Sudarsana*, der Himmel vollkommener Sicht.
17. *Akanistha*, der höchste Himmel.

[113] [Fußnote im Original] 8-2a; vgl. *M. Vy.* 219; *D. A.* S.92b.

Südliche Berichte stimmen in der Regel darin überein, die Anzahl der feinkörperlichen Himmel mit sechzehn anzugeben,[114] wobei sie mit den Kasmir-Sarvastivadin übereinstimmen, wenngleich es Unterschiede hinsichtlich der Bezeichnungen gibt. Die meisten Mahayana-Schulen und praktisch alle in China und Japan geben die vollständige Anzahl mit achtzehn an.[115]

In diesem Zusammenhang muss die buddhistische Theorie der Versenkung (*dhyana*) berücksichtigt werden, da die Versenkungszustände eng mit den feinkörperlichen Himmeln verknüpft sind, und die diversen Himmel sind entsprechend den *dhyana* klassifiziert, denen sie zugehören. *Dhyana* bedeutet allgemein Meditation oder Kontemplation; später jedoch wurde der Begriff zur Bezeichnung einer speziellen Art von Meditation verwendet, in welcher vier bzw. fünf Stadien unterschieden werden.

Wenn von vier *dhyana* die Rede ist, handelt es sich um:[116] (1) übernatürliche Ekstase [*supernatural ecstasy*] verbunden mit *vicara* und *vitarka*; (2) ekstatische Kontemplation, nicht mehr mit *vicara* und *vitarka* verbunden, oder anders gesagt, wo Intuition an die Stelle von Vernunft tritt; (3) Kontemplation, in der Heiterkeit an die Stelle von Ekstase tritt; (4) tiefe Versenkung, wo der Geist unempfänglich gegenüber Freude und Leid ist. Gemäß dem *Abhidhamma-kosa* werden die drei ersten *rupa*-Himmel als Ergebnis der Übung der ersten Versenkungsstufe erlangt und werden daher die ersten *dhyana*-Himmel genannt.[117] In gleicher Weise werden die nächsten drei die zweiten *dhyana*-Himmel genannt; die nächsten drei die dritten *dhyana-Himmel*; und die letzten acht die vierten *dhyana*-Himmel.

Die Einteilung der Versenkungen in fünf anstelle von vier findet sich häufig in den späteren Schulen, insbesondere bei den zum Esoterischen neigenden.[118] Hierbei ist die zweite der vier *dhyana*, „Intuitive Meditation", in zwei Gruppen geteilt, wobei die erste mehr oder weniger dem abendländischen „Instinkt" entspricht, und die zweite der „spirituellen, nicht vom Intellekt ausgehenden Wahrnehmung". In den Schulrichtungen, welche sowohl fünf *dhyana* als auch achtzehn *rupa*-Himmel angeben, ist die Beziehung zwischen den *dhyana* und den Himmeln wie folgt: Die ersten drei

[114] [Fußnote im Original] *M. B.* 26, *C. P.* 138.
[115] [Fußnote im Original] *Y. B.* 4-14a.
[116] [Fußnote im Original] *M. Vy.* 112; *Y. B.* 11-43a.
[117] [Fußnote im Original] 8-2a; vgl. auch *A. S. P.* 2-7b.
[118] [Fußnote im Original] Aber auch im *Neo. Stu. C. P.* 141.

gehören zum ersten *dhyana*; die nächsten drei zum zweiten *dhyana*; die nächsten drei zum dritten *dhyana*; die nächsten vier zum vierten *dhyana*; und die letzten fünf zum fünften *dhyana*. Mit den fünf *dhyana* verbunden sind die fünf Meditations-Buddhas (*dhyana-buddha*), die höchsten Herren im nepalesischen und tibetischen Buddhismus sowie des so genannten esoterischen Zweigs des Mahayana-Buddhismus insgesamt. Diese können wir jedoch, da sie von keiner der hier behandelten drei Schulen anerkannt werden, außer Acht lassen.

Betrachtet man die Größe dieser unterschiedlichen Himmel, findet man zwei grundsätzliche Berichte. Dem einen zufolge sind die ersten *dhyana*-Himmel ebenso groß wie die Erde; die Himmel der zweiten Versenkungsstufe sind so groß wie ein kleiner Chiliokosmos; die Himmel der dritten Versenkungsstufe wie ein mittlerer Chiliokosmos; und die Himmel der vierten Versenkungsstufe wie ein großer Chiliokosmos. Einem anderen Bericht zufolge sind die Himmel des ersten, zweiten und dritten *dhyana* so groß wie ein kleiner, mittlerer bzw. großer Chiliokosmos, während der Umfang der Himmel der vierten Versenkungsstufe grenzenlos ist.

3.5 Die Formfreie Sphäre (*arupa-dhatu*)[119]

Oberhalb der *rupa-dhatu*, der Feinkörperlichen Sphäre, befindet sich die Formfreie Sphäre oder *arupa-dhatu*, in der die Bewohner weder Verlangen haben noch so etwas wie einen Körper besitzen, sondern nur noch Bewusstsein vorhanden ist. Praktisch alle Schulrichtungen listen die Himmel dieser Sphäre wie folgt auf:

1. *Akasanantyayatana*, der Himmel der Unendlichkeit des Raums.
2. *Vijnananantyayatana*, der Himmel der Unendlichkeit des Bewusstseins.
3. *Akimcanyayatana*, der Himmel des absoluten Nicht-Seins [„nicht Irgendetwas“][120]

---

[119] [Fußnote im Original] *M. Vy.* 221; *M. B.* 26; *C. P.* 139; *A. K.* 8-2a; *Y. B.* 4-14a.

[120] Übersetzungen wie *absolute non-existence* verweisen auf das lange Zeit vorherrschende Missverständnis, der Buddhismus sei seinem Wesen nach nihilistisch. Insbesondere handelt es sich bei dieser Versenkungsstufe zudem um keine ontologische Aussage, sondern eine epistemologische, d. h. die Unmöglichkeit des erkennenden Bewusstseins, ein Objekt zu identifizieren. Dieser Prozess findet seinen Abschluss in der folgenden vierten, formfreien Versenkung, wo selbst das Bewusstsein vom Bewusstsein aufgehoben ist (ohne damit nichtexistent zu sein).

4. *Naivasamjnanasamjnayatana*, der Himmel von weder-Bewusstsein-noch-nicht-Bewusstsein [„weder-Wahrnehmung-noch-Nicht-Wahr-nehmung“]

Es heißt, Wiedergeburt in einer dieser Ebenen ist die Folge der Meditation über die vier Unermesslichkeiten,[121] eine für jeden Himmel. Doch trotz ihrer vielen Verdienste wird die Wiedergeburt in einer dieser Sphären abgelehnt, da die Lebensdauer dort so unfassbar lang ist, dass der Fortschritt in Richtung Nirvana, das höchste Ziel, ernsthaft hinausgeschoben wird. Tatsächlich gilt eine dortige Wiedergeburt als einer der acht unheilsamen (*akusala*) Bewusstseinsmomente, als eine von acht Geburten, welche nicht zur Erleuchtung führen.

3.6 Die Buddha-Länder (*ksetra*)

Bis hierher stimmen die Berichte über die verschiedenen Sphären der Existenz im Hinayana und im Mahayana mehr oder weniger überein; aber hinsichtlich eines Punktes besteht ein großer Unterschied. Wir haben bereits erfahren, dass man durch gute Taten in einem der himmlischen Bereiche – *devaloka* oder *brahmaloka* – wiedergeboren wird; jedoch ist eine solche Wiedergeburt häufig eher ein Hindernis denn eine Hilfe, so dass man sich fragt, nach der Wiedergeburt in welcher Sphäre man streben sollte, um den bestmöglichen Vorteil zu erlangen – d. h. wo gibt es einen Ort, der frei ist von Schwierigkeiten, wo dennoch spiritueller Fortschritt erfolgt.

Praktisch alle Formen des Hinayana schweigen hinsichtlich dieser Frage, aber im Mahayana findet man einen Lösungsvorschlag in der Lehre der so genannten *buddha-ksetra* oder Buddha-Länder, auf die in praktisch allen Sutras dieser Schulrichtung Bezug genommen wird. Die grundlegende Idee dieser Lehre besteht darin, dass jedes Wesen mit Erreichen der höchsten und vollkommenen Erleuchtung ein geistiges Reich erlangt, in dass es nach seinem [irdischen] Tod eingeht und in dem es fortfährt, Bodhisattvas und andere Personen, die dort geboren werden, zu belehren und sie ihrerseits zur höchsten Erleuchtung zu führen. Diese Weise der Wiedergeburt war für die Anhänger des Mahayana natürlich sehr attraktiv, und in vielen ihrer frommen Schriften zeigt sich, wie ihre Verfasser eifrig wünschen, dass das Ver-

[121] Die vier Unermesslichkeiten (*appamanna*) oder „göttlichen Verweilungszustände“ (*brahmavihara*) sind Mitempfinden (*metta*), Mithilfe (*karuna*), Mitfreude (*mudita*) und Gleichmut (*upekkah*).

dienst, welches sie durch die Belehrungen ihres Textes erwerben, ihnen nach ihrem Tod eine Wiedergeburt in einem dieser Länder sichern möge.

Wie üblich gibt es hinsichtlich der Berichte und Aufzählungen dieser Buddha-Länder große Unterschiede, zumal jedes Buddha-Land so groß und umfassend wie das gesamte Universum ist und es dennoch zur gleichen Zeit so viele Buddha-Länder gibt wie Buddhas. In der Frühzeit des Mahayana trachteten die Anhänger danach, in irgendeinem Buddha-Land wiedergeboren zu werden, oder in dem Land desjenigen Buddha, der ihre Einbildungskraft besonders beschäftigte. Mit der Zeit wurde das Mahayana jedoch monotheistischer, v. a. in China und Japan, und es wuchs die Ansicht, dass es nur einen höchsten und universellen Buddha gebe, welcher alle anderen enthalte und überschatte. Konsequenterweise wurde das Buddha-Land dieses Buddha, wer auch immer er war, zum Ziel der üblichen Bemühungen. Historisch erkennen wir zwei monotheistische Stränge, welche schließlich in zwei verschiedenen Schulrichtungen endeten; in einer von ihnen ist das höchste Wesen als Vairocana bekannt, in der anderen als Amitabha. Somit finden wir zwei Hauptlinien in der Entwicklung der Lehre von den Buddha-Ländern.

(a) Die Buddha-Länder in den Vairocana-Schulrichtungen. – Die Anhänger von Vairocana waren zum größten Teil Esoteriker und Okkultisten, die im Allgemeinen eher damit beschäftigt waren, Kontrolle über ihr Leben in dieser Welt zu erlangen denn über das in der nächsten, so dass die Paradies-Lehre dieser Schulrichtung nicht dieselbe Entwicklung erfuhr wie die Paradies-Lehre des Amitabha. Dennoch wurde die Idee der Buddha-Länder nicht gänzlich außer Acht gelassen. Manchmal wurden die zehn oder dreizehn Stufen des Bodhisattva als materielle Himmel dargestellt, wobei im höchsten davon Vairocana selbst residierte. Noch interessanter sind die dreizehn Stadien des Pfads des Fortschritts des rechten Aufbruchs, wie sie die esoterischen Schulrichtungen in China und Japan lehren:

1. *Acala*, wo die Seelen die 1. Woche nach dem Tod bleiben.
2. *Sakyamuni*, während der zweiten Woche.
3. *Manjusri*, während der dritten Woche.
4. *Samantabhadra*, während der vierten Woche.
5. *Ksitigarbha*, während der fünften Woche.
6. *Maitreya*, während der sechsten Woche.
7. *Bhaisaiguru*, während der siebten Woche.

8. *Avalokitesvara*, für weitere hundert Tage.
9. *Mahasthamaprapta*, für ein weiteres Jahr.
10. *Amitabha*, für weitere drei Jahre.
11. *Aksobhya*, für weitere sieben Jahre.
12. *Akasagarbha* und
13. *Vairocana,* für immer.

(b) Die Buddha-Länder der Amitabha-Schulrichtung. – Wir wenden uns nun der anderen Schulrichtung zu und finden, dass der Amitabha-Kult praktisch ausschließlich auf einer Wiedergeburt im Paradies durch selbst-entsagende Verehrung gegenüber Amitabha basiert, so dass unter den Anhängern dieser Schulrichtung die Lehre des *buddha-ksetra* eine große Entwicklung erfahren hat. Ursprünglich eines unter vielen gleichwichtigen Reichen (das *Avatamsaka-Sutra* schreibt ihm sogar noch eine geringere Stellung zu), nahm es nach und nach die vorherrschende Stellung unter allen Paradiesen ein, vielleicht, weil es sich zufälligerweise im Westen befinden soll. Die grundlegenden schriftlichen Autoritäten für die Lehre sind: (1) Das größere *Sukhavati-vyuha-Sutra*, welches – in der Vergangenheit handelnd – uns berichtet, wie es durch das große Gelübde von Dharmakara Bodhisattva, dem späteren Amitabha Buddha, zur Erschaffung dieses wunderbaren Landes kam; (2) das *Amitayur-dhyana-Sutra* oder das „Sutra der Meditation über Amitabha“, welches die Gegenwart betrifft und wie die Menschen sich verhalten müssen, um eine Wiedergeburt in Amitabhas Land zu erlangen; (3) das kleinere *Sukhavati-vyuha-Sutra*, das die Zukunft betrifft, d. i. die zukünftigen Umstände derjenigen, welche dieses Buddha-Land erreichen, und das eine lange Beschreibung der Glückseligkeiten gibt, auf welche man dort trifft. Abgesehen von gelegentlichen Erwähnungen an anderen Stellen behandeln zwei Texte der indischen Sastra-Literatur diese Lehre eingehender. Einer davon ist das *Bodhisattvabhumi*, die Abhandlung über die Stadien eines Bodhisattva, welches Nagarjuna zugeschrieben wird; der andere ist ein Kommentar zum *Sukhavati-vyuha* namens *Amitayur-sutropadesa*, der Vasubandhu zugeschrieben wird. In beiden Texten wird die rein materielle Seite der Paradies-Lehre beibehalten und Amitabha ist weiterhin lediglich einer unter vielen und ein halb-historischer Buddha, sein Paradies nur ein, wenn auch wichtiges, Buddha-Land. Die eher eintönige Beschreibung der Freuden, welche diese Werke schildern, kann man in der Übersetzung der drei *Sukhavati-Sutra* in der Reihe „Sacred Books of the East" einsehen.[122]

4. Die Welt der fühlenden Wesen[123]

4.1 Klassifizierung der fühlenden Wesen

Wir haben bereits die geographische Lage der verschiedenen Bereiche der drei Sphären gesehen. Nun wenden wir uns den Wesen zu, welche diese Bereiche bevölkern.

Zunächst einmal müssen wir die grundsätzlichen Kategorien anführen, in welche die fühlenden Wesen eingeteilt sind. Es handelt sich um: (a) die fünf oder sechs *gati*, d. i. Daseinsbereiche; (b) die sieben *vijnana-sthiti* oder Grundlagen des Bewusstseins; (c) die neun Verweilstätten des Empfindens.

(a) Die fünf bzw. sechs *gati*. – Diese ist die wichtigste der buddhistischen Klassifikationen der fühlenden Wesen und die Grundlage für die diversen buddhistischen Lebensräder oder Tafeln des Daseins. Die fünffache Einteilung findet sich bei den meisten Hinayana-Zweigen, die sechsfache Einteilung bei einigen Hinayana-Zweigen und den meisten Mahayana-Zweigen. Die fünf *gati* sind:[124]

1. Die Bewohner der Höllen bzw. *naraka*.
2. *Preta*, d. i. Geister [*ghouls, goblins or demons*].
3. Tiere.
4. Menschen.
5. Götter bzw. *deva*.

Wenn ein sechstes *gati* ergänzt wird, handelt es sich um *asura* – titanische, dämonische Monster, den *deva* bzw. Göttern ähnlich, mit denen sie sich jedoch in ständigem Krieg befinden. Die Verfechter der Theorie von fünf Daseinsbereichen haben die Existenz der *asura* nie bestritten; sie waren ihnen nur nie wichtig genug, um ihnen einen gesonderten Daseinsbereich

---

[122] Die in den Jahren 1879 bis 1910 unter der Leitung des Religionswissenschaftler Max Müller (1823-1900) begonnene und herausgegebene Reihe macht in 50 Bänden zentrale Werke aus den religiösen Traditionen Asiens und des mittleren Ostens zugänglich. Sie ist mittlerweile auch digitalisiert und online frei verfügbar. Die *Sukhavati-Sutra* finden sich in Band 49.

[123] [Fußnote im Original] Für Ceylon siehe *M. B.* Kap. ii.

[124] [Fußnote im Original] *A. K.* 8-5a.

zuzugestehen, und wurden entweder den Geistern, den Tieren oder beiden zugerechnet.[125] Wenn fühlende Wesen sterben, werden sie in einem dieser fünf Daseinsbereiche wiedergeboren; es gibt keine andere Form der Existenz. Die geographische Beziehung zwischen den drei *dhatu* und den fünf *gati* wurde bereits dargestellt.

(b) Die sieben *vijnana-sthiti*. – Die drei Sphären und die fünf Daseinsbereiche sind gleichermaßen in solche Sphären unterteilt, welche Bewusstsein unterstützen, und solche, die es nicht tun. Diejenigen, welche es unterstützen, sind siebenfach unterteilt und bilden die sieben *vijnana-sthiti*, d. i.:[126]

1. Diejenigen Reiche, in denen sich sowohl die Körper wie auch die Gedanken der Einwohner voneinander unterscheiden. Dazu gehören die gesamte *kama-dhatu* sowie die ersten Meditations-Himmel der *rupa-dhatu*, abgesehen von der Periode der Weltentstehung.
2. Diejenigen Reiche, in denen die Körper unterschiedlich, aber die Gedanken einheitlich sind. Dazu gehören die ersten Meditations-Himmel während der Phase der Weltentstehung, insofern zu dieser Zeit alle denselben Gedanken haben, nämlich: „Wir sind durch Brahma ins Dasein getreten."
3. Diejenigen Reiche, in denen die Körper dieselben, aber die Gedanken unterschiedlich sind. Hierzu gehören *Abhasvara* und die anderen Himmel der zweiten Versenkungsstufe.
4. Diejenigen Reiche, in denen die Körper und die Gedanken der Bewohner einheitlich sind. Hierher gehören die Himmel der dritten Versenkungsstufe.
5. Die letzten drei *vijnana-sthiti* – 5, 6 und 7 – bestehen aus den drei unteren Abteilungen der Formlosen Sphäre.

Die drei üblen Bereiche (Höllen, Geister und Tiere), die Himmel der vierten Versenkungsstufe sowie der vierte Himmel der Formfreien Sphäre gehören nicht zu den *vijnana-sthiti*, da das Leben und die Bedingungen dort nicht als Stimuli oder Stützen (*sthiti*) des Bewusstseins dienen.

---

[125] Tatsächlich werden sie in den Darstellungen der „Daseinsräder" (*samsara-cakra* bzw. *bhava-cakra*) wenn, dann mit den *deva* zusammen, d. h. in einem Bereich, abgebildet.

[126] [Fußnote im Original] *A. K.* 8-7a.

(c) Die neun Verweilstätten des Empfindens.[127] – Die neun so genannten Verweilstätten fühlender Wesen bestehen aus den obigen sieben *vijnana sthiti* sowie der vierten Abteilung der Formfreien Sphäre und den unbewussten Gottheiten der vierten Versenkungshimmel. Diese Reiche werden so genannt, weil fühlende Wesen dort absichtlich leben, oder anders gesagt, es handelt sich um geeignete Stätten für Lebewesen. Die üblen Reiche sind nicht in dieser Kategorie enthalten, da sie eher Gefängnissen ähneln denn echten Bleiben. Ebenso sind, wenn auch aus eher metaphysischen Gründen, nicht die anderen Bereiche der vierten Versenkungsstufe enthalten.

4.2 Die vier Arten der Geburt und die Stadien des Fötus

Fühlende Wesen durchlaufen die fünf Daseinsbereiche in einem ewigen Kreislauf. Sie sterben in dem einen und werden in einem anderen wiedergeboren. Es gibt vier Weisen, auf denen eine solche Geburt stattfinden kann.[128] Es handelt sich um: (1) Geburt aus einem Ei; (2) Geburt aus einem Mutterschoß; (3) Geburt aus feuchtem Schleim; und (4) spontane Geburt. Beispiele für Geburt aus einem Ei sind die verschiedenen Vögel; für die Geburt aus einem Mutterschoß solche Tiere wie Pferde, Kühe, Hunde etc.; aus Schleim geboren sind Moskitos, Fliegen und andere Insekten. Die spontane Geburt wird so genannt, weil sie etwas Mysteriöses ist, ohne sichtbare Stütze, und mit allen Organen augenblicklich vollständig. Eine solche Geburt haben die Bewohner der diversen Himmel und Höllen. Die normale Geburt eines Menschen ist die aus dem Mutterschoß, aber gelegentlich kommen auch die drei anderen Arten vor. Der Daseinsbereich der Tiere kennt ebenfalls alle vier Arten der Geburt, drei wurden bereits erwähnt. Spontane Geburt findet statt bei Drachen etc. Alle Bewohner der Himmel und Höllen haben keine andere als eine spontane Geburt. Geister werden manchmal aus einem Schoß geboren, manchmal spontan. Von allen Arten der Geburt ist die spontane Geburt die beste, aber Buddhas und Bodhisattvas wählen eine Geburt aus einem Mutterschoß, damit ihr menschliches Dasein vollendet ist.

Im Falle einer Schoßgeburt durchläuft der Fötus eine feste Abfolge von Entwicklungen. Es werden in der Regel fünf embryonale Entwicklungssta-

[127] [Fußnote im Original] *M. Vy.* 169, *A. K.* 8-9b.
[128] [Fußnote im Original] *M. Vy.* 168; *A. K.* 8-11b.

dien angeführt, nämlich:[129] (1) *kalala*; (2) *arbuda*; (3) *pesi*; (4) *ghana*; und (5) *prasakha*.

4.3 Die Lehre vom Zwischenzustand

Unter den verschiedenen buddhistischen Schulen bestehen große Unterschiede hinsichtlich der Frage, ob nach dem Tod eines Lebewesens unmittelbar dessen nächste Existenz beginnt oder ob es eine kurze Periode der Existenz in einem Zwischenzustand gibt. Die Mahasanghika erkannten die Lehre vom Zwischenzustand nicht an, während die Sarvastivadin und die meisten der späteren Schulrichtungen sie akzeptierten und im Detail ausarbeiteten. Die folgenden Punkte aus der Sarvastivadin-Lehre hinsichtlich dieses Themas könnten von Interesse sein.

Das Lebewesen im Zwischenzustand verfügt über einen eindeutigen Körper, aber von sehr subtiler Art. Seine Form entspricht seiner zukünftigen Existenz. Wenn z. B. jemand dazu bestimmt ist, als Mensch geboren zu werden, hat der Körper im Zwischenzustand die Größe eines Kindes im Alter von fünf oder sechs Jahren. Die Organe sind immer vollständig. Die Zwischenzustands-Körper von solchen, die für eine Geburt in der Feinkörperlichen Sphäre (*rupa-dhatu*) bestimmt sind, tragen Kleidung wie Bodhisattvas und einige andere; aber die Mehrzahl der für die Begierde-Sphäre bestimmten Wesen sind nackt. Solche Wesen können andere Wesen der gleichen Art und in manchen Fällen auch diejenigen aus niederen Gruppen wahrnehmen. Sie verfügen über bestimmte magische Fähigkeiten, wie z. B. sich an jeden beliebigen Ort begeben zu können; beim Tod der vorherigen Person wird der neue Zwischenzustands-Körper durch Verlangen zum Ort seiner künftigen Geburt gezogen und begibt sich auf wunderbare Weise dorthin. Sein Schicksal steht fest. Der für eine menschliche Geburt bestimmte Körper verändert sich nie zu einer anderen Existenzform. Er nimmt keine feste Nahrung zu sich, sondern wird durch den Geruch [von Nahrung] gestützt. Die Dauer seines Bestehens ist nicht eindeutig bestimmt; er besteht so lange, bis der neue Körper zum Bewohnen bereit ist, obwohl von manchen gesagt wird, dass er nur ein bis sieben Wochen Bestand hat. Wenn es ein Mann ist, tritt er in die rechte Seite des Mutterschoßes ein und schaut nach hinten; wenn es eine Frau ist, tritt er in die linke Seite des Mutterschoßes ein und blickt nach vorne. Im Falle von Zwillingen ist das letztgeborene Kind das Älteste.

---

[129] [Fußnote im Original] *A.K.* 9-8b.

4.4 Größe und Dauer des Daseins in den verschiedenen Reichen[130]

Es gilt ein Wort zu sagen hinsichtlich der Beschaffenheit des Lebens in den verschiedenen Daseinsbereichen, welche die fühlenden Wesen durchwandern. Zunächst, was ihre Größe betrifft: Es gibt keine exakten Werte, was die Bereiche unterhalb der Menschen betrifft. Im südlichen Kontinent (*Jambudvipa*) variiert die Größe der Menschen von Zeit zu Zeit, aber die durchschnittliche Größe, zumindest gegenwärtig, beträgt 3,75 oder 4 *hasta* bzw. Ellen. Für den östlichen Kontinent beträgt die durchschnittliche Größe 8 Ellen, für den westlichen Kontinent 16 Ellen, und für den nördlichen Kontinent 32 Ellen. In dem Himmeln der Begierde-Sphäre sind die Größen wie folgt:

1.	Himmel der vier Groß-Könige	0,25 *krosa*
2.	Himmel der 33 Götter	0,5 *krosa*
3.	Yama-Himmel	0,75 *krosa*
4.	Tusita-Himmel	1 *krosa*
5.	Nirmanarati-Himmel	1,25 *krosa*
6.	Höchster Begierde-Sphäre-Himmel	1,5 *krosa*

In der Feinkörperlichen Sphäre (*rupa-dhatu*) sind die Größen wie folgt: in der ersten Ebene 0,5 *yojana*, in der zweiten 1 *yojana*, in der dritten 1,5 *yojana*, in der vierten 2 *yojana*, in der fünften 4 *yojana* usw., immer das Doppelte (mit Ausnahme von *Anabhraka*), so dass die höchste Ebene 16.000 *yojana* als durchschnittliche Größe hat. In der Formfreien Sphäre haben die Bewohner naturgemäß keinen physischen Körper.

Hinsichtlich der Lebensdauer gibt es keinen konstanten Wert für den südlichen Kontinent, da sie zwischen einem *asamkhya* und zehn Jahren liegt; für den östlichen Kontinent beträgt sie 250 Jahre; für den westlichen Kontinent 500 Jahre; und für den nördlichen Kontinent 1.000 Jahre.

Auf der ersten göttlichen Ebene (*devaloka*), dem Himmel der vier Groß-Könige, entspricht ein Tag und eine Nacht fünfzig menschlichen Jahren. Ihre Monate bestehen aus dreißig solcher Tage und ihre Jahre aus zwölf solchen Monaten, und die durchschnittliche Lebensdauer beträgt 500 solcher Jahre. Auf der zweiten Ebene sind ein Tag und eine Nacht gleich einhundert menschlichen Jahren, ein Monat hat dreißig solcher Tage und ein Jahr zwölf solcher Monate; die Bewohner haben eine Lebenszeit von 1.000

[130] [Fußnote im Original] *A.K.* 11.15b; *N. A.* 31-21a ff.; *C. P.* 142; *Y. B.* 4-14a und 4-14b.

Jahren. Auf jeder folgenden Ebene verdoppeln sich die Zahlen. Somit sind im Yama-Himmel ein Tag und eine Nacht gleichbedeutend mit 200 menschlichen Jahren, ein Monat hat dreißig solcher Tage und ein Jahr zwölf solcher Monate, und die Bewohner leben 2.000 solcher Jahre. Da es in diesen Reichen keine Sonne und keinen Mond gibt, werden Tag und Nacht durch das Öffnen und Schließen heiliger Lotosblüten angezeigt.

In der Feinkörperlichen Sphäre gibt es weder Tag noch Nacht und die Lebenszeit wird in *kalpa* gemessen. Auf der ersten Ebene beträgt die durchschnittliche Lebensdauer ein mittleres *kalpa* oder 0,25 *mahakalpa*; auf der zweiten Ebene zwei mittlere *kalpa* oder 0,5 *mahakalpa*; auf der dritten 1 *kalpa*, auf der vierten 2 *kalpa*; auf der fünften 4 *kalpa* usw., immer das Doppelte, so dass die Anzahl an *yojana* der durchschnittlichen Größe der Anzahl der *kalpa* entspricht, mit 16.000 als obere Grenze.

In der Formfreien Sphäre finden wir noch größere Werte. Auf der ersten Ebene beträgt die Lebensdauer 20.000 *kalpa*, auf der zweiten 40.000 *kalpa*, auf der dritten 60.000 *kalpa*, und auf der vierten 80.000 *kalpa*.

Schließlich gilt es noch die Lebensdauer in den drei üblen Daseinsbereichen (Tiere, Geister, Höllen) in Betracht zu ziehen. Tiere haben keine feste Lebensdauer. Einige leben nur für einen Augenblick, andere mehrere hundert Jahre. Der größten Lebensdauer erfreut sich eine Art von Drache, welche ein mittleres *kalpa* lebt. Ein Tag eines *preta* entspricht einem menschlichen Monat. Dreißig solcher Tage ergeben einen Monat, zwölf Monate ein Jahr, und die Lebensdauer eines *preta* beträgt 500 solcher Jahre. Für die Höllen gibt es keine festen Angaben, mit Ausnahme der heißen Höllen. Die gesamte Daseinsdauer des Himmels der vier Groß-Könige entspricht einem Tag und einer Nacht von *Samjiva*, und die Bewohner erleben 500 Jahre von solchen Tagen. Die Lebensdauer in den nächsten sechs Höllen entspricht in gleicher Weise den übrigen fünf Götterhimmeln. In der siebten heißen Hölle beträgt die Lebensdauer ein halbes mittleres *kalpa* und in der Avici-Hölle ein ganzes mittleres *kalpa*.

4.5 Die Beschaffenheit des Daseins in anderen Sphären[131]

Ein paar weitere aus der Vielzahl von Einzelheiten das Leben in den Daseinsbereichen betreffend, wie es in den buddhistischen Texten geschildert wird, sind: Jedes fühlenden Wesen ist darauf angewiesen, Nahrung zu sich

[131] [Fußnote im Original] Vgl. insbesondere *A. K.* 11-13a ff.; *Y. B.* 4-14b ff.

zu nehmen, obgleich es vier Arten von Nahrung gibt:[132] (1) vergängliche Nahrung, d. h. Nahrung die verdaut werden kann und welche von allen Arten von Menschen und den Göttern der sechs Begierde-Himmel zu sich genommen wird; (2) Nahrung, die nur durch Kontakt aufgenommen wird, was für die oberen Bereiche der Begierde-Himmel und die unteren Bereiche der Feinkörperlichen Sphäre gilt; (3) Nahrung, die durch Meditation aufgenommen wird, wie in den oberen Bereichen der Feinkörperlichen Sphäre; und (4) Nahrung, die durch Wissen davon aufgenommen wird, was nur auf die Bewohner der Formfreien Sphäre zutrifft.

In allen Himmeln mit Ausnahme der Formfreien Sphäre ist Kleidung gebräuchlich, auch wenn Geschlecht [männlich/weiblich] nur in fünf von sechs Begierde-Himmeln vorhanden ist. Die fünf Wege der Befriedigung sexuellen Verlangens sind:[133] (1) durch Kopulation; (2) durch Umarmen; (3) durch Hände-Halten; (4) durch einander zulächeln oder anlachen; und (5) durch einander anblicken. Da sie in Kontakt mit der Erde sind, vereinigen sich die Bewohner der Himmel der vier Groß-Könige sowie des Himmels der Dreiunddreißig Götter durch Kopulation. Im Yama-Himmel erzeugt eine einzige Umarmung ein neues Lebewesen. Im Tusita-Himmel ist das gegenseitige Halten der Hände ausreichend. Im Nirmanarati-Himmel ersetzt ein Lächeln die sexuelle Vereinigung, und im höchsten Begierde-Himmel reicht der Blickkontakt. Geburt (welche in allen Himmeln spontan ist) erfolgt in den Begierde-Himmeln wie folgt: Kurz bevor ein *deva* geboren wird, findet eine *devi* eine Blume in ihrer Hand. Sie weiß aufgrund dieses Ereignisses, das sie ein Kind gebären wird, und demgemäß erfolgt nach sieben Tagen die Geburt; häufig jedoch erscheint das Kind auf ihren Knien. Zur Zeit der Geburt ist das Kind zwischen 5 und 10 Jahren alt. Dann erscheint plötzlich ein kostbarer Kessel mit göttlicher Speise, von dem das Kind isst und auf die Größe der übrigen *deva* anwächst, während es durch magische Bäume mit der nötigen Kleidung versorgt wird. Die Bewohner der Feinkörperlichen und der Formfreien Sphäre werden vollständig ausgewachsen geboren und ohne jegliche Hilfe durch Eltern, und diejenigen der Feinkörperlichen Sphäre kommen vollständig bekleidet zur Welt. Wir lesen auch, dass die Götter aller drei Sphären nur die arische Sprache sprechen, eine Art himmlisches Sanskrit, welches sie genauer gesagt sprechen, ohne es lernen zu müssen.

---

[132] [Fußnote im Original] *M. Vy.* 169.

[133] [Fußnote im Original] *A. K.* 11-12b; *N. A.* 31-16a.

In der Begierde-Sphäre gibt es drei Wege, sich an angenehmen Objekten zu erfreuen; der erste trifft für Menschen und die vier unteren Göttersphären zu und besteht im Beherrschen und Genießen der umgebenden Sinnesfreuden. Der zweite Weg, der für die fünfte Göttersphäre zutrifft, besteht im Erschaffen von erfreulichen Objekten und dem Beherrschen und Genießen solcher Objekte, welche sie selbst erschaffen haben. Der dritte Weg, der nur für die sechste Göttersphäre zutrifft, besteht im Beherrschen und Genießen von Sinnesobjekten, welche eigens für den Genuss von anderen erschaffen wurden.

Selbst in den erfreulichsten Bereichen (abgesehen von *Sukhavati*) hat das Leben ein Ende und die *deva* müssen sterben und werden an einem anderen Ort wiedergeboren. Wenn sie alt werden, erscheinen ihnen fünf Anzeichen des Verfalls. Es handelt sich um: (1) Die Blumen auf ihren Köpfen beginnen zu verwelken. (2) Ihre Augen werden trüb und beginnen sich unruhig zu bewegen aufgrund der Angst vor der Veränderung, von der sie wissen, dass sie kommt. (3) Der Glanz ihrer Körper beginnt zu verlöschen. (4) Unter ihren Achselhöhlen bildet sich Schweiß. (5) Sie ziehen sich teilnahmslos von ihren angestammten Orten zurück.

In den diversen Buddha-Ländern sind die Freuden noch größer und anhaltender, aber nicht so sehr sinnlicher Art. Die meisten Freuden sind spiritueller Natur und bestehen im Hören der heiligen Lehre. Den älteren Schulen des Buddhismus zufolge sind die Buddha-Länder selbst nicht dauerhaft und das Leben in ihnen ist nur die Vorbereitung für Nirvana und Buddhaschaft; aber in der Shin-Sekte Japans ist die Wiedergeburt in *Sukhavati* selbst das höchste Ziel und bedeutet endgültige und vollständige Glückseligkeit.

Zweiter Teil: Kosmische Analyse

Subjektive und objektive Klassifizierung

Wir kommen nun zur Untersuchung der letztgültigen Elemente, in welche die Buddhisten dachten das Universum zerlegen zu können – ein Thema, welches mehr Interesse zu wecken verspricht. Hier, direkt zu Beginn, sind wir mit einer sehr kuriosen Situation konfrontiert, da wir eine zweifache Analyse des Universums vorfinden, nämlich eine subjektive und eine objektive. Bei ersterer wird die Beschaffenheit einer beliebigen Person untersucht, und durch einen Analyseprozess wird die scheinbar einheitliche Personalität in eine Anzahl von Komponenten aufgebrochen, welche endgültig oder elementar sind; und da jede Personalität ein Mikrokosmos mit enger Beziehung zum Makrokosmos ist, ergibt sich daraus, dass die Bestandteile der Personalität auch die Bestandteile des Universums sind.

Die objektive Klassifizierung ist nur eine Neuanordnung dieser Faktoren in einer wissenschaftlicheren Weise, d. i. durch Untersuchung des gesamten Universums, ungeachtet irgendwelcher Personalität. Es folgt daraus, dass die objektive und die subjektive Klassifizierung einander gegenseitig enthalten und dass der Unterschied zwischen ihnen nur einer des Standpunkts ist.

In der Tat ist es so, dass die Herkunft der beiden Klassifizierungen auf der spezifischen Natur der Geschichte der buddhistischen Entwicklung beruht. Der frühe Buddhismus gründete sich auf eine agnostische Basis, v. a. hinsichtlich der äußeren Welt.[134] Der Buddha lehnte es ab, eine Aussage darüber zu treffen, ob die Welt endlich oder unendlich, ewig oder vergänglich sei. Konsequenterweise war eine vollständige Liste der Faktoren des Daseins aus einer objektiven Sicht für den frühen Buddhismus ein Ding der Unmöglichkeit.

Nichtsdestotrotz war ein gewisses Maß an subjektiver Analyse zulässig und wurde auch gefördert. Es heißt, der Buddha habe, um den Glauben in den *atman,* wie er von den Upanischaden gelehrt wurde, zu zerschlagen, gelehrt, dass die Person keine Einheit sei, sondern eine Zusammensetzung mehrerer Faktoren wie stofflicher Körper, Bewusstsein, Gefühl, Vorstellung, Wille etc. In der frühen Zeit scheint nicht viel weitergehende Analyse unternommen worden zu sein. Doch diese war ein ausreichender Ausgangspunkt für den indischen Geist. Jede der Hauptgruppen wurde mehrmals

---

[134] [Fußnote im Original] Vgl. insbesondere die agnostischen Passagen des Sutra-Pitaka, gesammelt von Warren in seinem *Buddhism in Translation*, Kap. 2.

unterteilt, bis schließlich eine höchst komplexe Liste von Daseinsfaktoren entstanden war.

Nachdem dies einmal erfolgt war, ist es leicht nachvollziehbar, wie die nächste Stufe, die Wieder-Gruppierung dieser Faktoren von einem objektiven Standpunkt aus, unternommen werden konnte. Die frühe, agnostische Position des Buddhismus wurde bald abgelehnt,[135] und es wurde schnell einsichtig, dass die Neuanordnung der bereits aufgezählten Kategorien (welche alle Aspekte des Lebens und der externen Welt enthielten) in einer Weise, dass sie eine vollständige philosophische Analyse der Daseinsfaktoren ergaben, logischer war.

Wir sehen also, dass die subjektive Analyse früher und weniger systematisch ist als die objektive Analyse, und dass letztere folgerichtig als die logischere die frühere zu überschatten begann. Da in den Sutras verkörpert, wurde die subjektive Analyse jedoch nie gänzlich vergessen; und wir finden, dass gelegentlich spätere Philosophen einschließlich Buddhaghosa es vorzogen, zur älteren Anordnung zurückzukehren, auch wenn sie den Wert der objektiven Klassifizierung anerkannten.

1. Subjektive Klassifizierung

Aufgrund ihres höheren Alters und auch ihrer Einfachheit ist es ratsam, die subjektive Klassifizierung zuerst zu behandeln. Sie besteht aus drei Kategorien, nämlich:[136]

1. Die fünf Gruppen (*skandha*).
2. Die zwölf Grundlagen (*ayatana*).
3. Die achtzehn Elemente (*dhatu*).

Für unseren Fall ist es geeigneter, die fünf *skandha* als eine Abteilung zu betrachten und die zwölf *ayatana* und die achtzehn *dhatu* als eine zweite Abteilung.[137]

---

[135] [Fußnote im Original] Siehe z. B. Faszikel 30 von *A. K.*, wo einige der älteren agnostischen Passagen die Seele betreffend von Vasubandhu gebraucht werden, um ihre Existenz zu widerlegen.

[136] [Fußnote im Original] Das *C. P.* [*Abhidhammattha-sangaha*] schenkt diesen Kategorien kaum Aufmerksamkeit, führt sie aber auf den Seiten 182-3 an. Eine exzellente Diskussion jeder dieser Kategorien von einem Pali-Standpunkt aus findet sich in Frau Rhys Davids *Buddhist Psychology*, in dem Originaltexte zitiert werden.

[137] [Fußnote im Original] Für die Sarvastivadin siehe insbesondere *A. K.*, den gesamten ersten und zweiten Teil; *Sang. Par.* 6-1a; *D. Sk.* f. 17 für *indriya*, Faszikel 18 für *ayatana* und Faszikel 19 für *skandha*. Für die Yogacarin siehe besonders *P. Sk.* und *P. Sk. Vai.*; *Ab. Sam.*

1.1 Die fünf *skandha*

Allgemeine Abhandlung

Die fünf *skandha* bilden die Bestandteile der Personalität, obgleich sie v. a. im späteren Buddhismus keine endgültigen Faktoren sind, da jedes von ihnen weiter unterteilt wird. Es ist wahrscheinlich, dass die Bezeichnung *skandha* selbst darauf hinweist, dass sie eher als eine komplexe Gruppe denn eine Einheit angesehen wurden, da das Wort „Haufen, Sammlung, Gruppe" bedeutet. Vasubandhu (*A. K.* 1-14b) zitiert die folgende Passage aus den Lehrreden: „Was immer es an körperlichen Dingen gibt, ob vergangen, gegenwärtig oder zukünftig, ob innerlich oder äußerlich, ob nah oder fern – all diese Dinge bilden ein *skandha*, genannt das *rupa-skandha*."

Alle endgültigen Faktoren sind in fünf Gruppen oder *skandha* angeordnet, und diese fünf Gruppen bilden die Person. Diese Lehre von den fünf *skandha* ist zweifellos sehr alt. Sie wird häufig in den Lehrreden angeführt, wo sie v. a. zur Widerlegung der *atman*-Theorie verwendet wird. Die Seele (*atman*) ist weder identisch mit dem Körper, den Gefühlen, den Vorstellungen etc., noch ist sie ihr Besitzer. Tatsächlich gibt es überhaupt keine Seele, sondern die Person besteht aus diesen Gruppen und nichts weiter.

An keiner Stelle in den Lehrreden findet sich eine kategorische oder logische Definition der fünf *skandha*, und es scheint, als ob jeder der Ausdrücke für sich genommen Teil des Allgemeinbesitzes indischen Denkens ist und dass die einzige Neuerung des Buddhismus in der Verkündung bestand, dass die *skandha* und nichts anderes die Person ergeben.

Leider sind die Namen der fünf *skandha* nicht so einleuchtend, wie sie es wohl für die alten Inder gewesen sind, und wir finden im Abendland eine breite Auswahl von Begriffen, die für ihre Übersetzung verwendet werden. Die Namen und die Anordnung der *skandha* sind in der Regel unverändert wie folgt:

1. *rupa*
2. *vedana*
3. *samjna*
4. *samskara*
5. *vijnana*

San. 1-1bff. *V. M. S.* schenkt wie *C. P.* der subjektiven Klassifizierung wenig Aufmerksamkeit.

1. *Rupa*, wörtlich Form oder Gestalt (manchmal auch „Farbe"), entspricht in etwa unserer „Materie" und verweist bei der Person auf den physischen Körper. Zu den vielen anderen Definitionen gehört *ruppati* (= woher *rupa*), ein sehr schwer übersetzbarer Begriff, der aber soviel beinhaltet wie „der Veränderung unterworfen", „beeinflusst", „aufgewühlt", „zersetzend", „modifiziert" (*A. K.* 1-10a).

Eine andere Definition, die eher zu unseren eigenen Vorstellungen des Themas passt, ist „das, was widersteht" oder „undurchdringlich".[138]

Der frühe Buddhismus gibt keine eindeutige Unterteilung dieses *skandha*, anders als in dem oben zitierten Ausspruch; aber wir wissen, dass der Begriff *rupa* sich auf die unseren eigenen und andere Körper konstituierende Materie bezieht, ebenso wie auf unbelebte Materie. Eine Auflistung von 32 Bestandteilen des Körpers kommt häufig vor, von denen die fünf Sinnesorgane am wichtigsten sind, während externe Materie ebenfalls fünffach eingeteilt wird (entsprechend den fünf Sinnesorganen). Wir wissen darüber hinaus, dass sämtliche Materie, eigene wie fremde, als aus den vier Elementen Erde, Wasser, Feuer und Luft abgeleitet angesehen wurde, welche als die vier nicht weiter reduzierbaren Zustände von Materie gelten.[139]

Die Sthaviravadin haben die Materie systematischer unterteilt.[140] Vier Abteilungen gelten als endgültig bzw. nicht-abgeleitet, während 23 oder 24 Faktoren als von den vier Elementen abgeleitet angesehen werden. Diese und die folgenden Unterteilungen werden wir eingehender untersuchen, wenn wir uns mit der objektiven Analyse der Welt beschäftigen. Praktisch alle metaphysischen Schriften dieser Schulrichtung, ebenso wie Buddhaghosa und das *Abhidhammattha Sangaha* (*C. P.*), folgen den Sutras und ignorieren die Lehre von den *paramanu* oder Atomen; in neuerer Zeit jedoch scheint die Atom-Theorie herangezogen worden zu sein, um die älteren Lehren zu erklären.

---

[138] Vgl. *Visuddhi-magga* (Kap. XIV): „Was es da immer an Dingen gibt, die das Merkmal des Bedrückens (*ruppana*) durch Kälte usw. besitzen, alles das zusammengenommen hat man als die Körperlichkeitsgruppe zu betrachten." In der Fußnote zu *ruppana* heißt es: „Tin hat *changing*. In Wirklichkeit hat *rupa* etymologisch nichts zu tun mit √*rup*, *ruppati*, skr. *rupyati*, ‚Reißen im Leib haben'."

[139] [Fußnote im Original] Vgl. das berühmte *Kevddha-Sutta* in *D. N.* (*D. B.* 1-276), entsprechend für *D. A.* 81a.

[140] [Fußnote im Original] Für Autoritäten bezüglich dieser und der folgenden Aussagen siehe die bei der objektiven Analyse angeführte Liste.

Die Sarvastivadin akzeptieren die Atom-Theorie (wie wir später sehen werden) und die Ansicht von den vier Grundelementen, aus denen 11 fundamentale materielle Faktoren abgeleitet werden – eine etwas systematischere Liste als diejenige der Sthaviravadin.

Die Yogacarin als Idealisten waren der Ansicht, dass alle Materie nichts als eine Schöpfung des Geistes sei. Dennoch standen sie von einem relativen Standpunkt aus den Sarvastivadin sehr nahe und anerkannten die vier Elemente und die elf Ableitungen daraus (auch wenn der elfte Faktor der Yogacarin ein anderer ist als derjenige der Sarvastivadin). Die frühen Yogacara-Philosophen wie Asanga und Vasubandhu anerkannten ebenfalls die Atom-Theorie, sie wurde jedoch von späteren Denkern wie Dignaga und Dharmapala als unvereinbar mit dem Idealismus abgelehnt.

2. *Vedana*, der erste der vier nicht-materiellen *skandha*, wird manchmal mit *sensation* übersetzt. Eine sorgfältige Prüfung zeigt aber, dass er eher unserem eigenen Begriff *feeling* entspricht, da *sensation* erstens im Sinne von *awareness* nicht *vedana*, sondern *vijnana* ist; und zweitens verweist die grundlegende Einteilung von *vedana* in freudig, leidvoll und neutral, oder wie manchmal in angenehm, unangenehm, freudig, leidvoll und neutral (die ersten beiden physisch, die nächsten beiden mental und letzteres sowohl als auch) auf den hedonistischen Aspekt von *vedana*. Der Umstand, dass es mit den Sinnesorganen verknüpft ist (wo es zu einer sechsfachen Einteilung führt), zeigt, dass es eher zutreffend als „durch Sinneseindrücke veranlasstes Sinnesempfinden“ bestimmt werden kann, was beinahe wörtlich der Definition entspricht, die Vasubandhu für *vedana* gibt (*A. K.* 1-11b).

3. *Samjna* wird manchmal mit *perception* [Erkenntnis, Wahrnehmung] und manchmal mit *conception* [Begriffsbildung, Vorstellung] wiedergegeben. Dass es sich nicht um reine Sinneserkenntnis handelt, wird klar, wenn man es mit *vijnana* vergleicht. Der wahrnehmende Aspekt scheint eher von den Pali- oder Sthaviravadin-Kommentaren betont zu sein, wenn es z. B. im *Vibhanga* nach der Übersetzung von Frau Rhys Davids unterteilt wird in (a) kognitive Assimilation aufgrund der Sinne, und (b) kognitive Assimilation aufgrund von Benennung.

Die Sarvastivadin und die Yogacarin hingegen haben den konzeptuellen Aspekt stärker betont. Vasubandhu (*A. K.* 1-11b) bestimmt es als „das Ergreifen der Unterschiede der Kennzeichen“, und weiter: „*samjna-skandha* hat als Wesen das Ergreifen von Bildern, d. h. es erfasst die Eigenschaften wie blau oder gelb, lang oder kurz, männlich oder weiblich, erfreulich oder unerfreulich, angenehm oder unangenehm etc.“. Persönlich bevorzuge ich den Begriff *ideation* als eine Übersetzung von *samjna*, und Frau Rhys Davids hat mir versichert, dass dies auch der Verwendung im Pali entspricht.

Die Beziehung von *samjna* zu den Sinnesorganen zeigt sich auch bei seiner Einteilung in sechs Gruppen, wie im Fall von *vedana*.

4. *Samskara*. Der zweifellos am schwierigsten zu erklärende Ausdruck ist *samskara*; es wurden bereits eine große Zahl verschiedener Übertragungen vorgenommen, angefangen von *conscience* [Gewissen] bei Spence Hardy, was falsch ist, bis zu Professor Rhys Davids *confections*, welches etymologisch wohl am zutreffendsten ist, wenngleich ich selbst *coefficients* bevorzuge. Tatsächlich wurde *samskara* sehr früh mit *karma* verknüpft, wie sich aus seiner Stellung in der Kette des Abhängigen Entstehens (*pratitya-samutpada*) zeigt. Es wurde daher mit 行 („tun, handeln“) ins Chinesische übersetzt, und im *Samyukta-Agama* heißt es, „alle schöpferisch-aktiven *sasrava-samskrta-dharma* werden *samskara-upadana-skandha* genannt“ (*S. A.* f.13).

In vielen Sutras wurde anscheinend versucht, *samskara* auf Wille (*cetana* – geistiges Wollen) zu beschränken. So heißt es im *Samyukta-Agama*: „Die Gruppe der sechs Willensregungen (entsprechend den sechs Sinnesorganen) ergibt das *samskara-skandha*.“ (auch zitiert in *A. K.* 1-11a).

Die Bestimmung von *samskara* als Wille hätte die buddhistische Liste der fünf *skandha* sehr gut abgeschlossen; aber als die psychologische Analyse fortgesetzt wurde und weitere Faktoren im geistigen Prozess formuliert wurden, musste für sie ein Platz in der Klassifikation der Faktoren der Persönlichkeit geschaffen werden. Hier ergaben sich Schwierigkeiten. Die späteren Buddhisten wagten es nicht, der fünffachen Klassifizierung, von der sie glaubten dass sie vom Gründer selbst stamme, etwas hinzuzufügen, so dass die neu postulierten Faktoren innerhalb der bereits bestehenden *skandha* eingeordnet werden mussten. Der geeignetste Abladeplatz fand sich in *samskara*, welches so ein wildes Gemisch von ansonsten ungeordneten Faktoren wurde. Daher sagt Frau Rhys Davids, wenn sie über dieses Thema spricht (*B. P.* S.51): „Der konstruktive Aspekt (dieses *skandha*) war dem Willen vorbehalten. Die anderen 51 Faktoren (der Pali-Aufzählung) sind eher Begleitfaktoren von einem mentalen Zustand als dominierende aktive oder konstruktive Funktionen.“

Vasubandhu spürt, dass eine Erklärung für die Einfügung dieses zusätzlichen Materials nötig ist, auch wenn seine Rechtfertigung eher lahm ist. Er sagt (*A. K.* 1-11b), der Grund dafür, dass der Buddha lehrte, dass *samskara-skandha* nur aus den sechsfachen Willensregungen bestehe, liege darin, dass dieser Faktor der wichtigste sei, und in *cetana* ist diese Eigenschaft stärker ausgeprägt als in den anderen Faktoren. Dennoch dürfen die anderen Faktoren nicht ausgeschlossen werden, denn „in diesem Fall wären die übrigen *caitasika* sowie die *citta-viprayukti-dharma* in keiner der *skandha* enthalten und daher unabhängig vom Leiden und der Ursache des Leidens, weshalb sie weder beendet noch erkannt werden könnten. Denn der Geehrte Eine hat gesagt, wenn ein einziges Phänomen nicht analysiert werden könne oder unerkannt bliebe, sei unmöglich das Ende des Leidens zu erlangen ...“. Konsequenterweise wurden daher alle nicht in den übrigen vier *skandha* enthaltenen *samskrta*-Aktivitäten im *samskara-skandha* platziert.

Samskara wurde damit zu einem Begriff, der verwendet wurde, um alle geistigen Begleitfaktoren zu bezeichnen, die zu irgendeiner Zeit mit dem Aufkommen eines Bewusstseins bzw. *vijnana* verknüpft sind. Da auch *vedana* und *samjna* unter diese Kategorie fallen, wurden sie richtigerweise auch als Bestandteil von *samskara* aufgeführt, so dass von einem absoluten Gesichtspunkt aus die fünf Kategorien auf drei reduziert wurden, nämlich:

1) *Rupa*, der Körper/das Körperliche.
2) *Cetasika*, geistige Qualitäten oder Begleiter des Bewusstseins.
3) *Citta*, Bewusstsein.

Nichtsdestotrotz verhinderte Respekt für die Tradition eine Geringschätzung der älteren und schwerfälligeren fünffachen Einteilung, so dass wir bei den späteren Kommentaren Versuche einer Erklärung finden, warum *vedana* und *samjna* in *samskara* enthalten sind, aber auch als separate *skandha* angeführt werden. Vasubandhu bemerkt zu dem Thema (*A. K.* 1-16b): „Unter den geistigen Faktoren (*caitasika*) werden *vedana* und *samjna* als separate *skandha* angesehen, weil sie als Ursachen der Begierde und des Rades von Leben und Tod gelten, und aufgrund der Reihenfolge ihrer Wirkungen. Es gibt zwei Grundlagen für Begierde. Eine ist der Ausdruck der diversen Begierden, die andere ist der Ausdruck der zahlreichen Ansichten. *Vedana* und *samjna* agieren jeweils als ihre vorherrschende Ursache. Infolge von Gefühlen (*vedana*) manifestieren sich alle Begierden. Und infolge falscher Vorstellungen (*samjna*) werden alle Ansichten geäußert. Sowohl

Geburt wie Tod haben *vedana* und *samjna* als ihrer grundlegenden Ursachen, da sich das Rad des Lebens infolge der Versklavung des Menschen durch seine Gefühle und sein Anhaften an falschen Lehren weiterdreht. Aus diesen beiden Gründen und aufgrund der Reihenfolge ihres Wirkens, welche im Anschluss erklärt wird, werden *vedana* und *samjna* als separate *skandha* betrachtet.

Es gilt, kurz etwas hinsichtlich der Unterteilung von *samskara* zu sagen. Abgesehen von *cetana*, welches gesondert erwähnt wird, finden sich viele der später unter dieser Gruppe versammelten geistigen Qualitäten einzeln im Korb der Lehrreden angeführt; es schien jedoch kein Versuch unternommen worden zu sein, eine genaue oder definitive Einteilung vorzunehmen.

In der Phase des Hinayana-Abhidhamma wurden ausführliche Tafeln von *samskara* erstellt,[141] die aus den verschiedenen und gelegentlich in den Sutras erwähnten geistigen Qualitäten bestanden, zusammen mit einer gewissen Anzahl von aus individueller Introspektion abgeleiteten Faktoren. Bedauerlicherweise sind viele der Eigenschaften von erster Art, da die Verwendung der Begriffe in den Sutras sehr vage ist und viele psychologische Termini nur nebenbei erwähnt wurden, später aber in den Abhidhamma-Texten als Enthüllungen der endgültigen Wahrheit verehrt werden. Das Recht solcher Objekte, als endgültige Faktoren angesehen zu werden, wurde daher minuziös von Denkern angefochten, die in der Lage waren, eine weit wissenschaftlichere Analyse der geistigen Komponenten zu formulieren.

Die Sthaviravadin zählten 52 solcher *samskara.*[142] Unter den Sarvastivadin gab es hinsichtlich der Anzahl zuweilen große Unterschiede, und es war nicht vor der Zeit von Vasubandhu, dass die Zahl endgültig auf 64 festgelegt wurde, was seitdem die Standardgestaltung blieb. Die Yogacarin wiederum schwankten zwischen 51, 52 und 53, aber letztlich setzte sich 53 als orthodoxe Anzahl durch.[143] Im Übrigen stimmen die 51 Faktoren der Yogacarin in keiner Weise mit den 52 *caitasika* der Sthaviravadin überein.

5. *Vijnana*, der letzte der *skandha*, wird für gewöhnlich mit *consciousness* oder *cognition* übersetzt. Diese Bestimmung passt gut zu

[141] [Fußnote im Original] Siehe z. B. *Dham. San.*, Teil ii des ersten Buches in der Übersetzung von Rhys Davids.

[142] [Fußnote im Original] Zumindest laut Buddhaghosa, siehe *Expositor*.

[143] [Fußnote im Original] *Y. B.* = 53; *Ab. San.* = 55; *A. V. P. – P. Sk. – S. dh.* = 51, und *V.M.S.*

allen Kommentaren, und viele Verweise auf den Begriff zeigen, dass er für Buddhisten nur „Bewusstsein“ [*awareness*] im weitesten Sinne des Wortes bedeutet. Daher wurde er oft mit etwas verknüpft, was wir „Empfindung“ [*sensation*] nennen sollten, außer dass ihm das hedonistische Element fehlt, welches *vedana* beigelegt ist. Es ist auch mit dem wahrnehmenden Aspekt von *samjna* verbunden, nur dass es ein größeres Spektrum hat und nicht nur das „Sehen“ eines Dings beinhaltet, sondern das volle Bewusstsein davon, d. i. die Aufnahme des Bildes in den bewussten Geist.

Die Unterscheidung zwischen *vijnana* und *samskara*, v. a. in der späteren Verwendung des Wortes, besteht darin, dass *vijnana* „Bewusstsein“ bezeichnet oder die „verschiedenen Aspekte des Bewusstseins“, und *samskara* seine Inhalte oder funktionellen Phasen. So impliziert das Bewusstsein eines visuellen Objekts Aufmerksamkeit (*manaskara*), Sinneseindruck oder Kontakt (*sparsa*) etc. Und wie *vedana* und *samjna* als *samskara* betrachtet werden, so zeigt sich darüber hinaus, dass sie sogar eher Phasen oder Funktionen des Bewusstseins sind denn eigenständige Realitäten.

Das *vijnana* sowohl den sinnlichen als auch den geistigen Aspekt von Bewusstsein einschließt, wird aus der minimalen, sechsfachen Klassifikation von *vijnana* ersichtlich, welche allen Schulen des Buddhismus gemeinsam ist, wenn auch viele weitere Aspekte ergänzt werden können. Die sechsfache Einteilung besteht aus fünf Arten von Bewusstsein, die auf den entsprechenden fünf Sinnesorganen beruhen, sowie einer Art von Bewusstsein, die auf der Tätigkeit des Geistes (*manas*) gründet. Dieses letzte Bewusstsein verfügt über viele, spezielle Funktionen wie Vorstellen, Schlussfolgern und Erinnern.

Die wichtigste Ergänzung zu dieser sechsfachen Klassifizierung erfolgte durch die Yogacarin, welche zwei weitere Arten ergänzten und damit insgesamt auf acht kommen. Zu diesen haben weitere Autoritäten, vornehmlich chinesische, ein neuntes hinzugefügt.[144]

Unter den Sthaviravadin wurde *vijnana* neben der sechsfachen Einteilung auch noch in anderer, 81-facher Weise eingeteilt. Diese Anordnung ist charakteristisch für diese Schulrichtung und hatte keine Auswirkung auf die späteren philosophischen Spekulationen.

---

[144] [Fußnote im Original] Vgl. die Abschnitte zu *vijnana* in 四教義 und 五文章 .

1.2 Abschließende Bemerkungen

Nun wenden wir uns von den einzelnen *skandha* für einen Moment allen zusammen zu. Für uns gibt es kaum eine logische Grundlage für diese fünffache Einteilung der Personalität; und es scheint, als ob die Buddhisten selbst durch ihre pragmatische Natur betroffen sind, und dass der nichtmaterielle Teil der Person v. a. deshalb willkürlich in vier zusammenhängende Teile aufgespalten wurde, um die komplexe und verbundene Natur des Geistes zu betonen.

Dennoch fehlt es der fünffachen Einteilung nicht gänzlich an psychologischer Einsicht, und v. a. wenn der voluntative Aspekt von *samskara* zurückbehalten worden wäre, hätten wir eine gewisse Entsprechung zwischen östlichen und westlichen Psychologen, welche den Geist einteilen in (1) Empfinden, (2) Vernunft, und (3) Wille, was *vedana*, *samjna* und *samskara* entsprechen würde und zusammen mit *vijnana* – Bewusstsein insgesamt – und *rupa* – dem Körper – diese fünffache Einteilung ergäbe:

1. Der Körper, einschließlich der Sinnesorgane.
2. Bewusstsein, oder Bewusstheit, Empfang der durch die Sinnesorgane vermittelten Sinneseindrücke.
3. Aus diesen Eindrücken resultierende Gefühle der Zu- und Abneigung.
4. Ideation oder die Entwicklung geistiger Vorstellungen die Beschaffenheit der äußeren Welt betreffend, aus der die Sinneseindrücke herrühren, einschließlich der Klassifizierung (Benennung) derjenigen Objekte, welche als angenehm und unangenehm empfunden werden.
5. Volition oder Wille hinsichtlich der Auswahl (so weit wie möglich) von angenehm und unangenehm empfunden Objekten. Später wurden, wie wir gesehen haben, noch andere Tätigkeiten ergänzt, aber in der gleichen Kategorie untergebracht.

Es liegt lediglich an der frühen Fehlübersetzung der Namen der fünf *skandha,* welche die Erkenntnis verhindert, dass die buddhistischen Philosophen ein derartiges Schema im Kopf hatten. In diesem Zusammenhang, und mehr oder weniger zur Verteidigung dieser Position, verdienen ein oder zwei Punkte unsere Aufmerksamkeit.

Vijnana folgt unmittelbar auf die Interaktion der Sinnesorgane mit den Sinnesobjekten und ohne vermittelnde Wirkung von separaten Fähigkeiten wie *vedana* oder *samjna*. Dies ist ersichtlich aus der häufig wiederholten

Textstelle mit der Erklärung, dass „als Ergebnis von Sehobjekt und Sehorgan visuelles Bewusstsein entsteht", und ebenso aus der Verknüpfung der sechs Sinnesobjekte, sechs Sinnesorgane und sechs Arten des Bewusstseins zu den 18 *dhatu* oder elementaren Faktoren. Hieraus wird der sinnliche Aspekt von *vijnana* deutlich, eine zuweilen übersehene Tatsache aufgrund der Stellung von *vijnana* innerhalb der fünf *skandha*, bei denen *vedana* und *samjna* zwischen *vijnana* und dem Körper bzw. *rupa* geschaltet sind. Es zeigt sich jedoch, dass – obwohl sie die traditionelle Abfolge in der reinen Auflistung der *skandha* beibehalten – sowohl Buddhaghosa als auch Nagarjuna ihre Darstellung von *vijnana* direkt nach der Erklärung von *rupa* bringen.

Vedana, *samjna* und *samskara* entstehen nicht erst als Ergebnis körperlicher Funktionen und erzeugen dann *vijnana*, denn es heißt ausdrücklich, dass diese [die körperlichen Funktionen] nicht unabhängig vom Bewusstsein existieren können.[145] Sie sind vielmehr Zubehör des Bewusstseins, wenn auch notwendiges, und entstehen gemeinsam mit diesem. Da sie in dieser Weise miteinhergehende, auf *vijnana* basierende Phasen sind, welches direkt aus dem Zusammentreffen von Sinnesobjekten und Sinnesorganen entsteht, haben die späteren Buddhisten sie als *caitasika* oder „geistige Begleitfaktoren" zusammengefasst, und die Sthaviravadin und Sarvastivadin haben ihnen bei ihrer äußeren Klassifizierung der Welt folgende festgelegte Ordnung gegeben:

1. *rupa*
2. *citta* bzw. *vijnana*
3. *caitasika*
    a) *vedana*
    b) *samjna*
    c) die übrigen *samskara* [*caitasika*]

Während jedoch die *caitasika* geistige Eigenschaften sind, die ihre Existenz *citta* oder *vijnana* verdanken und daher nicht vor diesen entstehen können, kann auf der anderen Seite auch kein reines Bewusstsein ohne jegliche *caitasika* entstehen. Darum heißt es, dass die Entstehung von *citta* und *caitasika* simultan erfolgt.

Es gilt, kurz etwas zur traditionellen Reihenfolge der *skandha* zu sagen. In den Sutras werden sie stets in der oben angeführten Reihenfolge ange-

[145] [Fußnote im Original] *A. K.* 4-3a; *M. Sh.* S.173.

führt. Die Philosophen mögen es als angemessen betrachten, von dieser Reihenfolge abzuweichen, so wie es Buddhaghosa und Nagarjuna taten, als sie über sie philosophierten; aber was die reine Aufzählung betrifft, haben sie an der traditionellen Reihenfolge festgehalten. Nichtsdestotrotz findet sich in den Sutras keinerlei Begründung für diese Reihenfolge; im *Abhidhamma-kosa* jedoch wird ein Versuch unternommen, die altehrwürdige Ordnung zu verteidigen (*A. K.* 1-17b).

„Die Reihenfolge der *skandha* erfolgt entsprechend ihrer relativen Grobheit und Unreinheit hinsichtlich des Teller-Gleichnisses und in Übereinstimmung mit der Aufzählung der *dhatu*. *Rupa* ist undurchdringlich, es ist das Gröbste der *skandha*. Unter den nicht-materiellen *skandha* ist *vedana* am gröbsten, so wie jeder davon spricht, dass seine Hand etc. schmerzt. *Samjna* oder Ideation ... folgt etwas weniger grob, da Begriffe wie Mann, Frau etc. einfach zu verstehen sind. *Samskara* ist gröber als *vijnana*, denn die Kräfte von Abneigung etc. sind leicht zu erkennen. *Vijnana* ist das feinste der *skandha*, und da es allgemein die Kennzeichen aller anderen Objekte aufgreift, ist es schwer zu verstehen. Somit stimmt die Reihenfolge der *skandha* mit ihrer relativen Grobheit überein."

„Seit jeher und bis heute wurden Männer und Frauen gegenseitig durch ihre Körper (*rupa*) angezogen. Dies geschieht, weil man sich lustvollen Gefühlen (*vedana*) hingibt. Sich lustvollen Gefühlen hinzugeben erfolgt aufgrund falscher Vorstellungen (*samjna*). Diese falschen Ansichten basieren auf den Befleckungen oder *klesa* (*samskara*). Die Befleckungen entstehen in Abhängigkeit vom Bewusstsein (*vijnana*), und andererseits beflecken die ersten drei *klesa* das Bewusstsein, wenn sie einmal entstanden sind. Somit stimmt die Reihenfolge der *skandha* mit ihrer wechselseitigen Befleckung überein."

„Weiterhin ist *rupa* wie ein Teller. *Vedana* ist wie das darauf befindliche Essen und Trinken. *Samjna* ist wie die Sauce, *samskara* wie der Koch, und *vijnana* wie der Esser. Somit stimmt die Reihenfolge der *skandha* mit dem Gleichnis vom Teller überein."

„Weiterhin entspricht die Reihenfolge der *skandha* der relativen Position der *dhatu* (Sphären der Existenz); z. B. gibt es in der Begierde-Sphäre (*kama-dhatu*) viele raffinierte Arten des Verlangens, wodurch die Kennzeichen der Körperlichkeit (*rupa*) manifest werden. In den Versenkungen (*dhyana*) der Feinkörperlichen Sphäre (*rupa-dhatu*) finden sich *sukha* und *priti* etc., d. h. es ist *vedana* vorherrschend. In den ersten drei Formfreien Himmeln wird die Idee des Raums usw. erfasst, so dass hier *samjna* dominiert. Im höchsten Himmel ist *cetana* der bestimmende Faktor, so dass diese Sphäre durch *samskara* charakterisiert ist. Und alle vier werden durch *vijnana* unterstützt."

1.3 Die zwölf *ayatana* und die achtzehn *dhatu*

Die anderen beiden Kategorien der subjektiven Klassifizierung des Daseins bilden die zwölf *ayatana* und die achtzehn *dhatu*. Beides sind Kategorien, die nicht aus einer Analyse der menschlichen Personalität oder einer objektiven Analyse der äußeren Welt heraus formuliert wurden, sondern als das Ergebnis der Untersuchung der Funktionen des Bewusstseins und den Mitteln, durch die Bewusstsein ermöglicht wird. Hier sind alle Komponenten des Seins mit Bezug darauf zusammengefasst, welche Rolle sie als Erzeuger von Bewusstsein spielen; denn der Buddhismus setzt bei der Annahme an, das Bewusstsein nicht ein ewiges, aus sich selbst heraus existierenden Phänomen ist, sondern das temporäre Produkt bestimmter vorher existierender, materieller Faktoren.[146]

Ayatana bedeutet nach Mrs. Rhys Davids „Ort oder Bereich des Treffens oder der Entstehung, oder der Ort des Geschehens". Vasubandhu (*A. K.* 1-15a) übersetzt es als „Tor der Erzeugung von *citta* und *caitasika*". Etwas freier können wir den Begriff als „Grundlage des Bewusstseins" erklären, oder als die Faktoren, welche Bewusstsein hervorbringen. In dieser Auflistung sind die einzelnen Bewusstseinsarten selbst nicht enthalten. Die zwölf *ayatana* sind:

1. Sehobjekt
2. Hörobjekt
3. Geruchsobjekt
4. Geschmacksobjekt
5. Berührungsobjekt
6. Geistobjekt
7. Sehorgan
8. Hörorgan

[146] Hier gilt es, etwas genauer zu unterscheiden. Bewusstsein ist nach buddhistischer Auffassung keine „Funktion" des Körperlichen, d. h. es wird nicht einfach infolge ausreichend komplexer materieller-organischer Strukturen erzeugt. Diese sind jedoch eine Bedingung für das Auftreten von Bewusstsein, welches in Abhängigkeit von diesen und anderen Faktoren anzutreffen ist.

9. Riechorgan
10. Geschmacksorgan
11. Tastorgan
12. Denkorgan

Dhatu ist, wie *dharma*, als dasjenige charakterisiert, was seine eigenen Eigenschaften trägt; aber Vasubandhu sagt, dass der Begriff Spezies oder Genus bedeute, oder sogar Element, so wie man sagt, dass ein Berg aus verschiedenen Elementen besteht: Gold, Silber, Kupfer etc. Ebenso besteht die Welt aus so und so vielen *dhatu*. Somit können wir die *dhatu* als Faktoren des Bewusstseins bezeichnen, oder korrekter als Elemente des Daseins, vom Standpunkt des Bewusstseins und seinen Ursachen aus gesehen, da die *dhatu*-Kategorie alle zwölf *ayatana* enthält, sowie die sechs Hauptbewusstseinsarten selbst, was zusammen achtzehn ergibt. Es handelt sich um (1-12 s. o.):

13. Sehbewusstsein
14. Hörbewusstsein
15. Riechbewusstsein
16. Geschmacksbewusstsein
17. Tastbewusstsein
18. Geist-Bewusstsein

Ein paar Erläuterungen zu diesen Faktoren sind angebracht.

1. Die fünfzehn sinnlichen Faktoren, bestehend aus den fünf Sinnesobjekten, den fünf Sinnesorganen und den fünf sinnlich-empfänglichen Bewusstseinsaspekten. Diese sind an sich leicht zu verstehen, jedoch haben sie jeweils eine etwas eigene Interpretation erfahren.

(a) *Die fünf Sinnesobjekte*

Diese bestehen aus den sichtbaren, hörbaren etc. Objekten. Anhänger einer Substanz-Lehre würden sagen, dass es nur eine Substanz gibt, welche auf verschiedene Weise von den fünf Sinnen erfahren wird, d. h. gesehen von den Augen, berührt mit der Hand etc. Nicht so jedoch die Buddhisten, insbesondere nachdem die Atom-Theorie akzeptiert wurde.[147] Jedes materielle Objekt besteht aus Molekülen (*samghata paramanu* oder *kalpa*). Jedes

[147] [Fußnote im Original] Vgl. *A. K.* 4-1a ff., wo alle folgenden Punkte diskutiert werden.

Molekül besteht aus wenigstens einem sichtbaren Atom (*dravya paramanu*), d. h. einem Atom, welches auf das Auge und kein anderes Organ einwirkt, ein Geschmacks-Atom, welches die Zunge und kein anderes Sinnesorgan anregt etc. Demzufolge empfangen die Sinnesorgane ihre Eindrücke in Wirklichkeit von verschiedenen Objekten, auch wenn diese Objekte oder Atome alle Teil eines einzigen Moleküls oder eine Gruppe von Atomen sind. Was die Beschaffenheit dieser Atome und Moleküle betrifft und die Art und Weise, wie sie entstehen und zerstört werden, so kommen wir darauf später ausführlicher zu sprechen. Für den Moment ist es ausreichend, darauf hinzuweisen, dass diese Atome nicht ewig sind, sondern aus den vier Grundelementen abgeleitet. Die vier Elemente sind ihrerseits atomar und können nur durch Berührung und durch keinen anderen Sinn erfahren werden, wenngleich mittels der von den anderen Sinnen erfahrenen Daten auf ihre Existenz geschlossen werden kann.

Der Umstand, dass das Sehobjekt eine andere Substanz sein muss als das Geschmacksobjekt etc., ist dem Ausdruck *dhatu*, Element bzw. Faktor, tatsächlich inhärent, denn wenn das Objekt des Sehens und das Objekt des Riechens wirklich ein und dasselbe wären, würden sie nur ein *dhatu* bilden und nicht zwei.

(b) *Die Sinnesorgane*

Im gleichen Sinne sind die Sinnesorgane für die Buddhisten nicht das, was wir gewöhnlich unter dem Begriff verstehen. Das *caksur-indriya* ist nicht der Augapfel, sondern gewisse Atome einer speziellen Art, die über den Augapfel verteilt sind und über die Fähigkeit des Sehens verfügen. Das Sinnesorgan „Nase" besteht aus spezifischen Arten von Atomen innerhalb der zwei Nasenflügel, welche die Fähigkeit des Riechens besitzen, und so weiter mit den anderen [Sinnesorganen]. Das Tast-Organ z. B. besteht aus einer großen Anzahl von über den gesamten Körper verteilten Atomen, welche die Fähigkeit des taktilen Fühlens besitzen.

Diese fünf Arten von Atomen unterscheiden sich deutlich von den fünf Sinnesobjekt-Atomen, obwohl sie beide aus den vier Elementen abgeleitet sind (*Ab. Hr.* 1.2a). Diejenigen Teile des Körpers, welche nicht zu den Sinnesorganen gehören, bestehen aus Molekülen oder Atom-Gruppen der fünf Sinnes-Atome mit ihren dazugehörigen Element-Atomen.

Die Sinnesorgane im gewöhnlichen Wortsinn, d. h. die Sinnesöffnungen, werden manchmal als Nebenfähigkeiten bezeichnet (*A. K.*). Übrigens forderte die doppelte Anlage der Öffnungen der Ohren, Augen und Nase einen Kommentar der buddhistischen Philosophen, und wir finden, wie sie aussagen, dass die Anzahl der *dhatu* hierdurch nicht erhöht werde, denn (*A. K.* 1-13b) „obgleich zweifach, ist ihr Wesen nur eins, da ihre Art, ihr Sinnesobjekt und das resultierende Bewusstsein identisch sind".

Eine alte Erklärung war ferner, dass diese Öffnungen aus Gründen der Zierde doppelt angelegt sind, da fühlende Wesen mit nur einer Öffnung hässlich seien. Der Philosoph Vasubandhu lehnte diese Erklärung jedoch ab und argumentierte, dass ihre zweifache Anlage praktische Gründe habe (*A. K.* 1-14b), nämlich dass wir so einen klareren bzw. genaueren Eindruck des äußeren Objekts bekommen. Wenn wir ein Objekt mit nur einem Auge betrachten, vermögen wir es nicht deutlich zu erkennen.

(c) *Die sinnlich-empfänglichen Aspekte des Bewusstsein*

Die fünf Aspekte des Bewusstseins, die nur die Erkenntnis der Sinnesdaten betreffen, erstehen aus der Wechselwirkung der Sinnesobjekte mit den Sinnesorganen, oder genauer gesagt der Atome der Sinnesobjekte mit den Sinnesorgan-Atomen. Die vergängliche Natur des Bewusstseins sowie der Sinnesobjekte und der Sinnesorgane wird anhand des folgenden Zitats aus dem *Samyutta-Nikaya* ersichtlich: „Bewusstsein wird erzeugt, ihr Mönche, durch zweierlei Dinge. Aufgrund des Seh-Organs und des Seh-Objekts entsteht Seh-Bewusstsein. Das Seh-Organ ist unbeständig, vergänglich, in stetigem Wandel begriffen. Ebenso die sichtbaren Objekte. Seh-Bewusstsein, welches infolge einer bedingenden Beziehung entsteht, welche unbeständig, vergänglich und in stetigem Wandel begriffen ist, ist selbst nicht anders; denn wie könnte es sein, dass ein Bewusstsein, welches aus so unbeständigen Beziehungen entsteht, selbst beständig ist?" (*S. N.* iv, 67).

Zwei weitere Details müssen erwähnt werden. Als die späteren Buddhisten sich mit der Sinneswahrnehmung befassten, legten sie großen Wert auf die Unterscheidung zwischen der Wahrnehmung individueller Kennzeichen (*svabhava-laksana*) und der Wahrnehmung der Aggregate (*samjnana-laksana*). Vom sechsten Bewusstseins-Aspekt, *mano-vijnana*, wurde angenommen, dass er Aggregat-Wahrnehmung besitzt, d. h. sich Objekten bewusst zu sein, die allen Organen gemeinsam sind. Die ersten fünf *vijnana* jedoch waren in ihrer Reichweite auf ihr eigenes Wirkungsfeld beschränkt, sie haben nur eine individuelle Kenntnis des gleichen Objekts unmittelbar vor ihnen und greifen nicht auf die anderen Bereiche über.

Diese individuelle Wahrnehmung bezieht sich aber nur auf jedes *vijnana*, die an ihren eigenen *ayatana* hängen. Innerhalb ihrer eigenen Sinnesgruppe, *every vijnana and aggregate perception*, wie aus der folgenden Diskussion im *Abhidhamma-kosa* (1-8a) ersichtlich wird. Die Tastobjekte wurden elffach unterteilt. Manche Gelehrten waren der Ansicht, dass taktiles Bewusstsein in einem Moment nur eine abgeleitete und vier elementare Gruppen wahrnehmen kann, gemäß der Lehre der *svabhava-laksana*. Vasubandhu jedoch ist der Ansicht, dass taktiles Bewusstsein alle elf Arten simultan erfasst, da sich alle innerhalb der gleichen Grundlage (*ayatana*) befinden und daher keinen Fall von *samjnana-laksana* darstellen.

Weiterhin behauptet der Buddhismus, dass jedes Bewusstsein drei Arten der Erkenntnis oder *samkalpa* [Pali: *sankappa*] besitzt.[148] Eine, *svabhava-samkalpa*, ist unmittelbare Sinneswahrnehmung eines vorliegenden Objekts; die zweite, *smrti-samkalpa*, ist die Erinnerung von früheren ähnlichen und unähnlichen Eindrücken. Die dritte, *samprayoga-samkalpa*, kann als Überlegen oder Nachdenken auf Grundlage der Sinnesdaten bezeichnet werden. Von diesen drei Funktionen des Bewusstseins verfügt *mano-vijnana* über alle drei. Die ersten fünf *vijnana* verfügen nur über *svabhava-samkalpa*.

2. Die fünf nicht-sinnlichen *dhatu* bilden eines der interessantesten Probleme buddhistischer Philosophie, welches wir im Moment jedoch nur grob skizzieren können.

(a) *Das Sinnes-Objekt*

Der Geist selbst bzw. geistige Erkenntnis wird ebenso als ein Sinn betrachtet wie die ersten fünf *vijnana*. Folgerichtig unterliegt er ebenfalls der dreifachen Einteilung von Sinnesobjekt, Sinnesorgan und sinnlicher Erkenntnis des Bewusstseins. Das Sinnesobjekt besteht in diesem Fall aus denjenigen Objekten, welche dem Geist erscheinen können. Wenn wir über Nirvana nachdenken, wird es also ein Sinnesobjekt, d. i. ein Objekt von *mano-vijnana*. Die Formulierung der Faktoren, welche diesen *dhatu* ausmachen, erfolgte offensichtlich nach der Sutra-Periode, denn wir finden einige Unterschiede im Detail bei den verschiedenen Schulen.

Die Sthaviravadin (*C. K.* S.3 & S.120) geben sie wie folgt an:

[148] [Fußnote im Original] Ich habe diese Lehre nicht in der Pali-Tradition angetroffen, aber sie ist den Sarvastivadin wie den Yogacarin-Schulrichtungen gemein; siehe *A. K.* 2.

1. Nirvana, die höchste Realität.
2. Die subtilen Formen von *rupa* oder Materie, welche nicht von den physischen Sinnesorganen bzw. den mit ihnen verknüpften Bewusstseinsarten erfasst werden können.
3. *Citta* oder Geist selbst.
4. *Caitasika* oder geistige Eigenschaften.
5. *Prajnapti* oder Konzepte bzw. Vorstellungen.

Die Aufzählung der Sarvastivadin ist:

1. Die *vedana-*, *samjna-* und *samskara-skandha* mit all ihren zahlreichen Unterteilungen.
2. *Avijnapti-rupa* oder nicht-manifeste Körperlichkeit.
3. Die drei *asamskrta-dharma* oder transzendenten und dauerhaften Faktoren des Daseins – was zusammen sieben ergibt.

Die Aufzählung der Yogacarin (*A. V. P.* 1-1a und die Diskussion bei *Fa. Ch.*).

1. Die *caitasika-dharma*.
2. Die *citta-viprayukta-dharma*.
3. Die sechs *asamskrta-dharma*.
4. Die subtilen materiellen Formen. Diese vier Kategorien wurden dann weiter unterteilt und ergeben insgesamt 82 *dharma*.

Auf den ersten Blick scheint eine große Uneinigkeit hinsichtlich der geistigen Objekte in der Auffassung der drei Schulen, welche wir untersuchen, zu bestehen. Aber ein erheblicher Teil davon ist mehr Schein als Sein, wie deutlich wird, wenn wir uns mit jeder der oben erwähnten Gruppen beschäftigen. Es ist jedoch sinnvoller, die Diskussion zurückzustellen, bis wir zu ihrer Untersuchung vom Standpunkt der objektiven Analyse aus kommen.

(b) *Die Sinnesorgane*

In vielen späteren Sthaviravadin-Kommentaren heißt es, das Sinnesorgan des geistigen Bewusstseins (*mano-vijnana*) sei das physische Herz, welches in den meisten orientalischen Betrachtungen die Stelle des Gehirns einnimmt. Diese Ansicht findet sich jedoch nicht in den Pitaka selbst, und bei ihrer Aufzählung der zwölf *ayatana* und achtzehn *dhatu* stimmen sie mit den anderen buddhistischen Schulrichtungen überein, welche *manas* oder den Geist als abstrakte Entität für das Organ des *mano-vijnana* ansehen. Was ist dieses kuriose Ding genannt „Geist" bzw. *manas*, welches so der geistigen Wahrnehmung bzw. *mano-vijnana* gegenübergestellt wird? Derzeit ist mir kein Pali-Text bekannt, der sich mit dieser Frage beschäftigt, aber bei Vasubandhu (*A. K.* 1-12a) heißt es: „Der Fluss der sechs Bewusstseinsarten ergibt *manas*", und weiter: „Das kontinuierliche Dahinscheiden der sechs Bewusstseinsarten bildet *manas* ... Das kontinuierliche Dahinscheiden der Gruppe der sechs Bewusstseinsarten, welches spätere *vijnana* veranlasst, an ihrer Stelle zu entstehen, wird *mano-dhatu* genannt; so wie das Kind dieses Mannes als Vater jenes Mannes bezeichnet wird, oder wie die Frucht dieses Baumes als Samen jenes Baumes bezeichnet wird." Mit anderen Worten, jedes der sechs *vijnana* besitzt nur eine momentane Existenz. Dennoch gibt es eine karmische oder kausale Verwandtschaft zwischen den diversen Bewusstseins-Arten eines Moments und denen des nächsten Moments. Das Bewusstsein dieses Augenblicks trägt die Tendenzen etc. des unmittelbar vorangehenden Bewusstseins in sich, und da die Hauptfunktion von *mano-vijnana* Erinnern und Nachdenken ist, welche beide untrennbar mit der Kontinuität des geistigen Prozesses verknüpft sind, heißt es, dass die ständig dahinscheidenden *vijnana* des vergangenen Moments die Grundlage oder das Organ für die Aktivität von *mano-vijnana* im gegenwärtigen Moment sind. So wie die Aktivität von *caksur* oder *indriya* das Entstehen von Augenbewusstsein bzw. *caksur-vijnana* bewirkt, so auch erzeugt die übertragene Energie aller unmittelbar vorhergehenden *vijnana* das Aufkommen des *mano-vijnana.*

(c) *Das sinnlich-rezeptive Bewusstsein*

Zum gegenwärtigen Zeitpunkt gibt es über die Beschaffenheit des *mano-vijnana* nicht viel zu sagen. Wir erwähnten bereits, dass dieser Aspekt des Bewusstseins sowohl Aggregat-Wahrnehmung als auch individuelle Wahrnehmung besitzt, im Unterschied zu den fünf anderen Arten des Bewusstseins; und während letztere lediglich über *svabhava-samkalpa* verfügen, verfügt ersteres auch noch über *samprayoga-samkalpa* sowie *smrti-samkalpa*. Es darf auch nicht vergessen werden, dass die Yogacarin noch zwei weitere Bewusstseinsarten hinzugefügt haben, welche manche Eigenschaften und Funktionen mit dem älteren *mano-vijnana* gemeinsam haben.

Die Buddhisten haben viel Wert auf ihre Einteilung der Welt in diese achtzehn Elemente bzw. *dhatu* gelegt und ihre Kategorien verwendet, um die wesentlichen Funktionen des Lebens zu erklären. Und ebenso wie die Vaisesika nach Erstellung ihrer Liste von *dravya* oder Substanzen damit fortgefahren sind, die Liste der *guna* oder Eigenschaften bzw. Qualitäten zu erklären, welche jede dieser Substanzen besitzt, so auch haben die Buddhisten den Charakteristika jedes der achtzehn Elemente viel Aufmerksamkeit geschenkt; selbst wenn die nicht-substantialistische Position des Buddhismus es ihnen unmöglich machte, eine Lehre von inhärenten Eigenschaften, besessen von aus sich selbst heraus existierenden Substanzen, zu entwickeln. Logischerweise haben die Buddhisten anstelle einer Liste von fundamentalen, inhärenten *guna* nach der Erstellung ihrer Liste von *dhatu* nur versucht, sie in verschiedenen logischen Gruppen anzuordnen; z. B. nach sichtbaren und nicht sichtbaren, nach solchen mit Befleckungen (*sasrava*) und nach unbefleckten (*anasrava*), solche die objektiv [äußerlich] und solche die subjektiv [innerlich] sind etc. Diese Klassifizierungen sind größtenteils ohne philosophischen Wert, so dass wir uns damit zufrieden geben können, auf die originalen Quellen zu verweisen.

2. Objektive Klassifizierung

Wir kommen nun zur Betrachtung der Bestandteile der von einem objektiven Standpunkt aus klassifizierten und analysierten Welt. Hier ist nicht mehr die menschliche Personalität oder der Prozess des Bewusstseins der Ausgangspunkt. Vielmehr werden die Phänomene des Daseins, sowohl die geistigen als auch die physischen, als universell betrachtet.

Hier bekommen die Bestandteile der Welt auch eine neue Bezeichnung. Es ist kurios, wie viele Begriffe es gibt, die wir mit „Elementen“ oder „Daseinsfaktoren“ wiedergeben müssen. Die Unterschiede in der Bezeichnung beziehen sich fast ausschließlich auf den Standpunkt, von dem aus die Analyse der Welt erfolgt. Es gilt nun ein Wort hinsichtlich ihrer Beziehung zu sagen.

Die *skandha* oder Bauteile der menschlichen Personalität sind zum größten Teil Aggregate oder Zusammensetzungen und nicht selbst letzte oder einfache Faktoren des Daseins. *Vedana* und *samjna* werden jedoch zweifelsfrei wie endgültige Faktoren behandelt. Die Sarvastivadin behaupten darüber hinaus, dass alle verschiedenen Arten von *vijnana* nur einen letztgültigen Faktor bilden, während die anderen Schulrichtungen sogar die Bewusstseins-Gruppe als zusammengesetzt betrachten. *Rupa* und *samskara* sind auf jeden Fall Bezeichnungen für Gruppen von Elementen und nicht selbst letztgültige Faktoren.

Die *dhatu* kommen einer wissenschaftlichen Konzeption endgültiger Faktoren näher, da alle bis auf eins (*dharma-dhatu*) separate, einfache und endgültige Elemente sind. *Dharma-dhatu* ist hingegen ein allgemeiner Begriff, der eine Vielzahl einzelner Faktoren umfasst.

Mit der Aufzählung der *dharma* wurde jedoch ein Versuch unternommen (wenn auch nicht besonders erfolgreich), diejenigen Faktoren zu erfassen, welche ihrerseits die den anderen Gruppen zugrundeliegenden Einheiten bilden; und diesen können wir daher korrekterweise die Bezeichnung „Element" oder „letztgültiger Faktor" zuschreiben. Wir haben öfter den Begriff „Faktor" denn „Element" gewählt, insofern als letzterer von den vier *mahabhuta* [Erde, Wasser, Feuer, Luft] in Beschlag genommen worden ist. Die *dharma* umfassen nicht nur diese Elemente, sondern erstrecken sich auch auf die geistige Sphäre und andere Bereiche. Die *dharma*-Klassifizierung wurde im Verlauf der buddhistischen Philosophie immer wichtiger und nahm schließlich eine größere Bedeutung ein als die früheren *skandha* und *dhatu*. Es ist darum unumgänglich, dass sowohl die Bedeutung des Begriffs selbst als auch die von ihm bezeichneten Objekte sorgfältig untersucht werden.

2.1 Die Bedeutung von *dharma*

Dharma wurde in einer Vielzahl von Bedeutungen benutzt. Es wurde passend als Blankoscheck des indischen Denkens bezeichnet. Im vorliegenden Fall hat es jedoch keine Beziehung zu den gängigeren Bedeutungen von „Wahrheit, Gesetz, Religion, Pflicht etc.". Wie *dhatu* und aus ähnlichen Gründen wurde es als „das, was seine eigenen Attribute trägt" bezeichnet, was auf letztgültige Entitäten mir ihren eigenen Kennzeichen verweist, im Unterschied zu Gruppen von Phänomenen, deren Kennzeichen von ihnen zugrundeliegenden, letzten Substanzen abgeleitet sind. Derart den phänomenalen Gruppen entgegengesetzt und als Faktoren, aus denen diese Gruppen gebildet werden, ist die Übertragung von *dharma* durch Frau Rhys Davids als „Phänomen" [*phenomena*] (in ihrer Übersetzung des *Dham. Sang.*) alles andere als glücklich, während ihr „geistige Zustände" [*mental states*] noch weniger passend ist, da viele *dharma* nicht geistig sind (wie sie selbst einräumt).

Auf der anderen Seite sind „letztgültiger Faktor“ und „Element“ ebenso anfällig für Missverständnisse, denn die Lehre der *dharma* widerspricht zu keinem Zeitpunkt der anti-substantialistischen Position des Buddhismus. Nur die *asamskrta-dharma* (Nirvana etc.), die gänzlich transzendental sind, gelten als nicht-geschaffen und nicht-abgeleitet. Die anderen *dharma* sind nicht wie die ewigen Substanzen der Jaina und Vaisesika, welche nicht-geschaffen und ewig sind und über bestimmte inhärente Eigenschaften verfügen, die unverändert bleiben, selbst wenn alle ihre manifestierten Qualitäten sich verändern. Jeder einzelne *samskrta-dharma* oder Faktor des phänomenalen Daseins ist unbeständig, verursacht und bedingt. So sind zum Beispiel die Atome der fünf Sinnesorgane und der fünf Sinnesobjekte (jedes Sinnesorgan und jedes Sinnesobjekt zählt als ein *dharma*) von den vier Elementen abgeleitet, befinden sich in stetiger Abhängigkeit von ihnen und werden kontinuierlich zerstört und neu geschaffen. Darüber hinaus geben die Buddhisten nicht gerne zu, dass die *dharma* unsichtbare Substanzen (Dinge aus sich selbst) sind, welche eine Anzahl von inhärenten Eigenschaften besitzen, die alles sind, was uns erscheint. Das, was wir sehen, ist das Sinnesobjekt und nicht nur ein inhärent existierender Aspekt einer aus sich selbst bestehenden Substanz. Es war wohl aus diesem Grund, dass ihnen der Name *dharma* (Träger seiner eigenen Eigenschaften) gegeben wurde, wie es sehr einsichtig von Frau Rhys Davids hervorgehoben wurde: „Diese für uns sehr obskure Charakterisierung kann gut bedeuten, dass *dharma*, als Phänomen, ohne Substrat ist und keine an eine Substanz angehängte Qualität.“[149]

Dharma selbst sind Phänomene in dem Sinn, dass sie keine ewigen Substanzen sind; aber sie sind nicht Phänomene in der üblichen westlichen Bedeutung als Zustände von anderen, zugrundeliegenden Substanzen. Die Sinnesorgane sind sekundär und abhängig von den vier *mahabhuta*, aber sie sind separate Entitäten, die ihre speziellen Merkmale besitzen, jedoch keine Aspekte, Eigenschaften, Phasen oder Zustände der *mahabhuta*.

Sie sind letztgültig in dem Sinne, dass sie einfach und nicht aus feineren, verschiedenartigen Einheiten zusammengesetzt sind. Obwohl daher z. B. die Sinnesorgane aus Atomen bestehen, ist jedes *caksur-indriya-paramanu* einheitlich und gleichförmig, so dass all diese *paramanu* zusammen nur ein *dharma* oder einen Daseinsfaktor bilden. Sie sind somit letztgültig im Ver-

[149] [Fußnote im Original] *Dh. San.* Intro, p. xxxiv (trans.).

gleich zum sagen wir physischen Körper, der aus Sinnesorgan-Atomen und Sinnesobjekt-Atomen sowie den vier *mahabhuta* selbst besteht.

Die Korrektheit des Begriffs „Faktor“ als eine Übersetzung von *dharma* ergibt sich auch infolge zweier weiterer Überlegungen. Die eine ist die sogenannte Beständigkeit der *dharma*, und die andere ist die Liste der Phänomene, welche als *dharma* bezeichnet werden.

Zunächst zur Betrachtung ihrer Beständigkeit (一切法常有). Vorausgesetzt, dass keine anderen Formen organischen Lebens möglich sind als diejenigen, welche uns heute umgeben, können wir sagen, dass das Auge ein beständiger Faktor im menschlichen Leben ist, wenngleich jedes einzelne Auge notwendig unbeständig und dem Verfall unterworfen ist. Auf dieselbe Weise sind die verschiedenen *dharma* dauerhafte Faktoren des Lebens, auch wenn jeder konkrete einzelne von ihnen ständig zerstört und neugeschaffen wird.

Zweitens zur Betrachtung der kuriosen Liste von *dharma*, welche sowohl die Sthaviravadin wie die Sarvastivadin anführen: Beide Listen enthalten gewisse Phänomene, welche weder geistig noch materiell genannt werden können, obgleich viele davon inkonsequent unter den *rupa-skandha* bei den Sthaviravadin geführt werden, während die Sarvastivadin sie folgerichtig in einer extra Kategorie „nicht verbunden mit Materie und Geist“ anführen. Darunter befinden sich Gleichheit, Verfall, Vitalität, Geburt. Die Sarvastivadin vertreten die Ansicht, dass es sich dabei nicht nur um Zustände anderer Substanzen handelt, sondern um separate *dharma* oder ultimative Daseinsfaktoren.

Aus dem Vorangehenden wird ersichtlich, dass das *dharma*-Konzept einer der originellsten Beiträge des Buddhismus zur Geschichte des menschlichen Denkens ist, in derselben Weise wie Platons „Ideen“ oder Aristoteles „Formen“ oder die Lehre von der Substanz. Viele buddhistische Ideen sind aus anderen Denksystemen abgeleitet oder haben wenigsten mit diesen Gemeinsamkeiten; aber die Lehre der *dharma* hat keine genaue Entsprechung zu irgendeinem anderen Konzept. Darum ist sehr verwunderlich, dass sich bisher noch niemand mit der ausgefallenen philosophischen Position beschäftigt hat, die sie in sich trägt.

2.2 Klassifizierung der *dharma*

Nachdem wir somit die Bedeutung des Begriffs *dharma* untersucht haben, wenden wir uns nun der Aufzählung der *dharma* selbst zu, zuerst hinsichtlich ihrer Gruppen.

Im *Abhidhammattha-sangaha*, welches die Sthaviravadin-Tradition repräsentiert, finden wir die folgende Anordnung (*C. P.*):

1. *Citta* oder Geist bzw. Bewusstsein.
2. *Caitasika* oder geistige Qualitäten.
3. *Rupa* oder Materie.
4. *Nirvana* [*Nibbana*], die letzte Wirklichkeit, manchmal als *asamskrta* [nicht-geschaffen] bezeichnet.[150]

Die Klassifizierung der Sarvastivadin (*A. K.* 4-1a):[151]

1. *Rupa* oder Materie.
2. *Citta* oder Geist.
3. *Caitasika* oder geistige Qualitäten.
4. *Citta-viprayukta* oder unverbundene Faktoren.
5. *Asamskrta* oder nicht-bedingte Faktoren, von denen einer Nirvana ist.

Die Klassifizierung der Yogacarin lautet:[152]

1. *Citta* oder Geist.
2. *Caitasika* oder geistige Qualitäten.
3. *Rupa* oder Materie.
4. *Citta-viprayukta* oder unverbundene Faktoren.
5. *Asamskrta* oder nicht-bedingte Faktoren.

Alle drei Schulen stimmen darin überein, diejenigen *dharma*, welche nicht eindeutig *asamkrta* sind, mit *samskrta* zu bezeichnen, so dass es tatsächlich nur zwei große Kategorien gibt: (1) Die *asamskrta-dharma* oder ewige, nicht-bedingte Faktoren des Daseins, welche keine Kombination miteinander eingehen; und (2) *samskrta-dharma*, bedingte und unbeständige

---

[150] Hier zeigt sich wieder ein traditioneller „Fehlschluss" abendländischen Denkens, indem die geläufige hierarchische Strukturierung von „Schein" und „Wahrheit", wie sie durch Platon grundlegend verankert wurde, unbewusst in die buddhistische Sicht des Seins hineinprojiziert wird. Tatsächlich ist Nirvana bzw. Nibbana eben keine übergeordnete, letzte Wirklichkeit im Vergleich zu Samsara, sondern eher dessen horizontales Negativ.

[151] [Fußnote im Original] *Auch Pr. Pad.*, Faszikel.1-1a.

[152] [Fußnote im Originam] *A. V. P.* 1-1a, auch *Sat. D.* 1a.

Faktoren, welche sich zusammenschließen und so unsere phänomenale Welt ergeben. Diese zweite Gruppe haben die Sthaviravadin in drei Kategorien unterteilt, während die Sarvastivadin und die Yogacarin von vier Kategorien ausgehen. Die vierte Kategorie, *citta-viprayukta*, bedeutet wörtlich „nicht mit dem Geist verbunden", wird aber auch als gleichermaßen nicht mit Materie bzw. *rupa* verbunden definiert. Diese Kategorie besteht aus bestimmten *dharma*, welche von den südlichen Buddhisten etwas unpassend unter *rupa* angeführt werden, zusammen mit einigen *dharma*, welche in den südlichen Listen gar nicht erscheinen.

Obwohl gewisse Uneinigkeit hinsichtlich der exakten Anzahl von *dharma* herrscht, welche zu jeder Kategorie gehören, stimmen alle Schulen darin überein, dass die *rupa-dharma* aus den Bestandteilen des *rupa-skandha* bestehen; die *citta-dharma* sind die Bestandteile des *vijnana-skandha*; während die *caitasika-dharma* aus dem *vedana-* und *samjna-skandha* bestehen, zusammen mit den Teilen des *samskrta-skandha.* Den Sarvastivadin und den Yogacarin zufolge sind die *citta-viprayukta-dharma* ebenfalls in der *samskrta-skandha* enthalten.

Weiterhin besteht eine vergleichsweise Einigkeit betreffend die Beziehung zwischen den *dharma* auf der einen Seite und den *dhatu* und *ayatana* auf der anderen. Die fünf sinnlichen Sinnesorgane und Sinnesobjekte gehören zu den *rupa-dharma.* Die fünf sinnlichen Formen des Bewusstseins gehören zu den *citta-dharma.* Zu dieser Kategorie gehört auch das sechste Bewusstsein bzw. *mano-vijnana* sowie *mano-dhatu*, während das verbleibende *dhatu* oder *ayatana*, das Objekt der geistigen Aktivität, alle anderen *dharma* enthält.

Die begleitende Tabelle wird die von allen Schulen angenommenen Beziehungen zwischen den *skandha*, den *ayatana*, den *dhatu* sowie den *dharma* erhellen.

In den früheren Stadien aller drei Schulen scheint es ziemliche Unstimmigkeiten und Abweichungen bei der Aufzählung der *dharma* zu geben. In dieser Phase gab es keine eindeutig festgelegte Anzahl; aber in den späteren Stadien erfolgte in allen Schulen der Versuch, die Anzahl der *dharma* in jeder Gruppe sowie die Gesamtanzahl festzulegen.

So enthält bei den Sthaviravadin *rupa* achtundzwanzig *dharma*, *citta* einundachtzig und *caitasika* zweiundfünfzig, während Nirvana ein zusätzliches *dharma* ist; es scheint jedoch keine spezielle Erwähnung der Gesamtanzahl von *dharma* zu geben.

Bei den Sarvastivadin finden sich gemäß dem *Abhidharma-kosa* insgesamt fünfundsiebzig *dharma*, davon drei unter *asamskrta*, elf unter *rupa*, eines unter *citta*, vierundsechzig unter *caitasika* und vierzehn unter *citta-viprayukta*.

Bei den Yogacarin beträgt die Anzahl der *dharma* entsprechend dem *Vijnana-matra-siddhi* insgesamt einhundert; davon sechs bei *asamskrta*, elf bei *rupa*, acht bei *citta*, einundfünfzig bei *caitasika* und vierundzwanzig bei *citta-viprayukta*.

Dies ergibt folgende Vergleichstabelle:

Kategorie	Sthaviravadin	Sarvastivadin	Yogacarin
asamskrta	1	3	6
rupa	28	11	11
citta	89	1	8
caitasika	52	46	51
citta-viprayukta	–	14	24
Insgesamt	170	75	100

2.3 Die *asamskrta-dharma*

Alle Formen des Buddhismus stimmen darin überein, dass sie die *dharma* in solche einteilen, welche bedingt sind (*samskrta*), und solche, die nicht-bedingt (*asamskrta*) sind. *Samskrta* kommt von der Wurzel *sam* = mit und *krta* = getan, ausgeführt. Folglich ist der Ausdruck identisch mit dem lateinischen *confectus*. Die Pali-Kommentare deuten *samskrta* als verursacht, bedingt, weltlich, temporär, vergänglich, unbeständig, aktiv, und als mit den Trieben bzw. *asrava* verbunden. Diesen gegenüber stehen die *asamskrta-dharma*, welche nicht Verursachung, Bedingtheit oder Abhängigkeit unterworfen und daher transzendental, überzeitlich, unveränderlich, ewig, ruhend und frei von den Trieben sind. Frau Rhys Davids hat in einem Anhang zu ihrer Übersetzung des *Dhamma-sangani* eine Liste von Adjektiven erstellt, welche den *asamskrta-dharma* zugesprochen werden. Es mag vorteilhaft sein, diese zu studieren.

1. Die Sthaviravadin hingegen führen nur ein einziges *asamskrta-dharma* an, nämlich Nirvana. Nirvana wird durch die Auslöschung der Wurzeln erlangt, welche zur Wiedergeburt führen, und kann daher als das Ende des phänomenalen Daseins bezeichnet werden, auch wenn eine Person, die Nirvana erlangt hat, ihr körperliches Dasein fortsetzt, bis ihre Le-

bensspanne erschöpft ist und die phänomenalen *dharma,* die ihre Personalität gebildet haben, auseinandergehen und es keine weitere Kraft mehr gibt, die sie zusammenhalten könnte. Nirvana ist daher von zweierlei Art: (1) Nirvana mit Rest [*sopadhishesha-nirvana*], oder das mit einer noch existierenden Person verbundene Nirvana; und (2) Nirvana ohne Rest [*nirupadhishesha-nirvana*], oder der Zustand von Nirvana, nachdem die phänomenale Person zerfallen ist. Der Umstand, dass Nirvana als ein *dharma* bezeichnet wird, zeigt, dass es als ein positives Konzept angesehen wurde und nicht bloß als eine Negation des Lebens.

2. Die Sarvastivadin führen drei *asamskrta-dharma* an, nämlich: (1) *akasa*, (2) *pratisamkhya-nirodha* und (3) *apratisamkhya-nirodha.*

(a) *Akasa* entspricht dem, was im Westen als Raum oder Äther bezeichnet wird. Vasubandhu sagt (*A. K.* 1-3b), es hat als Kennzeichen Nicht-Behin-derung, und da es keinen Widerstand leistet, kann *rupa* oder Materie ungehindert darin wirken. Der Umstand, dass *akasa* immer als eine Substanz sowie eine ewige und unveränderliche Einheit angesehen wird, zeigt, dass *akasa* nicht nur leeren Raum oder die Abwesenheit von Materie bedeutet, sondern eine positive Entität ist, die viele Eigenschaften mit der alten Idee des Äther gemeinsam hat.

Ein wichtiger Punkt, den es in diesem Zusammenhang anzumerken gilt, besteht darin, dass die Sthaviravadin *akasa* in ihrer Liste der abgeleiteten, von den vier *mahabhuta* produzierten *dharma* anführen, während es bei den Sarvastivadin in den Rang eines *asamskrta-dharma* erhoben ist. Tatsächlich jedoch scheinen die Sarvastivadin zwischen zwei Arten von *akasa* zu unterscheiden: erstens dem ewigen und allgegenwärtigen Äther, und zweitens dem leeren Raum, der häufig mit dem Himmel assoziiert wird. Ersteres wird im Chinesischen mit *hsü-k'ung* wiedergegeben, letzteres nur durch *k'ung*. Das zweite Konzept stimmt mehr oder weniger mit dem Sarvastivadin-Verständnis von *akasa* überein. So heißt es im *Mahavibhasa*: „*Hsü-k'ung* ist nicht *rupa*, während *k'ung rupa* ist (d. h. Fehlen von *rupa*, oder Lücken zwischen *rupa*). *Hsü-k'ung* ist unsichtbar, *k'ung* ist sichtbar. *Hsü-k'ung* ist *anasrava*, *k'ung* ist *sasrava*. *Hsü-k'ung* ist *asamskrta*, *k'ung* ist *samskrta*.“ In jedem Fall entspricht die Definition von *k'ung* dem *akasa* der Sthaviravadin.

In einer anderen Passage (*A. K.* 1-21b) hebt Vasubandhu den großen Unterschied zwischen dem *asamskrta-akasa* und *akasa* hervor, welches nur leerer Raum ist. „*K'ung* ist eine Lücke (oder Loch) ... Die Öffnung eines

Tores (nimmt man unbelebte Objekte) oder in Mund und Nase (nimmt man belebte Objekte) wird *k'ung* genannt."

Hieraus scheint es klar, dass die Sarvastivadin das *asamskrta-akasa* als Äther betrachten, und das *samskrta-akasa* als Raum.

(b) *Pratisamkhya-nirodha* ist bewusste Beendigung. Vasubandhu schreibt (*A. K.* 1-3b): „Es hat zur Beschaffenheit das Freisein von Fesseln. ... *Pratisamkhya* bedeutet bewusstes Überlegen und ist eine Art von Intelligenz, da sie über jede der vier Edlen Wahrheiten nachsinnt. Die Erlangung der Beendigung (*nirodha*, d. h. die Beendigung der Makel und Leidenschaften) durch die Kraft des Nachdenkens wird daher *pratisamkhya-nirodha* genannt, so wie ein von Ochsen gezogener Wagen durch das Auslassen des mittleren Begriffs als Ochsenwagen bezeichnet wird." Vasubandhu fährt dann fort, darüber zu diskutieren, ob dieses *pratisamkhya-nirodha* einheitlich und homogen ist, d. h. ob die Erlangung der Freiheit von einer Fessel gleichzeitig zur Befreiung von allen anderen führt, und er führt aus: „Auf keinen Fall, denn die Befreiung unterscheidet sich entsprechend der Grundlage der Fessel; d. h. die Befreiung von einer Fessel stimmt mit der Reichweite der Grundlage dieser Fessel überein. Wenn das nicht so wäre, könnte man durch die Vernichtung eines *klesa* zugleich alle *klesa* vernichten, und ein Bemühen mit dem Ziel, die anderen *klesa* zu überwinden, wäre somit überflüssig (was nicht stimmt)."

Aber auch wenn die Befreiung von den *klesa* einzeln gelingen muss, führt dieser Prozess am Ende doch zur vollständigen Freiheit von allen Fesseln, und so fällt Nirvana oder völlige Freiheit von allen Fesseln infolge bewussten Bemühens in diese Kategorie, weshalb *pratisamkhya-nirodha* mit dem einzigen *asamskrta-dharma* identifiziert wird, welches den Sthaviravadin bekannt ist.

(c) *Apratisamkhya-nirodha* bedeutet im Unterschied zum vorangehenden „nicht-bewusste Beendigung" und wird als Nicht-Aufkommen von Bewusstsein erklärt, nicht als Ergebnis bewussten Bemühens, sondern infolge des Fehlens von notwendigen Bedingungen. Vasubandhu erklärt (*A. K.* 1-14a): „So wie, wenn der Geist auf ein Objekt ausgerichtet ist, alle anderen Objekte des Sehens, Hörens, Riechens, Schmeckens und der Berührung vergessen sind, da die Gruppe der fünf *vijnana* im jetzt-noch-nicht-entstandenen (oder zukünftigen) Zustand verweilt und damit auch zu keinem späteren Moment entsteht, weil keine vergangenen Sinnesobjekte wahrgenommen werden können, wird auf die gleiche Weise, infolge der unvollständigen notwendigen Ursachen, *apratisamkhya-nirodha* hervorgebracht."

Jeder der drei *asamskrta-dharma* ist gemäß den Sarvastivadin separat und diskret. Folglich sind sie Pluralisten, insofern sie mehr als einen ewigen und nicht-bedingten Faktor anerkennen.

3. Die Yogacarin. Im Unterschied zu den Sarvastivadin führen die Anhänger der Yogacarin-Schulrichtung sechs *asamskrta-dharma* an.[153] Es handelt sich um: (1) *akasa*, (2) *pratisamkhya-nirodha*, (3) *apratisamkhya-nirodha*, (4) *acala*, (5) *samjna-vedana-nirodha*, (6) *tathata*. Die ersten drei stimmen mit den *asamskrta-dharma* der Sarvastivadin überein und müssen daher nicht mehr besprochen werden. Die drei weiteren sind:

(a) *Acala*, wörtlich „Unbeweglichkeit". Es handelt sich um einen geistigen Zustand, der als *upeksa* bzw. Gleichmut aufgefasst wird, d. h. die Überwindung von sowohl Lust wie Schmerz, und mit der dritten und vierten Versenkung (*dhyana*) der Feinkörperlichen Sphäre (*rupa-dhatu*) verbunden ist. Er wird auch mit den geistigen Zuständen der ersten drei Bereiche der Formfreien Sphäre (*arupa-dhatu*) verknüpft.[154]

(b) *Samjna-vedana-nirodha*. Dies ist der Zustand der Versenkung [*trance*], in dem sowohl Ideation (*samjna*) als auch Empfinden (*vedana*) aufhören (*nirodha*). An diesem Punkt betritt der Aspirant *nirodha-samapatti*. Dieses Stadium ist mit dem im der vierten Himmel der Formfreien Sphäre vorherrschenden Zustand verknüpft.

(c) *Tathata*, wörtlich „Soheit", oder die wahre Beschaffenheit, das Absolute, welches den Yogacarin zufolge die allen Phänomenen zugrundeliegende, endgültige Realität darstellt. „Dies ist die endgültige Essenz von allem und wird *bhutatathata* oder anhaltende Realität genannt, weil sie sowohl wirklich als auch ewig ist, wenngleich ihre eigentliche Beschaffenheit nicht mit Worten oder gewöhnlichen Konzepten erfasst werden kann."

Die Hinzufügung dieses *dharma* bedeutete eine vollständige Revolution innerhalb der buddhistischen Philosophie, besonders im Vergleich zur Onto-

---

[153] [Fußnote im Original] *Sat. dh. dv.*, S. 2; *V. M. S.* Faszikel 1, *G. V. P.* und *A. Sam. San.* führen acht *asamskrta-dharma* an, indem sie *tathata* dreifach unterteilen.

[154] Der Gleichmut im Buddhismus ist nicht identisch mit der stoischen *apatheia* oder der epikureischen *ataraxia*. Gleichmut ist nicht das Ziel oder Ende einer Entwicklung, sondern die notwendige Voraussetzung für eine vollständige Einsgerichtetheit (*cittekagata*) des Geistes im Kontext der „Entfaltung der Gemütsruhe" (*samatha*), welche ihrerseits unablässig für den zur Erlösung führenden „Hellblick" (*vipassana*) ist.

logie der Schulrichtungen der Sthaviravadin und der Sarvastivadin, denn während bei diesen alle *dharma* konstant voneinander geschieden sind, sind sie nach Ansicht der Yogacarin lediglich Zustände der einen „Essenz des Geistes".

Auf dieser Idee aufbauend fahren die Yogacarin fort und behaupten, dass die vorangehenden fünf *asamskrta-dharma* der Sphäre relativer Wirklichkeit zugehören, da es in Wahrheit nur ein *asamskrta* gibt, nämlich das letzte oder *tathata*, während die fünf anderen nur verschieden Weisen sind, es zu erkennen.

Das Absolute als immer-präsente, unbehinderte Wirklichkeit wird *akasa* genannt; frei von den Begrenzungen der phänomenalen Welt (von der es jedoch die zugrundeliegende Wahrheit ist) wird es *pratisamkhya-nirodha* genannt, besonders dann, wenn dieser Zustand als Ergebnis bewusster Bemühung betrachtet wird. Der Ausdruck *apratisamkhya-nirodha* wird auch verwendet, um zu zeigen, dass sich das Absolute von selbst manifestiert, wenn die Umstände, die es behindern, wegfallen, und dass seine Existenz sogar weiterbesteht, wenn keine anderen Umstände vorhanden sind, welche zu einer phänomenale Existenz führen. Das vierte und fünfte *asamskrta-dharma* sind lediglich untergeordnete Stufen auf dem Weg zur geistigen Existenz.

2.4 *Rupa* oder Materie[155]

Nachdem wir unsere Begutachtung der *asamskrta-dharma* abgeschlossen haben, wenden wir uns nun den *samskrta-dharma* zu, d. i. den letztgültigen Faktoren, welche in ihren Kombinationen in die phänomenale Welt eingehen und deren unmittelbare Ursache sind. Folgerichtig werden sie als „weltlich, zeitlich (d. h. der Sphäre der Zeit angehörend), mit Ursachen und Bedingungen verbunden, phänomenal, mit Begriffen beschreibbar, befleckt und mit den beiden Wahrheiten von *dukha* und *samudaya* verbunden angesehen" (*A. K.* 1-4b). Da sie die letzten Teile des phänomenalen Daseins bilden und dieses Dasein aus Materie und Geist (einschließlich der Phasen des Geistes) besteht, werden diese *dharma* unterteilt in *rupa*, *citta* und

---

[155] [Fußnote im Original] Für Sthaviravadin Seite 3 von *Dh. San.* (Buch 2 der Übersetzung Rt.), *C. P.* Teil iv, S. 154ff. Für Sarvastivadin *Wu-shih-p'i-p'o sha lun*, erste Hälfte erster Band, *A. K.*, erste Hälfte erster Band; für Pr. und *M. V.* fünftes *grantha*. Für Yogacarin *A. V. P.* 1-36 und 4a, *A. S. S.* Seite 2a.

caitasika, denen andere Schulen noch die *citta-viprayukta-dharma* hinzugefügt haben.

Wir wollen zuerst die *rupa-dharma* betrachten, die materiellen Faktoren des Daseins. Alle Schulen des Buddhismus stimmen darin überein, dass alle materiellen *dharma* zu einer der beiden Kategorien gehören: (1) Die endgültigen oder nicht abhängigen *dharma*, und (2) die abhängigen. Es besteht weiterhin Konsens, dass die endgültigen *dharma* vier an der Zahl sind, nämlich die vier „großen Elemente“ oder *mahabhuta*, d. i. Erde, Wasser, Feuer und Luft, auch wenn jeder dieser Ausdrücke im Buddhismus eine spezielle Bedeutung hat.

Hinsichtlich der Aufzählung der abhängigen materiellen *dharma* herrscht nicht dieselbe Einheit, obwohl alle Listen die fünf Sinnesobjekte und die fünf Sinnesorgane enthalten, egal wie viele andere *dharma* angeführt werden.

(a) Die letztgültigen materiellen Elemente

Diese, d. h. die *mahabhuta*, benötigen – wie schon angedeutet – besondere Aufmerksamkeit, da sie häufig falsch verstanden werden. Die Verwendung der Begriffe in den Hinayana-Sutras ist ziemlich vage, so dass wir nicht sicher sagen können, welche Deutung ihnen in frühester Zeit beigelegt wurde; aber alle späteren Schulen sind sich einig, dass die Elemente selbst nur durch Berührung erfahren werden können. Was wir sehen, hören, riechen, schmecken oder berühren sind lediglich von den Elementen abhängige Sinnesobjekte. Selbst bezüglich der Fähigkeit der Berührung gibt es Zuverlässigkeit nur über abhängige Sinnesobjekte, auch wenn das Tast-Sinnesorgan die Elemente an sich erfahren kann.

Der *Abhidhamma-kosa* (1-9a, dort findet sich eine eingehende Behandlung) führt folgende Tabelle der Eigenschaften und Funktionen der vier Elemente an:

	Name	*Eigenschaft*	*Funktion*
1.	Erde	Festigkeit	Unterstützung
2.	Wasser	Feuchtigkeit	Kohäsion
3.	Feuer	Hitze	Reifung
4.	Luft	Bewegung	Ausdehnung[156]

[156] Traditionell wird dem Element Luft die Funktion der Bewegung zugesprochen, die Tabelle führt hier *expanding* an.

Jedes Molekül jedes materiellen Objekts enthält wenigstens ein Atom von jedem dieser vier Elemente. D. h. ein Molekül dessen, was wir „Wasser“ nennen, enthält Atome von Erde, Wasser, Feuer und Luft, zusätzlich zu den Atomen des Sinnesobjekts; aber für die Zeit seines Bestehens hat das Wasser-Element den bestimmenden Einfluss, so dass wir das fragliche Molekül als Wasser identifizieren. Im *Abhidhamma-kosa* (4-1b) findet sich folgende Aussage hinsichtlich der Materie: „Frage: Wenn die vier *mahabhuta* immer gemeinsam auftreten, in allen Molekülen, egal ob fest oder flüssig, heiß oder beweglich, wie kommt es dann, dass wir nur das eine wahrnehmen und nicht die anderen? Antwort: Weil für die infrage kommende Zeit das eine Element vorherrscht, so dass unsere Sinne nur dieses und nicht auch die anderen wahrnehmen.“ Das *Mahavibhasa* ist hinsichtlich dieses Punkts noch eindringlicher, und führt an einer Stelle (31-15b) ausführliche Argumente zur Stützung der buddhistischen Position an.

In diesem Zusammenhang gilt es eine Eigenheit der Lehre der Sthaviravadin zu erwähnen. Sie sind der Meinung, dass nur drei der vier *mahabhuta* berührbar sind; d. h. das Wasser-Element kann nicht gefühlt werden, und da kein Element durch andere Sinnesorgane erkennbar ist, folgt daraus, dass die Existenz dieses Elements [Wasser] selbst nur durch Schlussfolgerung erkannt wird. So heißt es bei S. Z. Aung (*C. P.* S.155): „Teile von Materie werden durch *apo* oder Wasser (d. h. Kohäsion) zusammengehalten, welches nicht durch den Tastsinn erfahrbar ist – wenn man z. B. seine Hand in kaltes Wasser hält, ist die Nachgiebigkeit des Wassers nicht *apo,* sondern *tejo* (Feuer), der gefühlte Druck ist nicht *apo,* sondern *vayu* (Luft) ... Hieran kann man leicht erkennen, dass die Buddhisten nicht vom Wasser des Thales, der Luft des Anaximenes, dem Feuer Heraklits oder der peripatetischen Materie griechischer Philosophie sprechen.“

Aus diesem Grund sollten wir die *mahabhuta* besser „Kräfte“ denn materielle Elemente nennen, abgesehen von dem Umstand, dass sie als aus Atomen bestehend angesehen werden und daher offensichtlich materiell sind.

Was ist die Verbindung zwischen den vier *mahabhuta* und den diversen abhängigen Formen der Materie? Buddhaghosa, als Repräsentant der Sthaviravadin, sagt lediglich, dass die abhängige Form der Materie mittels der vier Elemente unterstützt wird im Sinne von Stützung (Erde), Zusammenhalt (Wasser), Reifung (Feuer) und Bewegung (Luft), so wie ein Prinz als Kleinkind gefüttert, gebadet, angezogen und ihm Luft zugefächelt wird (*Att. Sal.*, zitiert in *Dham. Sang.*, Übersetzung von Rhys Davids, S.174).

Die Sarvastivadin und die Yogacarin befassen sich genauer mit der ursächlichen Beziehung zwischen den *mahabhuta* und der abhängigen Körperlichkeit und führen eine fünffache Beziehung an, eine für jedes einzelne *mahabhuta* und eine für alle zusammen. Das *Mahavibhasa* gibt folgende Zusammenstellung:

1. *Producing*, so wie eine Mutter ein Kind gebiert – gültig für alle vier.
2. *Reliance*, so wie ein Schüler seinem Lehrer vertraut – Feuer.
3. *Establishing*, so wie die Erde etwas trägt oder stützt – Erde.
4. *Sustaining, as food supports food* – Wasser.
5. *Nourishing*, so wie Wasser die Wurzeln der Bäume nährt – Luft.

Im *Abh. Sam. San.*, welches die Yogacarin-Schule repräsentiert, werden diese kausalen Relationen wie folgt beschrieben:

1. *Producing.* – Dies ist die erzeugende Ursache, da die abhängigen *dharma* nicht ohne die Tätigkeit der *mahabhuta* entstehen können.
2. *Reliance.* – Dies ist die verwandelnde Ursache, da die abhängige Körperlichkeit außerhalb der *mahabhuta* keine eigenen, intrinsischen Eigenschaften besitzt.
3. *Establishing.* – Dies ist die koordinierende verwandelnde Ursache, denn immer wenn die *mahabhuta* eine Modifizierung erfahren, erfährt auch die abhängige Körperlichkeit eine Veränderung.
4. *Sustaining.* – Dies ist die Ursache fortgesetzter Existenz, denn in Abhängigkeit von den *mahabhuta* endet die abhängige Körperlichkeit nicht, sondern hat eine andauernde Entwicklung.
5. *Nourishing.* – Dies ist die Ursache des Wachstums, denn Zunahme (oder Stimulierung) erfolgt durch die nährende Aktivität der *mahabhuta.*

(b) Die abhängige Körperlichkeit

Die Sthaviravadin führen insgesamt 27 oder 28 *rupa-dharma* an, von denen 23 oder 24 als von den *mahabhuta* abhängige Körperlichkeiten gelten, während die Sarvastivadin und die Yogacarin nur elf *rupa-dharma* kennen. Es ist jedoch wahrscheinlich, dass die 27 *rupa-dharma* eine frühere Tradition repräsentieren, infolge der größeren Unordnung in der Aufzählung. Es scheint plausibel, dass die eher philosophisch denkenden Gelehrten der Sarvastivadin- und Yogacarin-Schulrichtung solche *dharma* ausgeschlossen haben, welche mit einer logischeren, systematischeren und wissenschaftlicheren Sichtweise der Welt unvereinbar schienen.

Es folgt eine vergleichende Liste der abhängigen materiellen Faktoren, wie sie die drei Schulen geben:

	(1) *Sthaviravadin*	(2) *Sarvastivadin*	(3) *Yogacarin*
1.	Seh-Organ	Seh-Organ	Seh-Organ
2.	Hör-Organ	Hör-Organ	Hör-Organ
3.	Riech-Organ	Riech-Organ	Riech-Organ
4.	Schmeck-Organ	Schmeck-Organ	Schmeck-Organ
5.	Tast-Organ	Tast-Organ	Tast-Organ
6.	Seh-Objekt	Seh-Objekt	Seh-Objekt
7.	Hör-Objekt	Hör-Objekt	Hör-Objekt
8.	Riech-Objekt	Riech-Objekt	Riech-Objekt
9.	Schmeck-Objekt	Schmeck-Objekt	Schmeck-Objekt
10.	Tast-Objekt	Tast-Objekt	Tast-Objekt
11.	Weiblichkeit	nicht-manifestierte Materie	unter *dharma-dhatu* erfasste Materie
12.	Männlichkeit		
13.	Nahrung		
14.	Vitalitätsorgan		
15.	Raum		
16.	körperliche Taten		
17.	Sprache		
18.	Beweglichkeit		
19.	Geschmeidigkeit		
20.	Gefügigkeit		
21.	Geburt/Entstehen		
22.	Kontinuität		
23.	Verfall		
24.	Unbeständigkeit/Tod		

Die auffällige Unfertigkeit und Unstimmigkeit der Aufzählung der Sthaviravadin-Schule ist sofort erkennbar. Hier finden sich materielle Objekte Seite an Seite mit Modi der Aktivität dieser Organe, wie Beweglichkeit oder Geschmeidigkeit, Geburt und Tod etc.

Die Sarvastivadin haben einige Faktoren aus dieser Kategorie entfernt und sie passender den *citta-viprayukta-dharma* zugeordnet. *Akasa*, im Sinne des bloßen Raums, die Öffnungen des Körpers etc., welche nur als Abwesenheit von etwas gelten, werden nicht als eigenes *dharma* angesehen, obgleich *akasa* – wie wir gesehen haben – sich unter den *asamskrta-dharma* befindet. Die verbleibenden *dharma* der Sthaviravadin-Liste werden ignoriert, denn auch wenn Weiblichkeit und Männlichkeit den 22 *indriya* zugeordnet werden, sind sie aus dieser *dharma*-Liste gestrichen, da sie nicht als letztgültige Faktoren angesehen werden.

Es mag uns auf den ersten Blick seltsam erscheinen, dass selbst die logisch denkenden Philosophen der Sarvastivadin und Yogacarin damit zufrieden waren, die Sinnesorgane und die Sinnesobjekte als letztgültige Faktoren des Daseins beizubehalten, aber die Gründe dafür werden offensichtlich, wenn man die buddhistische Theorie der Materie in Betracht zieht. Wie wir bereits bei der Behandlung der *dhatu* angemerkt haben, sind Sehobjekte, Riechobjekte etc. für die Buddhisten tatsächlich existente Dinge, zwar getrennt von, aber abhängig von den *mahabhuta*. Was wir daher als ein einzelnes materielles Objekt ansehen, wie z. B. einen Klumpen Lehm, ist in Wirklichkeit etwas sehr komplexes. Es enthält nicht nur winzige, unsichtbare Partikel aller vier Elemente, sondern auch winzige sichtbare Partikel, einen anderen Satz von Teilchen, von denen einige gespürt werden können, andere gerochen etc. Dies bedeutet, das gesamte Universum der unbelebten Materie besteht aus Zusammensetzungen dieser letzten Sinnesteilchen sowie den vier *mahabhuta*, und insofern wäre es unstimmig, wenn sie nicht als eigenständige *dharma* angeführt wären.

Ebenso verhält es sich mit den Sinnesorganen. Die Teilchen der *caksurindriya* sind definitiv verschieden von den vier *mahabhuta* und gleichermaßen anders als die fünf Arten der Sinnesobjekt-Atome. Daher sind sie finale Faktoren des Daseins.

Wir verschieben die Untersuchung der elften Kategorie der Sarvastivadin und Yogacarin kurz, um uns etwas genauer mit den Sinnesorganen und den Sinnesobjekten zu befassen.

(i) *Die Sinnesorgane*

Wir haben die Unterscheidung zwischen der gewöhnlichen Vorstellung von den Sinnesorganen und dem, was die Buddhisten darunter verstehen, bereits kennengelernt. Das physische Auge ist nicht das wahre Auge, sondern es enthält winzige rezeptive Partikel, welche das Organ des Sehens bilden. Das physische Auge ist somit etwas Komplexes. Seine Moleküle enthalten Atome der vier *mahabhuta* und Atome von vier der fünf Sinnesobjekte (Ton ist normalerweise ausgeschlossen). Es enthält auch die Körper-Organ-Atome (*kaya-indriya*) und schließlich die Atome des Sinnesorgans selbst (*caksur-indriya*). Diese Vorstellung, welche allen Schulen des Buddhismus zu eigen ist, wird von Buddhaghosa folgendermaßen zum Ausdruck gebracht:

„First the aggregate organism (physical eye) ... There are fourteen constituents: the four elements, the six attributes dependent upon them ... vitality, nature, body sensibility (kaya indriya particles), and the visual sentient organ (the true sight sense organ) ... When the world seeing an obviously extended white object fancies it sees the eye, it only perceives the basis of the eye ... But that sentient organ which is there bound inherent, derived from the four great principles (mahabhutas) – this is the visual sense." (*Att. Sal.* Zitiert in Rhys Davids *Dh. San.*, S.173).[157]

Ebenso verhält es sich mit den anderen Sinnesorganen, und die Materie der fünf *indriya* unterscheidet sich dabei klar von den anderen Arten von Materie. Manchmal werden die Sinnesorgane zutreffend als grundsätzliche *indriya* bezeichnet, während die Sinnesöffnungen (z. B. das physische Auge) die mithelfenden *indriya* genannt werden.

Alle Berichte stimmen darin überein, dass die Partikel, welche die fünf *indriya* ausmachen, unglaublich klein sind. Was ihre Form und Lage betrifft, finden wir folgende Aussage:

[157] Vgl. *Atthasalini* (deutsche Übersetzung von Bhikkhu Nyanaponika, bearbeitet und editiert von Sven Bretfeld und Rainer Knopf, PTS 2005), S. 469: „Das komplexe Auge ist jener Fleischballen, ... der vierzehn Bestandteile hat: die vier Elemente, Farbe, Duft, Geschmack, Nährstoff, Samen, Gestalt, Lebensfähigkeit, Geschlecht, Körpersensitivität und Augensensitivität. ... Was da die Welt (d. h. der populäre Gebrauch) als den weißen Aug(-apfel) bezeichnet, als das Breite, Ausdehnung, Umfang besitzende Auge bezeichnet, nicht wird damit das (sensitive) Auge bezeichnet; die Örtlichkeit ist es, welche hiermit als Auge bezeichnet wird. ... Die auf dieses komplexe Auge gestützte, daran gebundene, von den vier Grundstoffen abhängige Sensitivität aber – dies ist das sensitive Auge."

1. Das Augen-Organ. – Hierzu zitieren die Kommentatoren folgenden Vers: „Der visuelle Sinn, mittels dessen man Formen erblickt, ist klein und filigran, vergleichbar dem Kopf einer Laus.“ (*Atth.*). Vasubandhu fügt hinzu, dass die Atome des *caksur-indriya* über die Oberfläche des Auges verteilt sind. „So wie die Teilchen von Mehl, welche man auf eine Wasseroberfläche gibt, sich über diese Oberfläche verteilen würden, so auch verteilen sich die Atome, aus denen das *caksur-indriya* zusammengesetzt ist, über die Pupille des Auges.“ (vgl. *A.K.* 2,19).

2. Das Hör-Organ. – Buddhaghosa führt aus, dass die Teilchen des [sensitiven] Hör-Organs sich innerhalb der Höhle des physischen Ohrs befinden und mit kleinen braunen Haaren ausgestattet sind. Sie haben die Form eines kleinen Finger-Mantels (? *anguli-thanaka*) oder Fingerrings (op. cit. 178). Vasubandhu sagt hingegen, dass sie aufgerollt sind wie die Rinde eines Kirschbaums, sobald man sie vom Stamm abgezogen hat (*A. K.* 2-19a).

3. Das Riech-Organ. – Buddhaghosa sagt, dass sich seine Partikel innerhalb der Nasenhöhle befinden und in ihrer Form den Hufen von Ziegen ähneln. Vasubandhu (op. cit. 19b) ergänzt, dass sie wie Krallen sind, deren Spitzen abwärts zeigen.

4. Das Schmeck-Organ. – Buddhaghosa sagt, seine Partikel befinden sich oberhalb der Mitte der Zunge und haben die Form des oberen Teils eines Lotosblattes. Vasubandhu sagt, dass sie halbmondförmig seien. Interessanterweise wurde die Zunge und nicht der Gaumen als Grundlage des Schmeck-Organs betrachtet.

5. Das Tast-Organ. – Hinsichtlich dieser Partikel sagen die Kommentare nur, dass sie über den gesamten Körper verteilt sind. Vasubandhu führt aus, dass die Anzahl der *kaya-indriya*-Atome der des gesamten Körpers entspricht, oder korrekter, dass jedes Molekül des Körpers wenigstens ein Tast-Organ-Atom enthält. Er berichtet weiterhin, dass die Gestalt dieser winzigen Partikel bei Männern und Frauen unterschiedlich ist.

In diesem Zusammenhang sollen zwei Punkte in Betracht gezogen werden:

1. Die späteren Buddhisten unterscheiden zwischen dem Auge und dem Ohr auf der einen Seite, und der Nase, der Zunge und dem Körper [dem Tast-Organ] auf der anderen Seite. Letztere können nur wahrnehmen, was sich in unmittelbaren Kontakt mit ihnen befindet, während die beiden ersten auch über Entfernung wahrnehmen können. Diese Unterscheidung scheint in den ursprünglichen Werken des Sthaviravadin-Abhidhamma nicht vorzu-

kommen, und unter den südlichen Buddhisten findet sich diese Unterscheidung erstmals bei Buddhaghosa. S. Z. Aung irrt sich jedoch, wenn er sagt (*C. P.* 160), dass die Unterscheidung mit Buddhaghosa *begann*, wie es von den Sarvastivadin sowohl im *Mahavibhasa* (*M. V.* 13-7b) als auch im *Abhidhamma-kosa* (*A. K.* 2-7) behauptet wird. Vasubandhu berichtet uns darüber hinaus, dass die Reichweite des Auges sogar noch größer ist als die des Ohrs. Bedauerlicherweise haben die Buddhisten uns nicht mehr über das Medium zwischen den Sinnesorganen und den Sinnesobjekten mitgeteilt.

2. Die Sarvastivadin treffen eine Unterscheidung zwischen den Augen und den Ohren einerseits, und der Nase, Zunge und dem Körper andererseits, aber von einem anderen Blickpunkt aus. Erstere sind dazu fähig, eine beliebige Anzahl von *paramanu* zur gleichen Zeit zu erfassen, so wie wir entweder einen Berg und eine Fliege sehen können (*A. K.* 2-19a). Die zweite Gruppe von Sinnesorganen kann zu einem Zeitpunkt nur eine solche Anzahl Objekt-Atomen wahrnehmen, wie sie selbst aus Atomen gebildet ist. Wenn eines dieser Sinnesobjekte eine größere Anzahl von Atomen besitzt als das Sinnesorgan, mit dem es in Kontakt tritt, dann nimmt das Sinnesorgan im ersten Moment nur die äquivalente Anzahl von Atomen wahr und die verbleibenden erst einen Moment später, wobei das Intervall zwischen diesen beiden Wahrnehmungen so kurz ist und der Prozess der doppelten Wahrnehmung so schnell, dass wir die beiden für gewöhnlich als gleichzeitig empfinden.

(ii) *Die Sinnesobjekte*

Wir haben bereits gesehen, wie die Buddhisten bei ihrer Zurückweisung der Lehre einer Substanz dazu genötigt waren, zu leugnen, dass das, was wir erfahren, verschiedene immanente Qualitäten eines äußerlichen und einheitlichen Objekts sind; stattdessen gibt es, wenn wir z. B. „rot“ wahrnehmen, tatsächliche eigenständige Atome von Rotheit, welche auf den Sehsinn (*caksur-indriya*) auftreffen, und diese Atome sind gleichzeitige, aber unabhängig existierende Atome in einen Molekül objektiver Materie. Diese Lehre wurde an ihre logischen Grenzen getrieben, egal wie merkwürdig die sich daraus ergebenden Folgerungen uns erscheinen. So behaupteten sie, es gäbe Form-Atome ebenso wie Farb-Atome (obgleich dies von den Sautrantika abgestritten wurde, *A. K.* 13-6), und wenn wir mit dem Auge den Eindruck von etwas Rundem erfahren, läge es daran, dass ein Atom von Rundheit auf den Sehsinn trifft. Dies wird ersichtlich aus der Diskussion, wie sie im ersten Band des *Abhidhamma-kosa* geführt wird: „Einige Lehrer sagen, dass die Objekte sowohl Form als auch Farbe besitzen ... Wie kann dies sein? (Vorgeschlagene Antwort): Weil wir beides (Form und Farbe) daran erkennen können. (Einwand): Diese Empfindung bezieht sich auf unser Erkennen und nicht auf das äußere Objekt." (*A. K.* 1-7a).

Wenn wir daher etwa sehen, dass sowohl lang als auch weiß ist, erfahren wir in Wahrheit zwei getrennte Atome, und ihre Einheit ist rein subjektiv. Die meisten unserer komplexen Empfindungen werden so auf eine subjektive Zusammensetzung einiger weniger externer Faktoren zurückgeführt.

Natürlicherweise führt diese Philosophie zu einer sorgfältigen Untersuchung dessen, was die Dinge objektiv und für sich sind. Die endgültigen Auflistungen wurden erst nach beträchtlichem Nachdenken und lange Zeit andauernden Kontroversen erreicht, angefangen mit den rohen und zweifelhaften Kategorien des *Dhamma-sangani* (dem notwendigerweise alle späteren Sthaviravadin mehr oder weniger folgten) bis hin zu den logischen Listen der späteren Sarvastivadin. Die Sarvastivadin hatten tatsächlich eine weit klarere Liste von Kategorien als die Yogacarin; denn da letztere davon ausgingen, dass alle Materie ein Produkt des Geistes ist, war die Frage nach den endgültigen Einheiten der äußeren Welt für sie nicht sehr dringlich.

Im vorliegenden Fall begnügen wir uns daher mit der Wiedergabe von Vasubandhus Auflistung der Einteilung jedes der Sinnesobjekte, welches die Sarvastivadin-Ansicht zu diesem Thema wiedergibt,[158] und verweisen für die Merkwürdigkeiten auf die anderen originalen Autoritäten:[159]

1. *Arten von Seh-Objekten*

(a) Es gibt acht Arten von Form-Objekten bzw. *samsthana-rupa*:

1. *dirgha* bzw. lang
2. *hrasva* bzw. kurz
3. *vrtta* bzw. eckig
4. *parimandala* bzw. rund
5. *unnata* bzw. hoch
6. *avanata* bzw. niedrig
7. *sata* bzw. gleichmäßig
8. *visata* bzw. ungleichmäßig

[158] [Fußnote im Original] *A. K.* Faszikel 1, erste Hälfte. Auch *M. Vyu.*, S.195.

[159] [Fußnote im Original] Für die Shtaviravadin sieh Shang-sang, Übersetzung S. 183ff. Für die Yogacarin siehe *Abh. Sam. San.*, 1-2b ff.

(b) Es gibt zwölf Arten von *varna-rupa* oder Farb-Objekten, von denen vier fundamental und acht abgeleitet sind:

1. *nila* bzw. blau
2. *pita* bzw. gelb
3. *lohita* bzw. rot
4. *avadata* bzw. weiß
5. *abhra* bzw. wolkenfarben
6. *dhuma* bzw. rauchfarben
7. *rajas* bzw. staubfarben
8. *mahika* bzw. maischefarben
9. *chaya* bzw. schattig (wo Objekte gesehen werden können)
10. *atapa* bzw. grelle Helligkeit (wie die Sonne)
11. *aloka* bzw. lichtfarben (wie der Mond und die Sterne)
12. *andhakara* bzw. Dunkelheit (nicht sichtbare Objekte)

2. *Arten von Hör-Objekten.* Hier gibt es acht verschieden Arten, die man erhält, indem man den Ton auf zwei Weisen unterscheidet: (1) entsprechend der Natur des Tons und dem Objekt, welches den Ton von sich gibt; (2) entsprechend der Natur des Tons, gemessen an seiner Wirkung auf den Hörer.

Die erste Unterscheidung ist diejenige zwischen (1) *upatta-mahabhuta-hetuka* bzw. von solchen Objekten erzeugten Tönen, welche die Fähigkeit der Wahrnehmung besitzen, d. i. fühlende Wesen; und (2) *anupatta-mahabhuta-hetuka* bzw. von solchen Objekten erzeugten Tönen, welche nicht die Fähigkeit der Wahrnehmung besitzen, d. i. nicht-fühlende Wirkkräfte. Diese Klassen werden unterteilt in (a) artikulierte Töne, und (b) nicht-artikulierte Töne. Jede dieser vier Klassen ist wiederum unterteilt in freudig und nicht-freudig, was insgesamt acht ergibt:

- Fühlende Wesen
  - artikuliert
    - (1) freudig
    - (2) nicht-freudig
  - nicht-artikuliert
    - (3) freudig
    - (4) nicht-freudig

- Nichtfühlende Wesen
  - artikuliert
    - (1) freudig
    - (2) nicht-freudig
  - nicht-artikuliert
    - (3) freudig
    - (4) nicht-freudig

3. *Gandha* bzw. Geruch. Dieser hat nur vier Klassen: (1) *sugandha* bzw. angenehm; (2) *durgandha* bzw. unangenehm; (3) *samagandha*, wörtlich gleicher Geruch, was jedoch als Geruch interpretiert wird, der dem Körper als Nahrung dient; (4) *visamgandha*, ungleicher Geruch, oder Geruch, welcher dem Körper nicht als Nahrung dient.

4. *Rasa* oder Geschmack. Dieser besteht aus sechs Arten: (1) *madhura* bzw. süß; (2) *amla* bzw. sauer; (3) *lavana* bzw. leicht salzig; (4) *katuka* bzw. scharf; (5) *tikta* bzw. bitter; (6) *kasaya* bzw. adstringierend [*astringent*].

5. *Sparsa* oder Berührung. Diese besteht aus elf Klassen, nämlich: (1) *prithivi* oder erdig; (2) *apas* oder wässrig; (3) *tejas* oder feurig; (4) *vayu* oder luftig; (5) *slaksnatva* oder gleichmäßig; (6) *karkasatva* oder grob; (7) *laghutva* oder leicht; (8) *gurutuva* oder schwer; (9) *sita* oder kalt; (10) *jighatsa* oder hungrig; (11) *pipasa* oder durstig.

(iii) *Atome und Moleküle*

Auf den vorangehenden Seiten wurden häufig die Ausdrücke Atome und Moleküle gebraucht. Es ist daher hilfreich, die buddhistische Atom-Lehre näher zu betrachten.

Während die vier *mahabhuta* häufig vorkommen, findet sich weder in den Pali-Sutras noch in den sieben Werken des Pali-Abhidhamma irgendeine Erwähnung der Atom-Lehre; diese Doktrin scheint von den Sarvastivadin in den Buddhismus eingeführt worden zu sein, evtl. als eine Folge des Kontakts mit den Vaisesika, denn die Jaina-Atom-Theorie scheint ebenso wie die der Buddhisten entliehen und nicht eigenständig zu sein. Ich habe im *Jnana-Prasthana* keine Bezugnahme auf Atome oder Moleküle gefunden, noch in einem der sechs *pada*, mit denen zusammen sie den ursprünglichen Abhidhamma-Kanon der Sarvastivadin bilden.

Das *Mahavibhasa* jedoch, welches vermutlich in der ersten Hälfte des 2. Jh.s verfasst wurde, erwähnt bei seiner Interpretation der alten Texte häufig die Atome, offenbar ohne Anzeichen für Unstimmigkeiten. Dass die Lehre zu dieser Zeit weit verbreitet war, sieht man daran, dass das *Abhidhamma-hrdaya*, welches im 3. Jh. ins Chinesische übersetzt wurde (eines der frühesten übersetzten Abhidhamma-Werke), die ganze Lehre in ihrer ausgereiften Form enthält. Die Atom-Lehre spielt eine wichtige Rolle in der Philosophie von Vasubandhu und Sanghabhadra. Die frühen und klassischen Yogacarin anerkennen die Lehre darüber hinaus trotz ihres Idealismus. Die späteren Yogacarin jedoch, angefangen bei Dignaga, spürten, dass diese Lehre der Ansicht im Weg stand, dass alle Phänomene dem Geist entspringen, und in seinem *Alambana-pratyaya* verfasste Dignaga eine sehr geschickte Zurückweisung der Atom-Theorie.

Die von Buddhaghosa begründete Neo-Sthaviravadin scheint sich zunächst nicht mit den Einzelheiten der Atom-Lehre, wie sie im Norden vorhanden war, befasst zu haben. Aber die *kalapa* Doktrin (entsprechend dem *samghata-paramanu* der Sarvastivadin) wurde von Buddhaghosa selbst im *Atthasalini* gebraucht und gilt seitdem als wesentlicher Bestandteil der Sthaviravadin-Philosophie, eine im *Abhidhammattha-sangaha* erwähnte und beträchtlich weiterentwickelte Lehre. Zu einer etwas späteren Zeit (wann genau kann ich nicht sagen) erhielten die letztgültigen Teilchen der *kalapa* bzw. Moleküle die Bezeichnung *paramanu*, und Professor Maung Ting berichtete mir, dass sie gegenwärtig als ein integraler Teil der Sthaviravadin-Philosophie gelten.

1. *Atome.* – Die Sarvastivadin (*Ab. Hr.* 1etc.) berichten uns von vierzehn Arten von Atomen, so wie die Forscher der vergangenen Generation gesagt hätten, dass es achtzig Arten von Atomen gäbe, eine für jedes Element. Die Anzahl von vierzehn erhält man, indem man eines für jedes Sinnesorgan und jedes Sinnesobjekt zählt, sowie vier zusätzliche für die vier *mahabhuta.*

Anders als die Atome der Vaisesika und Jaina sind die Atome der Buddhisten jedoch nicht unvergänglich. Sie kommen von Zeit zu Zeit ins Dasein und werden dann zerstört; sie lösen sich scheinbar ins Nichts auf (vgl. *A. K.* 12, zweiter Teil). D. h. die Atome der fünf Sinnesorgane und Sinnesobjekte entstehen in Abhängigkeit von den Atomen der vier Elemente und würden ohne die unterstützende Kraft der Element-Atome sofort wieder zerfallen. Daher führt jedes Atom ein Atom der *mahabhuta* mit sich, von dem es unterstützt wird (*A. K.* 429). Aber selbst diese *mahabhumika*-Atome sind nicht beständig, sondern unterliegen einem vierfachen Prozess der Entstehung, Kontinuität, Verfall und Unbeständigkeit, dem ein neuer Kreislauf von Entstehung etc. folgt. Diese phänomenalistische Sichtweise der Atome ist interessant im Gegensatz zur substantiellen Sichtweise, wie sie die zeitgenössischen indischen Denker vertraten.

2. *Moleküle.* – Die obigen Atome gruppieren sich zu Molekülen, welche von den Sarvastivadin *samghata-paramanu* und von den Sthaviravadin *kalapa* genannt werden und aus denen alle Teile des materiellen Universums bestehen.

Vasubandhu führt aus, dass die Moleküle der nicht-belebten Materie die einfachsten sind, und dass selbst diese aus acht Teilen bestehen, d. h. sie enthalten wenigstens ein Atom von jedem der vier Elemente und vier Atome der Sinnesobjekte, wobei Klang-Atome nicht unbedingt enthalten sein müssen. Wenn ein Klang-Atom durch die Wirkung der anderen Atome erzeugt wird, erhält man eine neunteilige Molekülstruktur. Streng genommen enthält selbst ein achtteiliges Molekül mindestens zwanzig Atome, da es vier Sinnesobjekt-Atome enthält, von denen jedes seinerseits je ein Element-Atom mit sich trägt, durch welches es gestützt wird, was vier abhängige und sechzehn Element-Atome im einfachsten Molekül ergibt. Diese Anzahl erhöht sich auf fünf abhängige und zwanzig Element-Atome in solchen Fällen, wo Klang-Atome enthalten sind. Die Anzahl acht oder neun bezieht sich daher nur auf die unterschiedlichen Arten von Atomen in einem Molekül und nicht auf die Gesamtzahl der Atome, aus denen es aufgebaut ist.

Die Moleküle jedes lebendigen Körpers sind weitaus komplexer. Jedes derartige Molekül muss mindestens neun Arten von Atomen enthalten, denn in Ergänzung zu den bisherigen acht enthält jedes Molekül ein Atom der körperlichen Fähigkeit (*kaya-indriya*), d. i. das Tast- bzw. Berührungs-Sinnesorgan. Die Moleküle der Sinnesöffnungen (Augen, Ohren, Nase etc.) sind mindestens zehnteilig, denn ein solches Molekül muss nicht nur die vier Element-Atome, die vier Sinnesobjekt-Atome und ein Körper-Atom enthalten, sondern auch ein zusätzliches Atom des in Frage kommenden Sinnesorgans.

Da die Neo-Sthaviravadin die gesamte 28-fache Körperlichkeit des alten Pali-Abhidhamma beibehalten haben, ist ihre Liste der Teile, aus denen die Moleküle aufgebaut sind, etwas anders als die vorherige. Wer sich für das Thema interessiert, findet Näheres dazu im *Abhidhammattha-sangaha* (*C. P.* S.164).

(iv) *Die elfte Kategorie der nördlichen Schulrichtungen*

Bevor wir unsere Besprechung der Unterteilung der Körperlichkeit (*rupa*), wie sie sich die Buddhisten vorstellen, beenden, müssen wir noch die bisher nicht behandelten zwei Kategorien untersuchen, nämlich das *avijnapti-rupa* der Sarvastivadin und die geistig wahrgenommene Materie der Yogacarin.

1.[160] *Avijnapti* war ein Begriff, der viele Streitigkeiten unter den Buddhisten auslöste, und es gab gleich weit auseinanderliegende Ansichten, etwa bezüglich der Gruppe, unter welche dieser Begriff gerechnet werden

[160] Siehe hierzu auch: *The Princeton Dictionary of Buddhism.*

sollte. Der Ausdruck bedeutet „nicht-manifestiert“ oder „nicht-ausgedrückt, latent“. Gemäß den Buddhisten muss jeder physische, verbale oder mentale Akt ein entsprechendes Resultat zeugen. In vielen Fällen war das Ergebnis frei und offensichtlich. Eine Tat modifiziert auf sichtbare Weise die Natur und Position der Moleküle. Manchmal jedoch konnte kein derart manifestes (*vijnapti*) Resultat beobachtet werden. Die moralische Lehre der Buddhisten erlaubt es ihnen nicht, anzunehmen, dass eine derartige Handlung ohne Ergebnis sei, auch wenn das Resultat nicht sichtbar ist; und so erfanden sie die Kategorie des *avijnapti*, von der wir sagen können, dass sie der westlichen Idee des allgemeinen Charakters eines Menschen entspricht, insofern als der generelle Charakter eines Menschen durch seine vergangenen Handlungen beeinflusst ist, auch wenn er selbst keine Wirkung zu haben scheint.

Dieser allgemeine Charakter wurde nicht nur durch bewusste Taten beeinflusst, sondern auch durch unbewusste oder in einem wirren geistigen Zustand ausgeführte Handlungen. Andererseits muss eine Handlung, um eine Wirkung zu erzeugen, definitiv heilsam oder unheilsam sein. Dieser allgemeine Charakter konnte sich sowohl dauernd ändern als auch dennoch während des ganzen Lebens mit einem verbunden bleiben.

Soweit scheinen die nördlichen Buddhisten aller Schulrichtungen sich einig zu sein; aber bei dem Versuch, einen eindeutigen Ort für diesen Faktor (*dharma*) zu finden, kam es zu Meinungsverschiedenheiten. Im *Sattvasiddhi* des Hariman wird darauf bestanden, dass er den *citta-viprayukta* zuzuweisen sei, d. i. den vermischten Faktoren, welche weder geistig noch physisch sind. Die T‘ien T‘ai- und die Hua-yen-Schule des chinesischen Buddhismus vertraten die Ansicht, dass der aus physischen und verbalen Handlungen aufkommende Charakter stofflich (*rupa*) sei, nicht aber derjenige mentaler Aktionen. Die Yogacarin behaupteten, dass konventionell bzw. vom relativen Standpunkt aus alle drei als physisch bezeichnet werden können. Die Sarvastivadin vertraten jedoch den Standpunkt, dass der gesamte Charakter letztlich materiell ist und von den vier *mahabhuta* abhängt. Als Folge davon klassifizierten sie diesen Faktor als elften unter den materiellen *dharma*. (Für mehr Details der Sarvastivadin-Theorie siehe *A. K.* 1-8 sowie die erste Hälfte von 13 für *avijnapti-karma*).

2.[161] Die unter einem geistigen Objekt erfassten materiellen Eigenschaften (*A. S. S.*, f.1 S.2b): Die ersten zehn *dharma*, einschließlich der vier

[161] Dies bezieht sich auf die *dharmayatanikani-rupani*, welche fünffach unterteilt sind. Siehe Takakusu, *Grundzüge buddhistischer Philosophie*, S.109.

mahabhuta und der fünf Sinnesobjekte, gehören alle zum Bereich der sinnlich oder unmittelbar erfahrenen Materie. Zusätzlich gibt es jedoch gewisse Aspekte der Materie, von denen wir kein sinnliches Wissen haben und welche nicht Objekt der fünf Sinnesorgane, sondern des Geistes sind. D. h. Atome etc. können nicht gesehen werden, man kann nur auf sie schließen. Die Yogacarin haben unter einer eigenen Kategorie all diejenigen Aspekte der Materie versammelt, welche so bestimmt werden, egal ob diese Aspekte tatsächlich existieren oder nur das Ergebnis falscher kreativer Einbildungskraft des Geistes sind. Das schließt die *avjinapti-rupa* der Sarvastivadin ein, beschränkt sich jedoch nicht darauf und ergibt die elfte Kategorie der Yogacarin.

2.5 *Citta* oder Geist

Nachdem wir unseren Überblick über das buddhistische Verständnis der Materie abgeschlossen haben, untersuchen wir nun ihre Lehre vom Geist. Dieser wird, wie wir gesehen haben, in den buddhistischen Texten in zweifacher Weise diskutiert: (1) Geist selbst in seinen diversen Unterteilungen, bekannt als *citta* oder *vijnana*; und (2) geistige Qualitäten, die vom Geist bei seiner Entstehung hervorgerufen werden [d. h. mit dem Aufkommen eines jeweiligen geistigen Zustandes einhergehen] und welche als *caitasika* bekannt sind.

Im Moment beschäftigen wir uns nur mit dem ersten Fall. Damit wir die verschiedenen Arten des Geistes, wie sie von den Buddhisten angeführt werden, verstehen können, ist es einmal mehr notwendig, auf die verursachte und bedingte Natur aller Geistigkeit hinzuweisen. Buddhistische Texte wiederholen regelmäßig den Spruch, dass es keine Selbst-Entität gibt, keinen aus sich selbst heraus existierenden Denker, und dass nicht nur die denkende Personalität durch eine Kombination von Ursachen und Bedingungen hervorgerufen ist, sondern auch, dass der Geist zu existieren aufhört, wenn das Sinnesobjekt und das Sinnesorgan nicht mehr miteinander interagieren. Seltsamerweise waren sogar die idealistischen Yogacarin nicht bereit, an eine permanente, individuelle geistige Substanz zu glauben, sondern behaupteten, dass – obwohl der Geist die einzige letztgültige Realität darstellt

– jeder individuelle Geist sich in ständigem Wandel befindet und unter dem Einfluss des *karma*-Gesetzes neu modelliert wird.[162]

All dies befindet sich jedoch in Übereinstimmung mit der kuriosen anti-substantialistischen Position, welche vom Buddhismus insgesamt eingenommen wird. Es gibt keine dauerhafte, aus sich selbst heraus existierende Materie. Ebenso wenig gibt es eine als Geist bekannte, selbständige und ruhige Substanz, welche eine vorangehende Existenz besitzt und nur in Aktivität versetzt wird, wenn sie über die Sinnesorgane mit den Sinnesobjekten in Kontakt tritt. Vielmehr handelt es sich, insbesondere nach Sicht des Hinayana-Buddhismus, um ein bestimmtes Produkt, welches aus dem Nichts heraus durch die Interaktion der *indriya* und *visaya* entsteht.

Diese Überlegung ist wichtig, insofern als viele der so genannten Unterteilungen des Geistes Arten geistiger Tätigkeit sind, klassifiziert entsprechend der Beschaffenheit des Stimulus, durch den sie hervorgebracht wurden. In diesem Sinne finden wir zwei Arten der Klassifizierung. Eine entspricht der physischen Basis, auf der die geistige Tätigkeit beruht. Diese Methode der Klassifizierung ist allen Formen des Buddhismus gemeinsam, einschließlich der drei Schulrichtungen, mit denen wir uns gegenwärtig näher beschäftigen. Die andere Methode der Klassifizierung ist komplizierter und behandelt alle möglichen Zustände des Geistes, die an irgendeinem Ort aufkommen können, z. B. auf der Erde oder der *rupa-dhatu* etc. oder mit Bezug auf die Bedingungen (im Gegensatz zu den Grundlagen), unter denen sie entstehen. Diese letztere Methode der Klassifizierung scheint vor allem den Sthaviravadin zu eigen zu sein. Vermutlich veranlasste die Unbeholfenheit der südlichen Liste die Philosophen der anderen Schulrichtungen, solche Versuche als fehlgeleitet anzusehen.

2.5.1 Geist entsprechend der Basis, welche ihn erzeugt

Bevor damit fortfahren, die Unterteilungen des Geistes zu untersuchen, scheint es angemessen zu sein, die unterschiedlichen Begriffe, welche für Geist gebraucht werden, und ihre Bedeutung zu betrachten. Abgesehen von *nama* (Name) in der Zusammensetzung *nama-rupa*, welcher die gesamte nicht-materielle Seite der menschlichen Personalität bezeichnet, finden sich drei Begriffe, die am häufigsten verwendet werden. Es handelt sich dabei

[162] Streng genommen wandelt sich allerdings nicht ein geistiges Substrat, sondern der Geist des jetzigen Moments ist eine Bedingung für die Entstehung des Geists des nächsten Moments.

um *citta*, *manas* und *vijnana*.[163] Die westlichen Gelehrten haben sich bislang noch nicht auf eine Standardübersetzung dieser wichtigen Ausdrücke geeinigt, aber vorläufig können wir sagen, dass *citta* für Geist [*mind*] steht, *manas* für Denken [*reason*] und *vijnana* für Bewusstsein [*consciousness*].[164]

Citta wurde von den Buddhisten – vermutlich fälschlicherweise – von *citra* bzw. „bunt gemischt" (*Exp.* 1-85) abgeleitet, ein Ausdruck, welcher im Chinesischen mit *jiqi* (集起) oder „Entstehung durch Sammlung" wiedergegeben worden ist. Diese Ableitung entstand vermutlich, um die Lehre der Nicht-Substantialität des Geistes zu betonen. Der Ausdruck findet sich selten in den Sutras, wurde jedoch später zum Standardbegriff für das gesamte subjektive Dasein, im Unterschied zu *rupa* oder sogar den *caitasika*, und entspricht in gewisser Weise unseren Worten „Seele", „Herz" oder „Geist" [*spirit*], unter der Bedingung, dass alle diese Begriffen ent-atmanisiert [*de-atmanized*; d. h. frei von einem beständigen Kern] sind.

Manas haben die Buddhisten von einem Wort für „messen", *ma*, abgeleitet. Es enthält die Berechnung, Auswertung und Beurteilung einer Sache. Konsequenterweise wird es häufig verwendet, wenn der Geist als vernünftig-schlussfolgernd angesehen wird. Im technischen Sinne können wir es daher mit [diskursivem] Denken übersetzen, häufig kann es ebenso wie *citta* auch mit Geist wiedergegeben werden. Es ist allerdings interessant, dass die Mahayana-Anhänger bei ihrer Aussage, das gesamte Universum sei eine Kreation des Geistes, oder dass nichts außerhalb des Geistes existiert, *citta* verwenden und nicht *manas*. Häufig tritt in diesem Zusammenhang auch *vijnana* an die Stelle von *citta*.

Vijnana ist vielleicht der älteste der drei Begriffe, und wenn in den frühen Sutras von der Wiederverkörperung der Person gesprochen wird, ist es *vijnana* und nicht *manas* oder gar *citta*, welches dabei verwendet wird. In späterer Zeit wird es jedoch beinahe ausschließlich für den sinnlichen, erlebenden Aspekt [d. h. das Sinnesorgan-Bewusstsein] des Geistes verwendet. In diesem Sinne heißt es, dass der Geist bzw. *citta* in diverse *vijnana* oder Arten von für Daten empfängliche Formen der Wahrnehmung eingeteilt ist [d. h. die fünf bzw. sechs Sinnesorgan-Bewusstseinsarten].

---

[163] [Fußnote im Original] Siehe die Diskussion jedes dieser Begriffe in *A. K.* 4-133a.

[164] Dieses Problem, d. h. die Einigung auf ein möglichst passendes Äquivalent der Begriffe in Deutsch, Englisch etc. ist auch knapp einhundert Jahre nach dem Erscheinen des Werks (1923) noch aktuell.

Bei all dieser Unordnung ist es erfreulich festzustellen, wie die Buddhisten – zumindest die Sarvastivadin und die Sthaviravadin – darin übereinstimmen, dass es sich nur um einen Unterschied in der Begrifflichkeit handelt und dass die Sache, von der gesprochen wird, dieselbe ist (*C. P.* 234; *A. K.* 4,13). Der etwas abweichende Gebrauch der Begriffe bei den Yogacarin wird nun behandelt.

Hinsichtlich der tatsächlichen Anzahl von Bereichen des Bewusstseins nehmen sowohl die Sthaviravadin wie die Sarvastivadin (*A. K.* 1-16 für eine ausführliche Diskussion) sechs an, im Unterschied zu den acht Bereichen der Yogacarin. Die sechsfache Unterteilung soll uns nicht mehr lange aufhalten, da sie bereits im Zusammenhang mit den *dhatu* und dem fünften *skandha* besprochen wurde. Es gibt ein *vijnana* für jedes der fünf materiellen Sinnesorgane und ein *vijnana* (*mano-vijnana*) von eher allgemeinem Charakter, welches die Funktionen des Denkens, Beurteilens, Erinnerns, Planens etc. ausführt. Zusätzlich zu den Unterschieden zwischen den ersten fünf *vijnana* und dem *mano-vijnana,* die bereits angeführt wurden, sind die Buddhisten der Ansicht, dass die ersten rein passiv sind, während letzteres aktiv ist. Wenn daher manche Phasen der ersteren unter die Kategorie heilsam oder unheilsam fallen, dann nur, weil sie auf eine moralisch heilsame oder unheilsame Weise von letzterem beeinflusst worden sind. Weiterhin sind nur eine geringe Anzahl der *caitasika* mit den ersten fünf *vijnana* verbunden, während alle in Verbindung mit dem *mano-vijnana* angetroffen werden.

Einer der Punkte, in denen der Buddhismus einzigartig obskur ist, betrifft die psycho-physische Verbindung zwischen den ersten fünf *vijnana* und dem umfassenden *mano-vijnana*. Die frühen Texte sagen nichts darüber aus, *wo* sich die ersten fünf *vijnana* befinden, doch durch ihre enge Verbindung zu den Sinnesorganen wird gefolgert, dass sie in diesen präsent sind. Diese Ansicht wurde in späterer Zeit deutlich zum Ausdruck gebracht (vgl. Spence Hardy, *Man. Bud.*, S.434). Was die physische Grundlage des *mano-vijnana* betrifft, herrscht sogar noch größere Unklarheit. Die Sarvastivadin sprechen von keiner physischen Grundlage, und das Sinnesorgan von *mano-vijnana* ist *manas* oder die Gesamtheit der Teilaspekte des Bewusstseins selbst. Die Neo-Sthaviravadin geben als physische Basis des *mano-vijnana* das Herz an; aber da die ersten fünf Arten des Bewusstseins an den Sinnespforten lokalisiert sind und der Buddhismus nichts von einem Nervensystem weiß, bleibt es für uns ungeklärt, wie das *mano-vijnana* der von den anderen fünf *vijnana* empfangenen Eindrücke gewahr wird. Die Sarvastivadin antworten teilweise darauf oder umgehen diese Frage eigentlich, indem sie sagen, die sechs *vijnana* seien nicht sechs *dharma*, sondern bildeten zusammen nur ein *dharma* oder einen letztgültigen Faktor, und dass daher die sechs *vijnana* nur sechs Aspekte eines *vijnana* seien und nicht sechs gesonderte Entitäten (vgl. *A. K.* 1-11b). Diese Lehre von der Einheit des Bewusstseins wirkt sich auch nicht störend auf die *anatman*-Theorie aus.

Die achtfache Einteilung des *vijnana,* wie sie die Yogacarin vertreten, besteht aus den vorangehenden sechs zusammen mit zwei weiteren. Es handelt sich um:[165]

1. *Klista-mano-vijnana*; wörtlich „beschmutztes geistiges Bewusstsein". Dieser Ausdruck kann mit „Selbst-Bewusstsein" wiedergegeben werden (*V. M. S.* 4-15b). Während *mano-vijnana* den gewöhnlichen Prozess des Denkens fortschreibt, beschäftigt es sich mit den Ideen mehr oder weniger so, wie sie erscheinen, ohne dabei bewusst oder fortwährend zwischen dem, was dem Selbst zugehört, und dem, was dem Nicht-Selbst zugehört, zu unterscheiden. Diese kontinuierliche Unterscheidung ist die Aufgabe des siebten *vijnana*, welches den Yogacarin zufolge sogar während des Schlafs oder anderen Arten von Bewusstlosigkeit weiterarbeitet. Es ist die Grundlage für die beständige Tendenz hin zu einer Atman-Theorie, da es fälschlich das *alaya-vijnana* (das achte *vijnana*, die Basis aller anderen *vijnana*) als eine reale und beständige Ego-Entität ansieht, obgleich es sich in Wirklichkeit in einem ständigen Zustand der Veränderung befindet.

2. *Alaya-vijnana* bedeutet Speicher-Bewusstsein, da es die grundlegende Form aller anderen Bewusstseinsarten und tatsächlich sogar jeder Art von Dasein ist. Alle anderen *vijnana* haben ihren Ursprung im *alaya-vijnana*, und aufgrund ihrer Aktivität erfolgt die Konstruktion der phänomenalen Welt. Dies ist nicht der Ort, um die gesamte idealistische Philosophie der Yogacarin zu diskutieren; die dreifache Funktion des *alaya-vijnana* muss jedoch erwähnt werden. Die erste können wir als positive Funktion bzw. *neng-zang* (能藏) bezeichnen, da sie die Samen aller anderen *vijnana* aufbewahrt. Die zweite nennen wir die negative Funktion oder *so-zang* (所藏), weil sie den Einfluss aller anderen phänomenalen *vijnana* empfängt. Die dritte Funktion besteht in der Auffassung dieses *vijnana* als Objekt falscher

---

[165] [Fußnote im Original] Der Großteil des *V. M. S.* besteht aus einer umfassenden Diskussion jedes dieser sechs *vijnana*. Für *alaya* siehe S. 6a-15b; für *klista-mano-vijnana* S. 15b-21a; für die ersten sechs 21a ff.

Sicht (報藏), denn das siebte *vijnana* hält dieses sich dauernd wandelnde *alaya-vijnana* für eine ewige, individuelle Entität (*V. M. S.* 2-6b).

Entsprechend ihres Postulats der drei Arten von geistiger Aktivität, welche nicht direkt mit den Sinnen verknüpft sind (d. i. *mano-vijnana*, *klista-mano-vijnana* und *alaya-vijnana*), haben die Yogacarin die überlieferten Definitionen von *citta*, *manas* und *vijnana* etwas abgewandelt. Alle drei Begriffe, so sagen die Yogacarin, können für jeden der acht Aspekte von Bewusstsein verwendet werden, aber im eigentlichen Sinne wird das achte bzw. *alaya-vijnana* als *citta* bezeichnet; das siebte bzw. *klista-mano-vijnana* trägt die Bezeichnung *manas*, und *vijnana* wird vor allem für das sechste Bewusstsein verwendet (vgl. *Weishi-lungcheng-i* (唯識論證義), einen verbreiteten Kommentar zum *V. M. S.*, wo ab S. 48 das Thema eingehend behandelt wird).

Schließlich können wir noch ergänzen, dass während die Sarvastivadin ihre sechs *vijnana* zusammenzählen und diese so nur ein einzelnes *dharma* in ihrer Liste der 75 Faktoren ausmachen, die Yogacarin jedes der acht *vijnana* bei der Erstellung ihrer Liste von 100 *dharma* extra zählen. Dieser Umstand kann jedoch leicht missverstanden werden. Es ist nicht so, dass die Sarvastivadin stärker an die Einheit des Geistes glauben würden als die Yogacarin, sondern dass es gemäß den Yogacarin in Wirklichkeit nur eine Substanz gibt – den Geist; von diesem sind alle anderen Dinge abgeleitet, und da man versucht, alle anderen wichtigen Ableitungen zu erfassen, erhält jedes *vijnana* einen eigenen Platz.

2.5.2 Klassifikation des Geistes gemäß Ort und Bedingung

Diese aufwendige Klassifizierung des Geistes spielt eine wichtige Rolle in den Abhidhamma-Werken der Sthaviravadin, scheint aber auf diese Schulrichtung beschränkt zu sein.

Die vollständige Liste besteht aus 81 *dharma*, aber innerhalb dieser können mehrere Unterteilungen getroffen werden.[166]

1. Bewusstsein klassifiziert entsprechend seiner Zugehörigkeit zu *kama-*, *rupa-* oder *arupa-dhatu*.

2. Bewusstsein klassifiziert als aktiv [karmisch wirksam], passiv [karmisch gewirkt: *vipaka*] oder keins von beiden [karmisch unabhängig: *kiriya*]. Das bedeutet: (a) aktiv = Bewusstsein, welches zukünftiges Karma

---

[166] [Fußnote im Original] Vgl. den ersten Teil von *C. P.*, S.81ff. sowie Teil I der Übersetzung des *Dh. S.* von Rhys Davids, S.1-165.

erzeugt; (b) passiv = Bewusstsein als Ergebnis von früherem Karma; (c) weder-noch = Bewusstsein, das zwar aktiv ist, aber zu keiner weiteren Wiedergeburt führt und daher als nicht-wirksam angesehen werden kann. Dies bezieht sich auf Buddhas, *pratyeka-buddha* und Arhats, welche frei vom Rad des Gezeugt-Werdens und Sterbens sind.

Jede dieser Kategorien kann noch mehrmals unterteilt werden:

1. *Aktives Bewusstsein* wird eingeteilt in heilsames und unheilsames Bewusstsein. Heilsames Bewusstsein ist unterteilt nach seiner Zugehörigkeit: (i) zur Sinnessphäre (*kama-dhatu*); (ii) zur Feinkörperlichen Sphäre (*rupa-dhatu*); zur (iii) Formfreien Sphäre (*arupa-dhatu*); und zur Überweltlichen Sphäre bzw. der Befreiung (*lokuttara*). Unheilsames Bewusstsein ist nur der Sinnessphäre angehörig, aber unterteilt nach (i) Gier als Wurzel; (ii) Hass als Wurzel; und (iii) Unwissenheit als Wurzel.

2. *Passives Bewusstsein* ist gleichermaßen unterteilt in (a) zur Sinnessphäre gehörend; (b) zur Feinkörperlichen Sphäre gehörend; (c) zur Formfreien Sphäre gehörend; und (d) überweltlich. Resultierendes Bewusstsein der Sinnessphäre ist ebenfalls unterteilt in (i) das Ergebnis vorherigen heilsamen Karmas; und (ii) das Ergebnis unheilsamen Karmas. (i) ist weiterhin unterteilt in (α) mit Wurzel-Bedingungen (*hetu*) verbunden; (β) ohne Wurzelbedingungen [karmisch unabhängig].

Ist diese Methode der Klassifizierung klar, wird die beigefügte Tabelle mit allen 81 Arten des Bewusstseins verständlich.[167]

2.5.3 *Caitasika-dharma* oder geistige Qualitäten[168]

Wir kommen nun zu einer Klassifizierung der verschiedenen Phasen geistiger Aktivität, welche der Buddhismus für fundamental hält. Der Umstand, dass die Buddhisten diesen Elementen in ihrer Liste von eigenen und letztgültigen Faktoren einen Platz eingeräumt haben, mag uns überraschen. Wir hätten erwartet, dass sie in der gleichen Weise als Unterteilungen von *citta* angeführt werden wie die sechs, acht oder einundachtzigfache Unterteilung von *vijnana*. Dies wäre jedoch unstimmig mit der anti-substantialistischen Haltung des Buddhismus. Andere Denkrichtungen mö-

---

[167] Die Tabelle ist nicht im Buch enthalten; eine Auflistung der 81 Bewusstseinsklassen entsprechend dem *Abhidhammattha-sangaha* findet in der Übersetzung des Werks von Nyanatiloka, *Handbuch der buddhistischen Philosophie*.

[168] [Fußnote im Original] Für die Sthaviravadin siehe *C. P.* Teil ii, S. 94-110; ebenso identische Listen in Teil I von *Dh. San.* Für die Sarvastivadin *Dh. Kaya*; *A. K.* 4-2b bis 13b; *N. A.* 10-30aff. Für die Yogacarin das gesamte *Sat. dh.* und *P. Sk.*; *A. S. S.* 1-3aff; *V. M. S.* 5-22aff.

gen diese *caitasika* nicht als separate Entitäten, sondern als inhärente Eigenschaften einer einfachen geistigen Substanz betrachten; aber für die Buddhisten würde dies zu sehr nach Atman-Lehre und Substantialismus schmecken. Wo immer möglich war der Buddhismus bemüht, Eigenschaften als separate *dharma* zu bestimmen; und obwohl die *caitasika* notwendigerweise mit dem Geist verknüpft sind, sind sie doch unabhängige Erzeugnisse der Interaktion der Sinnesorgane mit den Sinnesobjekten und nicht gänzlich immanente, abhängige Qualitäten.

Die Sarvastivadin beharrten besonders auf ihrer Getrenntheit und Unabhängigkeit, und mit ihnen können wir gewiss sein, dass diejenigen Faktoren, welche sie in ihrer Liste der 75 *dharma* anführen, nicht mit irgendetwas anderem zusammenfallen; denn sie lehnten es ab, irgendeine Entität doppelt zu zählen, wie aus ihrer Ablehnung ersichtlich wird, *citta* als sechsfach zu zählen. (Zu dem Umstand, dass jeder *dharma* ihrer Liste von 75 Faktoren eigenständig ist, siehe neben vielen anderen Passagen die Diskussion bezüglich der *citta-viprayukta-dharma* in *A. K.*, zweite Hälfte (13b bis Ende), und auch die Diskussion bezüglich *moha* (*A. K.* 10-1)).

Für die Yogacarin sind die *caitasika* zusammen mit den anderen *dharma* keine getrennten Entitäten, sondern nur wirksame Phasen einer einzigen wahren Entität, dem Geist (*V. M. S.* 1-5b); und selbst die späteren Sthaviravadin scheinen eine gewisse Einheit zwischen *citta* und den *caitasika* zuzugeben, wenn *citta* zuweilen als eine Sphäre betrachtet wird und die *caitasika* als ihre jeweiligen Bereiche.

Noch etwas anderes gilt es in diesem Zusammenhang zu berücksichtigen. Die *caitasika* sollen keine Liste aller geistigen Zustände sein, welche in einem Individuum vorkommen. Die *caitasika* sind vielmehr die Elemente, aus denen diese Zustände zusammengesetzt sind; und ebenso wie die vier *mahabhuta* und die fünf Sinnesobjekt-Atome auf unzählige Weisen kombiniert werden können und so die komplexe äußere Welt bilden, so auch können die verschiedenen *caitasika* auf unzählige Weisen kombiniert werden, angefangen von den einfachsten Gedanken und Wünschen eines Kindes bis zu den dunkelsten metaphysischen Schlüssen (vgl. *C. P.* 237).

Nun ein Wort zu den Hauptgruppen, in welche die *caitasika* eingeteilt werden können. Alle Schulrichtungen sind sich einig, dass es wenigstens drei solche Gruppen gibt, nämlich:

1) Allgemeine geistige Qualitäten, welche weder heilsam noch unheilsam sind.

2) Heilsame geistige Qualitäten.
3) Unheilsame geistige Qualitäten.

1. *Allgemeine geistige Qualitäten.* Die Sarvastivadin unterteilen diese Gruppe nicht weiter, aber die Sthaviravadin (zumindest die Neo-Sthaviravadin) und die Yogacarin konstatieren, dass es zwei Arten allgemeiner geistiger Qualitäten gibt: (i) universelle geistige Qualitäten, welche bei jeder Form von geistiger Aktivität vorkommen und allen Formen von *vjinana* gemein sind; und (ii) spezielle geistige Qualitäten, welche nur unter bestimmten Bedingungen vorkommen und auf bestimmte Typen von *vijnana* begrenzt sind.

2. *Heilsame geistige Qualitäten.* Die Yogacarin und Sarvastivadin unterteilen diese Gruppe nicht weiter, aber die Sthaviravadin führen für gewöhnlich eine pragmatische, vierfache Unterteilung an.

3. *Unheilsame geistige Qualitäten.* Die Sthaviravadin unterteilen diese Kategorie nicht weiter, aber die Sarvastivadin und die Yogacarin gehen sehr ins Detail. Die Sarvastivadin führen die folgenden drei Gruppen an:

(1) Die fundamentalen *klesa-dharma*; (2) die *akusala-dharma*, aktiv unheilsame Faktoren, welche ebenfalls fundamental bzw. nicht abgeleitet sind; und (3) die *upaklesa-dharma* oder untergeordnete unheilsame Faktoren, welche aus den vorherigen zwei Gruppen abgeleitet sind. Von den beiden Kategorien *mula-klesa* und *akusala* ist letztere die aktiv unheilsamere.

Die Yogacarin hingegen treffen nur eine Unterscheidung zwischen den grundlegenden Befleckungen und den untergeordneten Befleckungen, obwohl sie – wie wir später sehen werden – diverse interne Subgruppen eingeführt haben, v. a. was die zweite Gruppe betrifft.

4. *Unbestimmte geistige Qualitäten.* In der Sthaviravadin-Schulrichtung sind alle *caitasika* in einer der drei vorangehenden Gruppen enthalten; aber sowohl die Sarvastivadin wie die Yogacarin ergänzen eine vierte Gruppe von Faktoren, welche den Umständen entsprechend sowohl heilsam als auch unheilsam sein können oder welche aus anderen Gründen in keine der vorherigen Gruppen passen.

Aus den vorangehenden Bemerkungen wird ersichtlich, dass die Sarvastivadin folgende Gruppierung der *caitasika* vorgenommen haben (*A. K.* 4-3a):

1) *Mahabhumika-dharma* oder allgemeine geistige Qualitäten, zehn an der Zahl.
2) *Kusala-mahabhumika-dharma* oder allen Arten heilsamer

geistiger Aktivität gemeinsame Qualitäten, zehn an der Zahl.
3) *Klesa-mahabhumika dharma*, grundlegende Befleckungen oder Verstrickungen, sechs an der Zahl.
4) *Akusala-bhumika-dharma*, unheilsame geistige Qualitäten, zwei an der Zahl.
5) *Upaklesa-bhumika-dharma*, untergeordnete Befleckungen der beiden vorherigen Kategorien, zehn an der Zahl.
6) *Avyakrta-bhumika-dharma*, vermischte geistige Qualitäten, acht an der Zahl.

Das Arrangement der Yogacarin ist wie folgt (*V. M. S.* 5-22a):

1) *Universelle* geistige Qualitäten, die jedem Bewusstseinsvorgang gemeinsam und weder heilsam noch unheilsam sind; fünf an der Zahl.
2) *Spezielle* geistige Qualitäten, die nur bei besonderen geistigen Aktivitäten vorkommen, aber ebenfalls weder heilsam noch unheilsam sind; fünf an der Zahl.
3) *Heilsame* geistige Qualitäten, elf an der Zahl, alle davon fundamental.
4) *Fundamentale* Befleckungen (*klesa*), sechs an der Zahl (unheilsam).
5) *Untergeordnete* Befleckungen, zwanzig an der Zahl (unheilsam).
6) *Unbestimmte* geistige Qualitäten, vier an der Zahl.

Die Klassifikation der Sthaviravadin ist wie folgt (*C. P.* S.98, Merkvers):

1) *Universelle* geistige Qualitäten, sieben an der Zahl.
2) *Spezielle* geistige Qualitäten, sechs an der Zahl.
3) *Unheilsame* geistige Qualitäten, vierzehn an der Zahl.
4) *Universelle* heilsame geistige Qualitäten, neunzehn an der Zahl.
5) *Enthaltsamkeiten*, drei an der Zahl (heilsam).
6) *Unermesslichkeiten*, zwei an der Zahl (heilsam).
7) *Rechtes Erwägen* (heilsam).

Bevor wir uns eingehender mit allgemeinen Beziehungen beschäftigen können, ist es notwendig, die einzelnen *dharma* der jeweiligen Kategorie anzuführen.

I. *Allgemeine geistige Qualitäten*

A. Die Sarvastivadin treffen keine Unterscheidung zwischen universellen und speziellen Qualitäten, oder sie sind der Ansicht, dass alle der folgenden *dharma* universell sind. Es handelt sich um (*A. K.* 4-3b):

1) *Vedana* oder Empfindung.
2) *Samjna* oder Vorstellung.
3) *Cetana* oder Wollen.
4) *Sparsa* oder Kontakt [*sensation*].
5) *Chanda* oder Wille bzw. Absicht.
6) *Mati* oder Intelligenz, Weisheit, Vernunft.
7) *Smrti* oder Achtsamkeit, Erinnerung.
8) *Manaskara* oder Aufmerken, geistige Erregung.
9) *Adhimoksa* oder Entscheiden oder Festlegen.
10) *Samadhi* oder Sammlung.

Vasubandhu erklärt, dass sich keine logische Abfolge in der obigen Anordnung befinde, und dass die Reihenfolge austauschbar ist (*A. K.* 4-4a).

B. Die Yogacarin (*V. M. S.* 3-9b) sind bei ihrer Anordnung logischer und systematischer vorgegangen. Sie haben nicht nur die obigen zehn Qualitäten in fünf universelle und fünf spezielle aufgeteilt, sondern die Reihenfolge ihrer Anordnung erfolgt auch auf der Grundlage eines vermuteten Gedankenprozesses.

Die fünf universellen sind:

1) *Manaskara* oder Aufmerken, primäre geistige Erregung.
2) *Sparsa* oder daraus resultierender Kontakt.
3) *Vedana* oder durch Kontakt hervorgerufene Empfindung.
4) *Samjna* oder Vorstellung, die abgrenzenden Vorstellungen als Ergebnis von Empfindung.
5) *Cetana* oder Wollen, der Wunsch, weitere derartige Eindrücke zu erfahren oder zu vermeiden.

Die fünf speziellen Qualitäten sind:

6) *Chanda*, Wille oder die Absicht zu handeln; fester verankert und bestimmter als *cetana*.
7) *Adhimoksa* oder Entscheiden, die eindeutige Platzierung

eines Objekts in bestimmten Kategorien und der Entschluss, entsprechend zu handeln.

8) *Smrti*, Achtsamkeit oder Erinnerung, ein tiefer und klarer Eindruck eines Objekts im Unterschied zur vergänglicheren Natur der vorherigen Kategorien, sowie die Möglichkeit, das Bildnis eines Objekts willkürlich oder durch die Verbindung mit Vorstellungen (automatisch) zu benennen.
9) *Samadhi* oder Sammlung, das Auswählen eines einzelnen Objekts oder Gedankens und des Verweilens darauf.
10) *Mati* oder Intelligenz, Weisheit. Dies ist die überlegende Kraft, mittels der wir rationale Gedanken fassen können, im Unterschied zum automatischeren *samjna*, welches lediglich der Benennung eines Objekts dient.

C. Die Sthaviravadin geben folgende Liste.[169] Die sieben universellen:

1) *Sparsa* (*phassa*) oder Kontakt.
2) *Vedana* (*vedana*) oder Empfindung.
3) *Samjna* (*sanna*) oder Vorstellung.
4) *Cetana* (*cetana*) oder Wollen.
5) *Ekagrata* (*ekkagata*) oder Singularität eines Objekts (= *samadhi*).
6) *Manaskara* (*manasikara*) oder Aufmerken.
7) *Jivitendriya* (*jivitindriya*) oder geistige Lebendigkeit, Vitalität.

Die sechs speziellen Qualitäten:

8) *Vitarka* (*vitakka*), Erheben oder anfängliche Ausrichtung des Geistes.
9) *Vicara* (*vicara*), Untersuchen oder anhaltende Ausrichtung des Geistes.
10) *Adhimoksa* (*adhimokkha*) oder Entschluss.
11) *Virya* (*viriya*) oder Anstrengung, Bemühen.
12) *Priti* (*piti*), Lust oder angenehmes Interesse.
13) *Chanda* (*chanda*) oder Wille, Wunsch zu handeln.

[169] [Fußnote im Original] *C. P.* S.94-5. Hier und an anderen Stellen habe ich die Wörter in Sanskrit wiedergegeben, um den Vergleich mit den nördlichen Listen zu erleichtern; die Pali-Formen sind in Klammern ergänzt.

Die Sarvastivadin und die Yogacarin führen die gleichen *dharma* an, auch wenn sich ihre Anordnung unterscheidet. Es gibt jedoch einen Unterschied zwischen den Sarvastivadin und den Yogacarin auf der einen Seite und den Sthaviravadin auf der anderen Seite. Erstere haben nur zehn allgemeine *dharma*, im Unterschied zu dreizehn bei letzteren. Die *jivitendriya* bzw. Vitalität der Sthaviravadin wird von den ersten beiden Schulen unter den *citta-viprayukta-dharma* geführt und nicht unter den *caitasika*. *Vitarka* und *vicara* werden unter den *avykrta-dharma* bzw. unbestimmten Qualitäten angeführt. Dies reduziert die Liste der Sarvastivadin auf zehn. Aber *priti* wird in den nördlichen Schulen als eine Form von Freude (*somanassa*) angesehen, und damit als ein Aspekt von *vedana*; darum wird es nicht als ein separater Faktor angeführt. Anstelle von *priti* haben die nördlichen Schulen *mati* oder Intelligenz, welches dem *prajna* (*panna*) der Sthaviravadin entspricht, welche dieses jedoch nicht unter den allgemeinen geistigen Qualitäten anführen, sondern unter den heilsamen. Ebenso reservieren die Sthaviravadin den Begriff *samadhi* für die höheren Arten der Sammlung und verwenden den Ausdruck *ekagrata* für gewöhnliche Konzentration.

II. *Heilsame geistige Qualitäten*

A. Die Sarvastivadin (*A. K.* 4-4a; *N. A.* 11-16a) führen folgende zehn *dharma* als Bestandteile dieser Gruppe an:

1) *Sraddha*, Glauben oder Frömmigkeit.
2) *Apramada*, Sorgfalt oder Selbst-Kontrolle.
3) *Prasrabdhi*, Heiterkeit oder Fröhlichkeit.
4) *Upeksa*, Gleichmut oder Gelassenheit.
5) *Hri*, Schamgefühl (gegenüber üblen Handlungen).
6) *Apatrapa*, Bescheidenheit.
7) *Alobha*, Begierdelosigkeit.
8) *Advesa*, Hasslosigkeit.
9) *Ahimsa*, Gewaltlosigkeit oder Mitleid.
10) *Virya*, Tatkraft oder Energie.

B. Die Yogacarin (*V. M. S.* 6-24a) kennen dieselben zehn Faktoren, aber ergänzen einen weiteren *dharma*, *amoha* oder Unverblendung bzw. Erleuchtung, von dem es im *Abhidhamma-kosa* heißt, dass er identisch ist mit dem Faktor *mati* der vorherigen Gruppe [allgemeiner geistiger Qualitäten], und das ihn daher nicht als eigenen *dharma* anführt. Die Reihenfolge der Auflistung ist jedoch etwas verschieden, und zwar wie folgt:

1) *Sraddha*, Glauben oder Frömmigkeit.
2) *Virya*, Tatkraft oder Energie.
3) *Hri*, Schamgefühl.
4) *Apatrapa*, Bescheidenheit.
5) *Alobha*, Begierdelosigkeit.
6) *Advesa*, Hasslosigkeit.
7) *Amoha*, oder Unverblendung.
8) *Prasrabdhi*, Heiterkeit oder Fröhlichkeit.
9) *Apramada*, Sorgfalt oder Selbst-Kontrolle.
10) *Ahimsa*, Gewaltlosigkeit.
11) *Upeksa*, Gleichmut oder Gelassenheit.

Es wird auffallen, dass diese Anordnung die Gegenteile der drei unheilsamen Wurzelursachen, d. i. Hass, Gier und Verblendung, enthält.

C. Die Aufzählung der Sthaviravadin (*C. P.* S.96-7) unterscheidet sich beträchtlich von den beiden bisherigen Listen und ist sehr viel ausführlicher und komplizierter, wenngleich weniger wissenschaftlich und logisch. Die verschiedenen heilsamen *dharma* sind wie folgt in vier Gruppen angeordnet:[170]

(i) *Prajna* (*panna*), Weisheit oder Denken.

(ii) Die Unbegrenzten:

1) *Karuna* (*karuna*), Mitgefühl (= *ahimsa*).
2) *Mudita* (*mudita*), Anerkennung.

(iii) Die Enthaltsamkeiten:

3) Rechte Rede.
4) Rechtes Handeln.
5) Rechter Lebenserwerb.

(iv) Allgemeine heilsame geistige Qualitäten:

6) *Sraddha* (*saddha*), Glaube.
7) *Smrti* (*sati*), Achtsamkeit.
8) *Hri* (*hiri*), Schamgefühl.
9) *Apatrapa* (*ottappa*), Bescheidenheit.
10) *Alobha* (*alobha*), Gierlosigkeit.
11) *Advesa* (*adosa*), Hasslosigkeit.
12) *Tatramadhyasthata* (*tatramajjhattata*), geistige Ausgewogenheit (= *upeksa*).

[170] Siehe hierzu u.a. Nyanaponika, *Abhidhamma Studies*.

13) *Prasrabdhi* (*passaddhi*), Gestilltheit des Geistes.
14) *Prasrabdhi* (*passaddhi*), Gestilltheit der geistigen Faktoren.
15) *Laghuta* (*lahuta*), Beweglichkeit des Geistes.
16) *Laghuta* (*lahuta*), Beweglichkeit der geistigen Faktoren.
17) *Mriduta* (*muduta*), Geschmeidigkeit des Geistes.
18) *Mriduta* (*muduta*), Geschmeidigkeit der geistigen Faktoren.
19) *Kamanyata* (*kammannata*), Gefügigkeit des Geistes.

20) *Kamanyata* (*kammannata*), Gefügigkeit der geistigen Faktoren.
21) *Pragunata* (*pagunata*), Geschultheit des Geistes.
22) *Pragunata* (*pagunata*), Geschultheit der geistigen Faktoren.
23) *Rjukata* (*ujukata*), Geradheit des Geistes.
24) *Rjukata* (*ujukata*), Geradheit der geistigen Faktoren.

Beim Vergleich der nördlichen Liste, d. i. der Sarvastivadin und Yogacarin, mit der südlichen Liste der Sthaviravadin haben wir bereits angemerkt, dass *smrti* mit *virya* den Platz gewechselt hat. *Karuna* und *mudita* werden unter dem einen Faktor *ahimsa* zusammengefasst, so dass der einzige Faktor der Sthaviravadin-Liste, welcher nicht auch bei den nördlichen beiden Schulen vorkommt, die drei Enthaltsamkeiten sowie die Faktoren 15-24 der allgemeinen heilsamen Faktoren sind, während sich aus den nördlichen Listen lediglich *apramada* nicht in der südlichen Liste findet.

III. *Unheilsame geistige Qualitäten*

Hier wird das Thema vertrackter, und aufgrund der detaillierteren Unterteilung in den nördlichen Schulen ist es besser, unsere gewohnte Reihenfolge umzukehren und mit der Auflistung der Sthaviravadin zu beginnen (*C. P.* S.95-6). Sie besteht aus:

1) *Moha* (*moha*) oder Verblendung.
2) *Ahrikaya* (*ahirika*) oder Schamlosigkeit.
3) *Anapatrapya* (*anottappa*) oder Gewissenlosigkeit.
4) *Auddhatya* (*uddhacca*) oder Aufgeregtheit.

5) *Lobha* (*lobha*) oder Gier.
6) *Drsti* (*ditthi*) oder falsche Sichtweisen.
7) *Mana* (*mana*) oder Dünkel.
8) *Dvesa* (*dosa*) oder Hass.
9) *Irsya* (*issa*) oder Neid.
10) *Matsarya* (*maccharya*) oder Geiz.
11) *Kaukrtya* (*kukkucca*) oder Gewissensunruhe.
12) *Styana* (*thina*) oder geistige Starrheit.
13) *Middha* (*middha*) oder Mattheit.
14) *Vicikitsa* (*vicikicca*) oder Zweifel.

B. Die Sarvastivadin (*A. K.* 4-5a; *N. A.* ii, 7b) haben folgende Anordnung der unheilsamen *caitasika* ausgebildet:

(i) Grundlegende Befleckungen (*klesa*):

1) *Moha* oder Unwissenheit.
2) *Pramada* oder Achtlosigkeit.
3) *Kausidya* oder Unaufmerksamkeit gegenüber dem, was zu tun ist.
4) *Asraddha* oder Mangel an Vertrauen.
5) *Styana* oder Trägheit.
6) *Auddhatya* oder Rücksichtslosigkeit.

Diese können entweder aktiv unheilsam (*akusala*) sein, d. h. direkt zu leidhaften Konsequenzen führen, oder verdeckt-neutral (有覆無記), d. h. indirekt zu leidhaften Resultaten führen.

(ii) *Akusala-dharma* (*A. K.* 4-6b, auch 21-4b; *N. A.* 6-8b).

7) *Ahrikata* oder Schamlosigkeit.
8) *Anapatrapa* oder Gewissenlosigkeit.

Diese beiden sind aktiv unheilsam und führen unmittelbar zu leidvollen Resultaten.

(iii) Untergeordnete Befleckungen (*A. K.* 4-7a; *N. A.* 6-9b):

9) *Krodha* oder Ärger.
10) *Mraksa* oder Heuchelei.
11) *Matsarya* oder Selbstsucht.
12) *Irsya* oder Neid.
13) *Pradasa* oder Schwermut, Unzufriedenheit.
14) *Vihimsa* oder Gewalt.
15) *Upanaha* oder Feindseligkeit.

16) *Maya* oder Täuschung.
17) *Sathya* oder Unaufrichtigkeit.
18) *Mada* oder Arroganz.

Diese untergeordneten *klesa* haben vier spezifische Qualitäten, d. h. obwohl auch andere *caitasika* eine oder mehrere dieser Eigenschaften besitzen können, verfügen nur die *upaklesa* über alle vier. Diese kennzeichnet:

1. Sie können nur durch Praxis, aber nicht durch intellektuelle Einsicht überwunden werden.
2. Sie sind nur mit *mano-vijnana* verbunden, aber nicht mit den fünf anderen *vijnana*.
3. Sie sind alle mit Unwissenheit verbunden.
4. Sie können getrennt auftreten und sind daher nicht notwendig miteinander verbunden.

C. Die Aufzählung der unheilsamen Faktoren bei den Yogacarin (*V. M. S.* 6-25b; *A. S. S.* 1-4a) ist wie folgt:

(i) Die grundlegenden Befleckungen:

1) *Lobha* oder Verlangen.
2) *Dvesa* oder Übelwollen, Hass.
3) *Vicikitsa* oder Zweifel.
4) *Mana* oder Stolz.
5) *Moha* oder Verblendung.
6) *Asamyag-drsti* oder falsche Sichtweisen, welche von fünferlei Art sind und zuweilen als eigene Faktoren angeführt werden.

Wir erkennen hier, wie sehr sich die Aufzählung der fundamentalen Befleckungen bei den Sarvastivadin und den Yogacarin voneinander unterscheiden, auch wenn beide Listen darin übereinstimmen, dass sie sechs Faktoren anführen. Fünf der *dharma*, welche die Sarvastivadin als grundlegend betrachten, finden sich bei den untergeordneten *klesa* der Yogacarin, so dass nur eine der fundamentalen Befleckungen der Yogacarin (*vicikitsa*) keine Berücksichtigung findet. Um diese Lücke zu schließen, haben die Yogacarin vier Faktoren genommen, welche die Sarvastivadin als *avyakrta* oder nicht-bestimmte *dharma* ansehen, und haben sie als fundamentale *klesa* angeführt. Es handelt sich um *lobha*, *mana*, *dvesa* und *moha*. Im Übrigen befindet sich diese Einteilung in weit größerer Übereinstimmung mit dem allgemeinen Geist des Buddhismus; damit haben wir fünf Faktoren. Die sechste Befleckung, *asamyag-drsti* oder falsche Sichtweisen, wird im *Abhidhamma-kosa* nur als negativer Aspekt von *mati* (Intelligenz, Weisheit) angesehen und daher nicht als eigenständiger Faktor geführt.

(ii) Die untergeordneten Befleckungen (*V. M. S.* 6-27; *A. S. S.* 1-4b):

1) *Krodha* oder Ärger.
2) *Upanaha* oder Feindseligkeit.
3) *Mraksa* oder Heuchelei.
4) *Santapa* oder Schwermut, Verdruss (= *pradasa*).
5) *Karpana* oder Egoismus (= *matsarya*).
6) *Irsya* oder Neid.
7) *Sathya* oder Unaufrichtigkeit.
8) *Maya* oder Täuschung.
9) *Vihimsa* oder Gewalt.
10) *Mada* oder Arroganz.
11) *Ahrikya* oder Schamlosigkeit.
12) *Anapatrapya* oder Gewissenlosigkeit.
13) *Styana* oder Trägheit.
14) *Auddhatya* oder Rücksichtlosigkeit.
15) *Asraddha* oder Mangel an Vertrauen.
16) *Kausidya* oder Faulheit.
17) *Pramada* oder Unachtsamkeit.
18) *Musitasmrtita* oder Vergesslichkeit.
19) *Viksepa* oder Verwirrung.
20) *Asamprajna* oder falsches Urteilen.

Vergleicht man die Liste der untergeordneten Befleckungen bei den Sarvastivadin und den Yogacarin, zeigt sich, dass die Yogacarin alle zehn der Sarvastivadin sowie zwei der *akusala-dharma* aufgenommen haben. Auch die vier Faktoren, welche die Yogacarin von den fundamentalen Befleckungen abgezogen haben, sind hier untergekommen (Nr. 13-17). Die letzten drei Faktoren in der Yogacarin-Liste werden im *Abhidhamma-kosa* (4-5b) gelegentlich als mitenthalten angeführt, aber nicht als Unterteilungen von *mati*.

Ein Vergleich der nördlichen und südlichen Listen zeigt, wie unterschiedlich die Entwicklungslinien dieser beiden Traditionen gewesen sind. Diese Unterschiede benötigen aber keine weiteren Ausführungen.

IV. *Die unbestimmten geistigen Eigenschaften*

Wir haben bereits erwähnt, dass diese Kategorie bei den Sthaviravadin nicht vorkommt, sondern eine Eigenheit der nördlichen Schulen ist.

Die Sarvastivadin führen acht solcher Faktoren an (*A. K.* 4-7a):

1) *Vitarka*, geistige Hinwendung oder Erfassen.
2) *Vicara*, Untersuchen oder anhaltende Hinwendung.
3) *Kaukrtya*, Reue oder Kummer.
4) *Middha*, Erstarrung.
5) *Raga*, Gier (= *lobha*).
6) *Pratigha*, Übelwollen (= *dvesa*).
7) *Mana*, Stolz.
8) *Vicikitsa*, Zweifel oder Ratlosigkeit.

Die Yogacarin haben nur vier solcher Faktoren, und diese sind identisch mit den ersten vier bei der Auflistung der Sarvastivadin. Die verbleibenden vier Faktoren der Sarvastivadin-Liste werden bei den Yogacarin unter den allgemeinen Befleckungen geführt (*V. M. S.* 7-29a; *A. S. S.* 1-5b). Es wurde schon gezeigt, dass die Sthaviravadin *vitarka* und *vicara* unter den besonderen allgemeinen *caitasika* anführen, während die anderen Faktoren dieser Kategorie unter den gewöhnlichen unheilsamen *caitasika* aufgelistet sind.

2.5.4 Allgemeine Besprechung der *caitasika*

Der erste Punkt, der erwähnt werden muss, ist die Beziehung zwischen den *citta-raga* und den *caitasika* sowie die funktionelle Koordination der beiden Gruppen. Es gab eine Menge unterschiedlicher Ansichten zu diesem Thema; aber die meisten Sarvastivadin sind der Ansicht, dass die Funktion der *citta* universell und die der *caitasika* speziell ist. Das heißt, *citta* und *caitasika* entstehen exakt im selben Moment; aber *citta* erfasst die allgemeine Beschaffenheit eines Objekts, während die *caitasika* seine einzelnen Attribute gesondert erfassen und dann zu einem synthetischen Ganzen zusammenfügen.

Die funktionalen Beziehungen zwischen dem Geist und den geistigen Faktoren sind fünffach, nämlich:

(1) *Einheit hinsichtlich der Zeit.* – *Citta* und die dazugehörigen *caitasika* entstehen exakt im selben Moment (*ksana*), so dass die *caitasika* eines vergangenen Moments nicht mit dem Geist (*citta*) eines unmittelbar darauf folgenden Moments verbunden sind.

(2) *Einheit hinsichtlich der Basis.* – Hier bezieht sich der Ausdruck „Basis" auf die Sinnesorgane. Der mit ihnen verbundene Geist und die geistigen Qualitäten gründen in denselben *indriya.*

(3) *Einheit hinsichtlich der erkannten Objekte.* – Das von *citta* und *caitasika* erfasste Objekt ist dasselbe.

(4) *Einheit hinsichtlich der Essenz.* Die Essenz bzw. die essentiellen Eigenschaften von *citta* und den damit einhergehenden *caitasika* sind dieselben.[171]

(5) *Einheit hinsichtlich der Funktion.* Die Wirkung bzw. Aktivität von *citta* und *caitasika* erfolgt in gleicher Richtung.

Die vorherige Klassifikation der *caitasika* erfolgte hinsichtlich ihrer grundsätzlichen Beschaffenheit, d. h. alle heilsamen und unheilsamen wurden zusammen angeführt. Nun wollen wir untersuchen, wie diese *caitasika* in einem Menschen oder einem anderen Wesen verbunden sind; oder mit anderen Worten, wie die analytische Gruppierung der *caitasika* der synthetischen Gruppierung, wie sie in der Natur vorkommt, entspricht.

A. Zunächst (*A. K.* 4-7b; *N. A.* 11-9) betrachten wir das Dasein im Bereich der Sinnessphäre (*kama-dhatu*). Abgesehen von der eher theoretischen Einteilung der *dharma* in heilsam, unheilsam und neutral führt das *Abhidhamma-kosa* aus, dass zu jeder beliebigen Zeit die geistige Verfassung eines Individuums in die eine oder andere der folgenden fünf Gruppen fällt, und dass jeder dieser Zustände eine bestimmte Anzahl von *caitasika* enthält. Die fünf möglichen geistigen Verfassungen sind:

i. Heilsam
ii. Einfach unheilsam.
iii. Komplex unheilsam.
iv. Hemmend neutral.
v. Nicht-hemmend neutral.

(i) Wenn ein heilsamer geistiger Zustand aufkommt, wird mittels Betrachtung erkannt, dass in dem Individuum entweder 22 oder 23 geistige Qualitäten präsent sind. Diese bestehen aus den zehn universellen *caitasika,* welche in jedem Bewusstseinszustand anwesend sind, zuzüglich der zehn

[171] Evtl. ist die karmische Wirkung gemeint, d. h. dass ein heilsamer Geist mit heilsamen geistigen Eigenschaften verbunden ist, und ein unheilsamer Geist mit unheilsamen Qualitäten.

grundlegenden heilsamen *dharma*, die alle zusammen in jedem heilsamen Bewusstseinsmoment vorkommen, sowie *vitarka* und *vicara*. Dies ergibt 22 *dharma*, die immer vorhanden sind. Zu diesen kann in gewissen Momenten *kaukrtya* oder Reue hinzutreten, was insgesamt 23 ergibt. Bei anderen Gelegenheiten erhöht sich die Zahl auf 24, wenn *middha* oder Trägheit dazukommt.

(ii) Der einfache unheilsame Zustand des Geistes besteht aus denjenigen Momenten, während derer der Geist unheilsam wirksam ist durch Verknüpfung mit *moha* bzw. Unwissenheit, aber mit keiner der anderen grundlegenden Leidenschaften wie z. B. *raga* oder Verlangen oder *dvesa* bzw. Übelwollen. Diese Zustände umfassen wenigstens zwanzig *caitasika*, nämlich: (1) die zehn universellen geistigen Eigenschaften; (2) die sechs grundlegenden Befleckungen; (3) die beiden *akusala-dharma*; (4) *vitarka* und *vicara* (vgl. *A. K.* 4-8).

Einige Schulen haben in Ergänzung zu dem einfachen, aus Unwissenheit und seinen Begleitfaktoren bestehenden unheilsamen Zustand eine eigene Gruppe angeführt, bestehend aus den Begleitfaktoren schlechter Sichtweisen. Vasubandhu jedoch lehnt es ab, falsche Sichtweisen als einen einundzwanzigsten *caitasika* zu zählen, mit der Begründung, dass Irrtum lediglich eine verkehrte Funktion von *mati* bzw. Intelligenz sei, weshalb die Anzahl und Namen der *caitasika* in einem mit Unwissenheit verbundenen geistigen Zustand und einem mit falschen Sichtweisen verbundenen Zustand identisch sind. Wenn Trägheit in dieser Kategorie anwesend ist, sind einundzwanzig *caitasika* vorhanden.

(iii) Die komplexen unheilsamen geistigen Zustände bestehen aus mentalen Verbindungen, die andere *caitasika* enthalten als die mit Unwissenheit verbundenen Zustände. Sie zerfallen in drei Klassen, nämlich:

a) Diejenigen geistigen Zustände, in denen eine der vier unbestimmten geistigen Qualitäten anwesend ist (*raga*, *pratigha* etc.). Diese können nur einzeln vorkommen, da jeder geistige Zustand, welcher *raga* enthält, als aus den vorangehenden zwanzig *caitasika* bestehend erkannt wird – und aus *raga* als Nummer einundzwanzig.

b) Diejenigen geistigen Zustände, in denen eine der zehn untergeordneten Befleckungen präsent ist. Diese können ebenfalls nur einzeln auftreten, wobei sich zeigt, wenn z. B. ein geistiger Komplex mit *krodha* analysiert wird, dass er einundzwanzig *caitasika* enthält, d. h. *krodha* und die zwanzig einfachen unheilsamen *caitasika*.

c) Diejenigen geistigen Zustände, welche *kaukrtya* bzw. Schuldbewusstsein enthalten. Sie bestehen ebenfalls aus einundzwanzig *caitasika*, d. h. *kaukrtya* sowie die üblichen bzw. konstanten zwanzig.

Jede der hier angeführten drei Gruppen (a, b, c) kann Starrheit enthalten, wodurch die Gesamtzahl der *caitasika* [in dem jeweiligen Zustand] auf zweiundzwanzig steigt.

(iv) Hemmende, neutrale geistige Zustände. Diese sind in Wirklichkeit unheilsam, aber die Buddhisten klassifizieren sie ethisch mit Bezug auf ihre Konsequenzen, und da diese geistigen Verfassungen nicht zwangsläufig zu unmittelbaren leidvollen Resultaten führen müssen, werden sie als hemmend und neutral bezeichnet. Solche geistigen Zustände bestehen aus mindestens achtzehn *caitasika*, nämlich: (1) die zehn allgemeinen geistigen Qualitäten; (2) die sechs grundlegenden Befleckungen; (3) *vitarka* und *vicara*. Zu diesen kann noch Trägheit kommen, was zusammen neunzehn ergibt.

(v) Nicht-hemmende, neutrale Geisteszustände, d. i. solche Zustände, die tatsächlich weder heilsam noch unheilsam sind. Sie umfassen mindestens zwölf *caitasika*, nämlich: (1) die zehn allgemeinen geistigen Qualitäten; (2) *vitarka* und *vicara*. Zu diesen fügen manche als dreizehnten *dharma* noch *kaukrtya* hinzu. Bei allen kann noch Trägheit hinzukommen, wodurch die Anzahl auf dreizehn oder vierzehn steigt.

B. Geistige Verfassungen in den höheren Sphären (*A. K.* 4-9b; *N. A.* 11-12b). Die vorherigen Kategorien haben alle möglichen Kombinationen der geistigen Begleitfaktoren erklärt, wie sie in den Zuständen der Sinnessphäre (*kama-dhatu*) vorkommen. In den beiden höheren Ebenen, *rupa* und *arupa*, ist die Anordnung der *caitasika* notwendigerweise anders. Sie kann wie folgt klassifiziert werden:

1. Die Feinkörperlichen Himmel der ersten Versenkungsstufe. Die geistigen Zustände dieser Reiche können nur vierunddreißig der sechsundvierzig *caitasika* enthalten, denn zwölf Eigenschaften können nicht vorkommen. Die zwölf, welche nicht vorkommen, sind: (1) die beiden *akusala-dharma*; (2) die ersten acht der untergeordneten Befleckungen; (3) *kaukrtya* bzw. Reue, *middha* bzw. Schläfrigkeit und *pratigha* bzw. Gehässigkeit unter den

nicht-festgelegten. Die vierunddreißig, welche vorkommen, sind: (1) die zehn allgemeinen geistigen Qualitäten; (2) die zehn heilsamen geistigen Qualitäten; (3) die sechs grundlegenden Befleckungen; (4) die letzten drei der untergeordneten Befleckungen; und (5) die verbleibenden fünf nicht-festgelegten Qualitäten.

2. Auf der Ebene zwischen der ersten und der zweiten Versenkungsstufe verschwindet *vitarka*, aber es bleiben *vicara* und die anderen dreiunddreißig *caitasika*.

3. In den höheren Sphären (von der zweiten Versenkungsstufe an aufwärts) verschwinden *vicara*, *maya* und *sathya*, und es verbleiben die restlichen dreißig *caitasika*.

Ein letzter Punkt in der Gruppierung der *caitasika* bei den Sarvastivadin verdient noch Beachtung, und zwar die innere Beziehung zwischen (a) den heilsamen und den unheilsamen geistigen Eigenschaften und (b) den grundlegenden und den untergeordneten unheilsamen geistigen Eigenschaften.

(a) Heilsame und unheilsame Eigenschaften. Die Ungleichheit bezüglich der Anzahl zwischen den heilsamen und den unheilsamen geistigen Eigenschaften fällt sofort ins Auge, denn die Gruppe der heilsamen *dharma* besteht aus nur zehn *caitasika*, während die verschiedenen Gruppen der unheilsamen Faktoren insgesamt einundzwanzig ergeben. Unter der Kategorie der heilsamen *dharma* kann jedoch auch noch *mati* oder Intelligenz aus der Gruppe der allgemeinen geistigen Eigenschaften angeführt werden, so dass wir folgende Aufrechnung erhalten:

I. Heilsam:

1. *mati*, d. i. 1
2. die *kusala-mahabhumika*, d. i. 10

= insgesamt 11

II. Unheilsam

1. die *klesa-mahabhumika*, d. i. 6
2. die *akusala-mahabhumika*, d. i. 2
3. die *upaklesa-bhumika*, d. i. 10
4. von den *avyakrta-dharma*, d. i. 4

= insgesamt 22

Um die Differenz zwischen den beiden Gruppen jedoch exakt anzugeben, listen die Sarvastivadin nur elf der unheilsamen *dharma* als fundamental auf, während die andere Hälfte als untergeordnet oder abgeleitet von den vorherigen elf betrachtet wird, so dass sie nur indirekt oder mittelbar den heilsamen *caitasika* gegenüberstehen. Die elf heilsamen und die elf fundamentalen unheilsamen *caitasika* werden in der folgenden Weise miteinander verbunden (v. a. *Pa-tsung* 1-105):

Heilsam	Unheilsam
1. *mati*	*moha*
2. *apramada*	*pramada*
3. *virya*	*kausidya*
4. *sraddha*	*asraddha*
5. *prasrabdhi*	*styana*
6. *upeksa*	*auddhatya*
7. *hri*	*ahrikata*
8. *apatrapa*	*anapatrapa*
9. *alobha*	*lobha*
10. *advesa*	*praigha* (*dvesa*)
11. *ahimsa*	*vihimsa*[172]

Dabei gilt für die unheilsamen Faktoren: 1-6 = *mula-klesa*; 7 & 8 = *akusala*; 9 & 10 = *avyakrta*; 11 = *upaklesa*.

(b) Grundlegende und untergeordnete unheilsame Gruppen. Die verbleibenden elf unheilsamen *caitasika* (neun *upaklesa* und zwei *avyakrta-dharma*) werden als untergeordnet betrachtet und den heilsamen Faktoren nur indirekt entgegengesetzt. Der Ausdruck „untergeordnet" [*subsidiary*] wird jedoch in zwei verschiedenen Bedeutungen gebraucht: (1) diejenigen Faktoren, welche von den grundlegenden unheilsamen *dharma* abgeleitet sind; (2) diejenigen Faktoren, welche den grundlegenden *dharma* sehr ähnlich, jedoch nicht von ihnen abhängig sind. Die erste Methode der Klassifizierung enthält lediglich die verbleibenden neun *upaklesa-dharma*. Die zweite Methode der Klassifizierung umfasst sowohl die neun *upaklesa-dharma* wie auch die restlichen zwei *avyakrta-dharma*.

Die Yogacarin

Aufgrund des begrenzten Umfangs des vorliegenden Werks können wir nicht auf alle Einzelheiten in der Gruppierung und Analyse der *caitasika* bei

[172] [Fußnote im Original] Vihimsa ist ein *upaklesa* und somit ein abgeleiteter *dharma*, aber wegen seiner Bedeutsamkeit wird er hier unter den fundamentalen *dharma* angeführt.

den Yogacarin eingehen, aber die folgenden Punkte verdienen dennoch Beachtung:

A. Die Beziehung zwischen *citta* und *caitasika*. Die Yogacarin gehen bei ihrer Erklärung der Beziehung zwischen dem Geist und seinen Begleitfaktoren von folgenden drei Punkten aus:

1. Die *caitasika* sind nur mit *citta* verbunden. Anders gesagt, sie haben keine direkte Verbindung zu irgendeinem anderen *dharma*, so dass *rupa* keine *caitasika* unabhängig vom Wirken des Geistes hervorbringen kann. Die Yogacarin nehmen natürlich an, dass letztlich alle Phänomene vom Geist ausgehen, aber sie sagen, dass die Beziehung zwischen *citta* und *caitasika* enger ist als zwischen irgendwelchen anderen Kategorien.

2. Die geistigen Begleitfaktoren sind nicht nur mit allen anderen Gruppen – wie z. B. *rupa* – nicht verbunden, sie können auch nicht als Gruppe für sich selbst bestehen, so dass sie fest an den Geist gebunden sind. Ebenso wie die Sarvastivadin nehmen auch die Yogacarin zwei Phasen im Erkenntnisprozess an: (1) die allgemeine Bewusstheit eines Objekts; (2) die detaillierte Bewusstheit aller ihrer Attribute. Die besondere Funktion des Geistes ist die erste Bewusstheit und diejenige der geistigen Begleitfaktoren die zweite; aber infolge des synthetischen Charakters der *caitasika* heißt es, dass sie auch mit dem ersten Prozess verbunden sind. Das heißt:

1. *citta*	=	allgemeine Wahrnehmung
2. *caitasika*	=	spezielle Wahrnehmung

3. Die Yogacarin nehmen im Unterschied zur fünffachen Einheit der Sarvastivadin nur eine vierfache Einheit zwischen *citta* und *caitasika* an, und lassen die letzte, d. i. die Einheit der Funktion, aus. Sie erklären diese vierfache Einheit in folgender Weise:

(a) Einheit hinsichtlich der Zeit. Sowohl *citta* als auch die zugehörigen *caitasika* kommen im selben Moment (*ksana*) auf.

(b) Einheit hinsichtlich der Grundlage. Die Yogacarin nehmen für alle Arten geistiger Aktivität zwei Grundlagen an. Die eine ist die mitexistierende Grundlage, welche aus den verschiedenen, unmittelbar gegenwärtigen Sinnesobjekten besteht und das Aufkommen sowohl von *citta* wie auch der *caitasika* bewirkt. Die andere ist die vorangehende Grundlage, welche aus den geistigen Gruppen der früheren Momente besteht, die mit ihrem „aus-dem-Dasein-Scheiden" ihre Energie auf die neu entstehenden geistigen Elemente übertragen. Die Einheit von *citta* und *caitasika* bezieht sich auf beide Arten.

(c) Einheit hinsichtlich des erkannten Objekts. Die Yogacarin erkennen die Existenz vom Geist unabhängiger Objekte nicht an, so dass alle erkannten Objekte in Wirklichkeit nur die Ausformungen bzw. *hsiang fen* (相分) des Geistes und seiner begleitenden Faktoren sind. Mit der Einheit des erkannten Objekts ist daher gemeint, dass diese Ausformungen einheitlich sein müssen.

(d) Einheit hinsichtlich der Essenz. Die Beschaffenheit oder Essenz von *citta* und den damit verbundenen *caitasika* muss einheitlich sein.

In den obigen vier Kategorien meint der Begriff „Einheit" so viel wie „Identität" bezüglich der ersten beiden Gruppen und „Übereinstimmung" oder „starke Ähnlichkeit" hinsichtlich der letzten beiden. Die Yogacarin bestehen darauf, dass die Funktionen von *citta* sich beträchtlich von den Funktionen der *caitasika* unterscheiden, weswegen sie ihrer Liste der Einheiten folgerichtig auch nicht die Einheit der Funktion hinzugefügt haben, wie es bei den Sarvastivadin der Fall ist.

B. Die interne Beziehung zwischen den Gruppen der *caitasika*. Die Yogacarin führen eine weitere Klassifizierung der sechs Gruppen von *caitasika* ein, entsprechend ihrer Universalität oder Partikularität. Der Ausdruck „universell/Universalität" wird in einem vierfachen Sinn verstanden:

(1) Universalität hinsichtlich der Beschaffenheit/Natur. Der Begriff „Natur" bzw. *hsing* (性) bezieht sich hier auf die vier [karmischen] buddhistischen Kategorien – heilsam, nicht-hemmend neutral, hemmend neutral, unheilsam.

(2) Universalität hinsichtlich der Sphäre oder der Stätte des Wirkens. Hier bezieht sich der Ausdruck „Sphäre, Ort, Ebene" entweder auf die Einteilung des Universums in *kama-*, *rupa-* und *arupa-dhatu* oder auf die noch detailliertere Unterteilung in die neun Himmel der fühlenden Wesen (siehe Erster Teil: „Kosmische Synthese").

(3) Universalität hinsichtlich der Zeit, d. h. diejenigen *caitasika*, welche ihre Aktivität nicht beenden.

(4) Universalität hinsichtlich des gemeinsamen Bestehens. Dies bezieht sich auf diejenigen *caitasika*, welche notwendig gemeinsam aufkommen, wobei das Aufkommen der notwendigen *caitasika* das Aufkommen der anderen aus der gleichen Gruppe impliziert.

Blickt man zurück auf die sechs Klassen von *caitasika*, um zu sehen, inwieweit eine jede Klasse zu den vier Arten der Universalität passt, ergibt sich folgendes:

1) Die allgemeinen oder universellen geistigen Eigenschaften. Nur sie erfüllen alle vier Arten der Kausalität [Universalität]. Aus diesem Grund tragen sie die Bezeichnung „allgemein" oder „universell".

2) Die speziellen geistigen Eigenschaften. Diese erfüllen die Universalität hinsichtlich der Beschaffenheit und der Sphäre, aber nicht die anderen beiden.

3) Die heilsamen geistigen Eigenschaften. Sie verfügen nur über die Universalität der Sphäre auf allen drei Ebenen (*dhatu*).

4) *Mula*. Sie besitzen keine der vier Arten der Universalität, werden aber weiter unten noch besprochen.

5) *Upaklesa*. Siehe Punkt 4).

6) Die unbestimmten geistigen Eigenschaften. Diese verfügen über die Universalität der Beschaffenheit, insofern sie heilsam oder unheilsam sein können, jedoch nicht über die anderen drei Arten der Universalität.

C. Die interne Beziehung zwischen den *mula-dharma* und den *upaklesa-dharma*. Die verschiedenen Arten unheilsamer geistiger Eigenschaften, welche in der vorherigen Klassifizierung nur wenig Aufmerksamkeit bekommen hatten, werden untereinander in vielfacher Weise gruppiert. Die sechs *mula-klesa* haben alle eine reale und eigenständige Existenz und bedürfen daher keiner weiteren Klassifizierung; doch die untergeordneten Befleckungen (*upaklesa*) werden in zweifacher Weise angeordnet:

(a) Diejenigen *klesa*, welche eine reale Existenz haben, und diejenigen, welche nur eine konzeptuelle oder relative Existenz besitzen. Erstere sind von den *mula-klesa* abgeleitet, besitzen jedoch eine unabhängige Existenz. Letztere sind lediglich Phasen der *mula-klesa*, die der Geist herausgreift und aus pragmatischen Gründen benennt. Von den zwanzig *mula-klesa* gehören sieben zur ersten Kategorie und dreizehn zur zweiten. Die sieben eigenständig existierenden sind: (1) *ahrikata*; (2) *anapatrapa*; (3) *auddhatya*; (4) *styana*; (5) *asraddha*; (6) *kausidya*; (7) *viksepa*. Die relativ existierenden sind die übrigen dreizehn.

(b) Die größeren, die mittleren, und die kleineren. Diese drei Begriffe beziehen sich nicht auf die Größe im Sinne einer [unheilsamen] Qualität, sondern betreffen nur die Anzahl von geistigen Zuständen, in denen sie vorkommen. Die größeren *caitasika* finden sich in allen mentalen Zuständen, welche unheilsam sind, egal, ob neutral-hemmend oder aktiv unheilsam. Diese Gruppe besteht aus: (1) *auddhatya*; (2) *styana*; (3) *asraddha*; (4) *kausidya*; (5) *viksepa*; (6) *pramada*; (7) *musita-smrti*; (8) *asamprajna*.

Die mittleren *caitasika* sind diejenigen, welche in solchen Zuständen des Geistes vorkommen, die eindeutig unheilsam sind. Diese Gruppe besteht aus: (1) *ahrikata*; (2) *anapatrapa*. Natürlich enthalten die aktiv unheilsamen Zustände des Bewusstseins auch die *caitasika* der letzten Gruppe.

Die kleineren *caitasika* sind diejenigen, welche separat aufkommen, d. i. einzeln in Verbindung entweder mit den mittleren oder den größeren *caitasika*, wie es in der Behandlung der Sarvastivadin-Gruppen erläutert wurde. Die kleineren *caitasika* sind gemäß den Yogacarin: (1) *krodha*; (2) *upanaha*; (3) *mraksa*; (4) *pradasa*; (5) *irsya*; (6) *matsarya*; (7) *sathya*; (8) *maya*; (9) *vihimsa*; (10) *mada*.

D. Die Klassifizierung der *caitasika* entsprechend den acht Bewusstseinsarten. Während jede geistige Eigenschaft mit einer bestimmten Art von Geist verbunden sein muss, ist es nicht notwendig bzw. möglich, dass jede geistige Eigenschaft mit allen *vijnana* verbunden ist oder eine Verbindung eingehen kann. Tatsächlich hat jede Bewusstseinsart eine feste Anzahl von *caitasika*, mit der sie verbunden sein kann. Es handelt sich um:

1. Die achte Bewusstseinsart. – Diese ist nur mit den fünf universellen *caitasika* verbunden, welche in jeder Art von Bewusstsein notwendig anwesend sind. Das *alaya-vijnana* ist nicht direkt mit irgendwelchen anderen *caitasika* verbunden, obgleich es die Samen für alle anderen geistigen Eigenschaften und Bewusstseinsarten enthält.

2. Die siebte Bewusstseinsart. – Da dieses Bewusstsein grundsätzlich damit beschäftigt ist, zwischen „Selbst/mein" und „Nicht-Selbst/nicht-mein" zu unterscheiden, was zur irrigen Auffassung eines *atman* führt, sind alle Zweige der Yogacarin sich darin einig, dass neben den fünf universellen geistigen Eigenschaften die siebte Bewusstseinsart noch mit folgenden vier Befleckungen verbunden ist: (1) *moha*; (2) *lobha*; (3) *mana*; (4) *drsti*. Davon abgesehen gehen die Meinungen jedoch auseinander. Manche sind der

Ansicht, dass diese Bewusstseinsart nur mit diesen neun und keinen weiteren verbunden ist; aber die Mehrheit war der Ansicht, dass noch weitere *caitasika* vorhanden sein müssen. Die wesentlichen Ansichten hierzu sind aus der beigefügten Tabelle ersichtlich.[173]

3. Die ersten sechs Bewusstseinsarten. *Mano-vijnana* bzw. die sechste Bewusstseinsart ist mit allen einundfünfzig *caitasika* verknüpft, während die ersten fünf, welche passivere Empfänger der sinnlichen Eindrücke sind, nur mit vierunddreißig *caitasika* verbunden sind, nämlich: (1) fünf universelle, fünf spezielle, elf heilsame; (2) *lobha*, *dvesa*, *moha*; (3) acht größere untergeordnete, zwei kleinere untergeordnete.

Wir hatten bereits eine einigermaßen ausführliche Behandlung der *caitasika* bei den Sarvastivadin und den Yogacarin. Wären wir nicht durch den begrenzten Umfang des beabsichtigen Werks limitiert, würde nun eine Untersuchung desselben Themas für die Sthaviravadin folgen. Diese haben sich jedoch im Wesentlichen nur darum bemüht zu zeigen, welche Koordination zwischen den einundfünfzig *caitasika* und den 89 Arten von Bewusstsein besteht – ein nicht sehr spannendes Thema, dessen Einzelheiten bereits in Englisch einsichtig sind (*Compendium of Philosophy*, Teil ii und iii; sowie *The Expositor*). Daher erlauben wir uns, dieses Thema auszulassen.

V. Die *citta-viprayukta-dharma*[174]

Zum Abschluss müssen wir die vermischten *dharma* untersuchen, die sowohl vom Geist wie auch von der Materie verschieden sind und als eigene Kategorie bei den Sthaviravadin überhaupt nicht existieren. Tatsächlich ist die Auflistung dieser Faktoren als real existierende Entitäten ein wesentlicher Bestandteil nur bei den Sarvastivadin mit ihrer kuriosen, halbplatonischen und halb-realistischen Philosophie. Diese Kategorie bildet den Hauptpunkt für die Angriffe anderer Systeme wie z. B. der Sautrantika.

Sogar die Yogacarin, die historisch eng mit den Sarvastivadin verbandelt waren und zumindest formal die vierzehn *citta-viprayukta-dharma* der Sarvastivadin sowie zehn zusätzliche eigene Faktoren anerkennen, waren sich mit den Sautrantika insofern einig, als sie sagen, dass die *viprayukta-*

---

[173] Diese war wohl, ebenso wie die Tabelle der Sthaviravadin-*caitasika*, für den zweiten Teil des Buches von McGovern geplant, welches jedoch nicht erschienen ist.

[174] [Fußnote im Original] Für die Sarvastivadin *A. K.* 4-13b ff; für die Yogacarin 2-5b; *A. V. P.* 1-4a.

dharma keine getrennten und unabhängig existierenden Entitäten sind, sondern lediglich Zustände von *nama-rupa*, die der Geist aussondert und denen er einen eigenen Namen gibt.

Diese halbherzige Akzeptanz der *viprayukta-dharma* war den Sarvastivadin zutiefst zuwider, welche der Ansicht sind, dass die Erlangung (*prapti*) der Worte (*namakaya*) oder Einheit der Kennzeichen (*sabhagata*) ebenso reale Wesenheiten darstellen wie die vier *mahabhuta* oder Bewusstsein. Vom Standpunkt der Geschichte menschlichen Denkens aus betrachtet wäre es interessant, sich ausführlich mit den umfangreichen Argumentationen für und wider die Trennung oder Integration zu beschäftigen, wie sie von den Sarvastivadin und den Sautrantika geführt worden und im *Abhidhamma-kosa* aufgezeichnet sind. Der Umfang unseres Werks jedoch macht dies unmöglich; wir beschränken uns widerwillig auf eine reine Auflistung, in der Hoffnung, das Thema später einmal angemessen behandeln zu können.

(a) Die Liste der Sarvastivadin

1) *prapti* bzw. Erlangung
2) *aprapti* bzw. Nicht-Erlangung
3) *sabhagata* bzw. Einheit der Kennzeichen
4) *jivitendriya* bzw. Lebensfähigkeit
5) *jati* bzw. Geburt
6) *sthiti* bzw. Kontinuität
7) *jara* bzw. Verfall
8) *anityata* bzw. Tod
9) *asamjnika* bzw. Nicht-Bewusstheit
10) *asamjni-samapatti* oder mentale Übung, die zur Nicht-Bewusstheit führt
11) *nirodha-samapatti* oder mentale Übung, die zur Beendigung allen Daseins führt
12) *namakaya* bzw. Worte
13) *padakaya* bzw. Sätze
14) *vyanjanakaya* bzw. Texte

(b) Die Liste der Yogacarin

Die Reihenfolge der Faktoren ist etwas unterschiedlich, aber die Yogacarin haben alle obigen vierzehn *citta-viprayukta-dharma* beibehalten und folgende zehn eigene ergänzt:

1) *pravrtti* bzw. Phänomene, im Unterschied zu *nivrtti* oder Geistigem
2) *evambhagiya* bzw. Individualität
3) *pratyanubandha* bzw. Korrelation
4) *javanya* bzw. Wechsel
5) *anukrama* bzw. Nachfolge
6) *desa* bzw. Raum
7) *kala* bzw. Zeit
8) *samkhya* bzw. Zahl
9) *samagri* bzw. Inhärenz
10) *bheda* bzw. Nicht-Inhärenz oder Trennung

Dritter Teil: Kosmische Dynamik

1. Wesen und Umfang der Kausalität

1.1 Betonung der Kausalität

Einer der wichtigsten Punkte innerhalb der buddhistischen Philosophie ist ihr Bestehen auf der Lehre von der Kausalität oder des ursächlichen Entstehens. Sie wird wiederholt in den Sutras diskutiert, häufig mit spezieller Bezugnahme auf andere Sichtweisen auf das Dasein. In diesem Zusammenhang mag eine Passage aus dem *Anguttara-Nikaya* von Interesse sein:[175]

> Drei Glaubensstandpunkte gibt es, ihr Mönche. Werden sie von Verständigen geprüft, untersucht und gründlich vorgenommen, dann ergibt sich, dass sie, selbst wenn man ihnen bloß der Tradition wegen folgt, in Untätigkeit enden. Welches sind diese drei Glaubensstandpunkte? Es gibt einige Asketen und Priester, die da behaupten und der Ansicht sind, dass, was auch immer der Mensch empfindet, sei es Wohl oder Wehe oder weder Wohl noch Wehe, dass dies alles bedingt sei durch frühere (vorgeburtliche) Tat. ... dass dies alles bedingt sei durch Gottes Schöpfung. ... dass dies alles ohne Ursache und Grund geschieht. Jene Asketen und Priester nun, die da behaupten und der Ansicht sind, dass alles bedingt sei durch frühere Tat, diese habe ich aufgesucht und also gefragt: Ist es wahr, Verehrte, dass ihr, wie es heißt, behauptet und der Ansicht seid: Was auch immer der Mensch empfindet, sei es Wohl oder Wehe oder weder Wohl noch Wehe, dass dies alles bedingt ist durch frühere Tat? Derart von mir befragt, stimmten jene mit ‚Ja' bei. Ich aber sprach zu ihnen: Demnach also, Verehrte, würden die Menschen infolge früherer (vorgeburtlicher) Tat zu Mördern, Dieben, Unkeuschen, Lügnern, Zuträgern, Schimpfbolden, Schwätzern, Habgierigen, Gehässigen und Irrgläubigen? Wahrlich, ihr Mönche, denjenigen, die sich auf frühere Tat als das Entscheidende berufen, fehlt es an Willensantrieb und Tatkraft und (an einem Anlass), dieses zu tun oder jenes zu lassen. Weil sich nun aber hieraus wirklich und gewiss keine Notwendigkeit ergibt für ein [bestimmtes] Tun oder Lassen, so verdienen solche

---

[175] McGovern gibt keine genaue Stelle und auch keine Quelle an. Anstatt der Übersetzung oder Wiedergabe des englischen Textes zitiere ich die Übersetzung von Nyanatiloka/Nyanaponika, A.III.62 (*Titthayatanadi-sutta*).

geistig Unklare und unbeherrscht Lebende nicht die Bezeichnung als Asketen. Dies ist mein erster begründeter Vorwurf gegen jene Asketen und Priester, die solches behaupten, solcher Ansicht sind.

Die Vernunft des Buddha mag etwas zu pragmatisch sein, um der reinen Logik zu gefallen; aber sie reicht aus, um die Lehre klar zum Ausdruck zu bringen, dass die Dinge ihren Ursprung in Ursache und Wirkung haben, und dass, soweit es unser eigenes Schicksal betrifft, wir für die Wirkungen ebenso sehr verantwortlich sind wie für die Ursachen.

1.2 Begriffe für Verursachung

Die Lehre von der Verursachung ist zwar an erster Stelle mit der Lehre von der moralischen Verantwortung verbunden, steht aber auch mit den beiden buddhistischen Kennzeichen der Unbeständigkeit (*anicca*) und des Nicht-Selbst (*anatta*) in Zusammenhang. Nichts besteht ewig oder aus sich selbst heraus. Alle Phänomene der Welt sind nur temporäre Produkte diverser Ursachen und Bedingungen.[176]

Aber während sich alle Schulrichtungen des Buddhismus einig sind, was die grundsätzliche Gültigkeit des Gesetzes der Verursachung betrifft, so gibt es auch hinsichtlich kaum eines anderen Themas so viel Uneinigkeit, was die Details seiner Interpretation angeht. In den Nikaya finden sich lediglich Phrasen wie: „Wegen der Existenz von diesem besteht jenes; entsteht dieses, kommt auch jenes auf." Ebenso wenig gibt es ein bestimmtes Wort, welches alle Formen des Kausalgesetzes bezeichnet. Wir finden nur Ausdrücke wie *ko hetu*, *ko paccaya*, „aus diesem *hetu* (Grund), wegen dieser *paccaya* (bedingenden Beziehung)".

Diese beiden Begriffe sollten eine kuriose Geschichte erleben.[177] Im Buddhismus der Sthaviravadin ist *hetu* von geringer Bedeutung und dient nur als Verweis auf die Abhängigkeit bestimmter geistiger Zustände von den drei Giften Gier, Hass und Unwissenheit. Daher werden die derartig bewirkten Zustände des Bewusstseins *sahetuka* oder „mit *hetu*" genannt. Auf der anderen Seite wird *paccaya* zur Bezeichnung jedweder kausalen Beziehung gebraucht, d. h. der vielfältigen Weisen, in denen Phänomene zueinander in Beziehung stehen können. Tatsächlich beschäftigt sich das

---

[176] [Fußnote im Original] *Tika-nipata* 61; herausgegeben von der Pali-Text-Society, Vol. i; S. 173.

[177] [Fußnote im Orignal] Es gibt zu viele Passagen hierzu, als dass wir sie anführen könnten. Vgl. dennoch insbesondere das *Pratitya-samutpada-sastra*.

letzte Buch des Pali-Abhidhamma fast ausschließlich mit den vierundzwanzig *paccaya* oder möglichen Beziehungen zwischen verschiedenen Phänomenen.

Im Norden hingegen wurden die beiden Begriffe von den Sarvastivadin wie den Yogacarin in unterschiedlicher Weise gebraucht. Hier bezeichnet *hetu* „Ursache" im eigentlichen Sinn, oder direkte bzw. erste Ursache, während *pratyaya* für allgemein einwirkende Bedingungen steht. In einem jeden Kausalzusammenhang steht *pratyaya* nicht für die eigentliche Ursache (welche *hetu* ist), sondern die zusätzlichen Umstände, unter denen eine spezifische Ursache wirkt. *Hetu* ist die vorrangige Ursache, *pratyaya* die begleitenden Umstände, und gemeinsam bringen sie *phala* bzw. die Wirkung hervor. Zum Beispiel wird ein Samen in den Boden eingepflanzt; durch den Einfluss der Erde, Sonne, Regen etc. beginnt er zu wachsen und wird zu einem Baum. Der Same ist *hetu*; Erde, Sonne und Regen sind *pratyaya*; und der Baum ist *phala*. Im Unterschied zu den vierundzwanzig *paccaya* im Süden finden wir im Norden eine Liste von sechs *hetu*, vier *pratyaya* und fünf *phala*.

In allen Schulen des Buddhismus ist die Lehre von der Verursachung eng verbunden mit der Lehre vom Karma. Wörtlich heißt Karma „Tat" oder „Handlung", und das ist immer noch seine wichtigste Bedeutung. Später kam dazu die Bedeutung der Resultate des Handelns, die Belohnung des Guten und die Vergeltung des Schlechten. In diesem Sinne stoßen wir häufig auf den Ausdruck „er hat gutes (oder schlechtes) Karma, welches ihn erwartet". Schließlich wurde es als Begriff für das gesamte Gesetz der Verursachung gebraucht, solange es sich auf die moralische Vergeltung bezieht.

In der Frühzeit des Buddhismus und besonders bei den Sthaviravadin werden Verursachung und Karma streng voneinander unterschieden. Karma war eine der vielen Arten von Ursachen, welche ein bestimmtes Resultat erzeugen können. In diesem Sinne erklärt Nagasena dem Milinda (*M. P.* I, 191, Übersetzung von Rhys Davids), dass, auch wenn Leiden durch Karma verursacht sein kann, dennoch andere Gründe dafür möglich sind. Selbst der Buddha, frei von allem Übel, musste noch Leiden und Krankheit ertragen, wurde durch einen Stein verletzt etc., aber nicht aufgrund vergangener Fehltaten, sondern infolge diverser äußerer Umstände.

„Angenommen, oh König, ein Klumpen Erde würde in die Luft geworfen und fällt dann wieder zu Boden. Wäre es die Folge irgendwelcher vergangenen Taten, dass er zu Boden fällt?

Nein, Erhabener. Es gibt keinen Grund auf der weiten Welt, wodurch er die Ergebnisse schlechter oder guter Taten erfahren könnte. Es wäre die Folge gegenwärtiger Ursachen, unabhängig vom Karma, dass er wieder zu Boden fällt.

Nun, oh König, der Buddha sollte wie der Klumpen aus Erde betrachtet werden. So wie der Klumpen fällt, unabhängig von irgendeiner Tat, so war es auch unabhängig von irgendeiner Tat des Buddha, dass ihm der Stein auf den Fuß fiel."

Ebenso gilt, dass, auch wenn der Tod eines Menschen durch Karma bedingt sein kann, er auch als Folge von allerlei anderen Gründen eintritt. Milinda führt äußere Umstände und Karma an, während im *Abhidhammattha-sangaha* vier Gründe angeführt werden, nämlich: (1) Erschöpfung der Lebensspanne; (2) Erschöpfung des Karma; (3) Erschöpfung von beiden; (4) zerstörerisches Karma.

Es soll jedoch angemerkt werden, dass es eine stetige Tendenz gab, die Reichweite des Karma zu erhöhen. So wird im *Katha-vatthu*, einem der sieben Abhidhamma-Bücher der Sthaviravadin, ausdrücklich abgelehnt, dass Körperlichkeit die Folge von karmischer Verursachung sein kann, während im *Abhidhammattha-sangaha* vier Faktoren angeführt werden, welche zur Entstehung materieller Phänomene dienen: (1) Karma [geistiger Wille bzw. *mano-sancetana*]; (2) Bewusstsein; (3) physischer Wandel [eigentlich: Bewusstseins-Eindrücke bzw. *phassa*]; und (4) [stoffliche] Nahrung. In den Texten der Sarvastivadin wird wiederholt angeführt, dass die Ursache der Wiedererstehung des Universums der gesammelte Effekt des Karma der vorherigen Lebewesen ist; während in den späteren Mahayana-Schulen, wo der Geist die Grundlage des gesamten Universums darstellt, die Erscheinung des gesamten Universums die Folge von Karma und seinen Korrelaten ist.

1.3 Universalität des Gesetzes der Verursachung

Die Buddhisten sind der Ansicht, dass ihre Lehre der Ursachen und Bedingungen universell gültig ist hinsichtlich: (1) Ort; (2) Zeit; und (3) Objekt.

(1) Das Kausalgesetz findet in allen Bereichen des Universums gleichermaßen Anwendung, sowohl in den unzähligen materiellen Welten, wie auch in den diversen Himmeln und Höllen.

(2) Das Kausalgesetz gilt für alle drei Zeitperioden, d. i. Vergangenheit, Gegenwart und Zukunft. Für einen Buddhisten bedeutet dies darüber hinaus, dass der Kreislauf von Ursache und Wirkung endlos ist, dass es keinen Anfang gibt und dass es nie ein Ende geben wird. Somit weisen sie den Glauben an eine erste oder ultimative Ursache zurück. Vasubandhu hat eine lange und interessante Passage im *Abhidhamma-kosa* (*A. K.* 7-6a), welche sich mit der buddhistischen Position zu diesem Thema beschäftigt.

(3) Das Kausalgesetz gilt für alle Phänomene. Die einzige Ausnahme sind die *asamskrta-dharma*, welche ewig und nicht-verursacht sind. Alle *samskrta-dharma* jedoch, egal ob *rupa*, *citta*, *caitasika* oder *citta-viprayukta*, besitzen nur eine bedingte oder abhängige Existenz und haben kein eigenständiges, substantielles Dasein. Der Buddhismus unterscheidet sich von den meisten anderen Lehren dadurch, dass er die Lehre von der Verursachung und Nicht-Substantialität auf das Geistige ebenso wie auf das Materielle anwendet.

Wir erfahren sogar, dass selbst die Buddhas dem Gesetz der Verursachung unterliegen:

„Sogar die Buddhas der drei Zeiten waren nicht in der Lage und werden nicht in der Lage sein, dieses große Gesetz zu ändern."[178]

Das ist ein sehr wichtiger Punkt, insofern es eine Lehre ist, welche den Buddhismus von praktisch allen anderen Lehren unterscheidet. In den meisten anderen Denkgebäuden wird die kausale Gesetzmäßigkeit zwar auf die eine oder andere Weise anerkannt, aber die höheren Mächte, besonders das höchste Wesen, werden als darüberstehend angesehen und sind in der Lage – wie ihre Wundertaten zeigen –, es zeitweilig außer Kraft zu setzen. Der Buddhismus hingegen erkennt zwar die Möglichkeit von Wundern an, versucht sie aber mit der Kausalität in Einklang zu bringen. Dafür wird bevorzugt die Theorie des höheren Gesetzes eingeführt. So wie Naturwissenschaftler mit zunehmenden Wissen in der Lage sind, Wirkungen zu erzeugen, welche für gewöhnliche Menschen wie Wunder wirken, so erlangen im Buddhismus Heilige infolge vergangenen Karmas gewisse Kräfte, welche es ihnen ermöglichen, die Elemente zu kontrollieren. Für die Buddhisten ist die

[178] [Fußnote im Original] Aus dem kleinen Heftchen von S. Kuroda, *Outlines of Mahayana Buddhism*, Abschnitt über die Kausalität.

Zunahme der Sehkraft mittels eines Teleskops nicht mehr oder weniger wunderbar als die Zunahme von Sicht (Hellsichtigkeit) durch die Methoden der Kultivierung der psychischen Fertigkeiten. Selbst im Mahayana, in dem die Buddhas die Erlösung der Wesen bewirken, muss diese Erlösung durch kausale Zusammenhänge erfolgen.

Ein letzter Punkt verdient noch Beachtung. Alle Schulen des Buddhismus stimmen darin überein, dass nichts durch die Wirkung einer einzigen Ursache geschaffen werden kann, sondern dass alle Phänomene das Produkt von wenigsten zwei Ursachen sind. Anfänglich war diese Lehre vermutlich gegen die Idee eines Schöpfergottes bzw. Isvara gerichtet, später wurde sie so verstanden, dass eine Ursache, um eine Wirkung zu erzeugen, noch hinzukommende Hilfe von außerhalb benötigt. Es ist daher nicht richtig, zu sagen, dass jede Ursache notwendig eine Wirkung hat, denn einige singuläre Ursachen, welche keine günstigen Umstände haben, reifen nie heran. Darüber hinaus ist es für eine starke Ursache möglich, eine schwache Ursache auszumerzen.

1.4 Anwendungen des Gesetzes der Verursachung

Die Buddhisten verwendeten ihre Lehre von der Verursachung in zweifacher Weise. Die erste geschah vom Standpunkt der Gruppen der *dharma* als Ganzes, genauer gesagt in Bezug auf die Personalität von Menschen oder anderen Wesen. Die zweite geschah vom Standpunkt eines jeden einzelnen *dharma*. Die erste Anwendung können wir daher als synthetisch bezeichnen, die zweite als analytisch.[179]

Der erste Aspekt war schon in der Frühzeit der buddhistischen Philosophie vorherrschend und stellt nur eine Weiterentwicklung der Karma-Theorie dar, indem gezeigt wird, wie aufgrund verschiedener Ursachen ein Mensch nach dem Tod in einer der Höllen oder Himmel weiterlebt. Die späteren Schulrichtungen haben nicht viel mehr getan, als die alten Lehren zu systematisieren oder formalisieren. Dieser Aspekt der Kausalität dreht sich hauptsächlich um das alte Rätsel, bekannt unter der Bezeichnung *pratitya-samutpada*.

Der zweite Aspekt gewann nur in der Abhidhamma-Periode an Bedeutung. Hier wurde versucht, die grundlegenden Arten von Verursachung zu unterscheiden und zu definieren, und anhand der zahlreichen einzelnen

[179] [Fußnote im Original] Für eine weitere Diskussion dieser beiden Punkte siehe *Wei Shih*, S.212 & 217.

dharma zu zeigen, wie die diversen Arten von Personalität und alle anderen Kombinationen durch das Wirken dieser Ursachen ins Dasein treten.

Jeder dieser beiden Aspekte ist von großer Bedeutung für die Geschichte der buddhistischen Philosophie und verdient eine eigene Behandlung.

2. Das Gesetz der Verursachung in Bezug auf das Individuum

2.1 Die Kette der Ursachen

Wir haben die Personalität als eine stetig wechselnde, unter dem Einfluss des Karma geformte und gebildete Zusammensetzung kennengelernt. Die Frage, die sich nun stellt, ist die, auf welche Weise genau die Personalität sich entwickelt und auflöst. Die buddhistische Antwort auf diese Frage findet sich in der zwölfgliedrigen Kette der Verursachung, dem *pratitiya-samutpada*. In allen Formen des Buddhismus kommt es kaum vor, dass eine Ermahnung nicht dieses alte Rätselstück erwähnt. Ungeachtet ihrer Popularität scheint ihr schwer logische Exaktheit zugeschrieben werden zu können, obgleich sie auf unzählige Weise verwendet wurde. Es handelt sich zur gleichen Zeit um eine abstrakte Tafel der Abfolge von Ursache und Wirkung, um eine Liste der konkreten Stadien in der fortschreitenden Geschichte der Entwicklung, Dauer, Auflösung und Beharrlichkeit oder Transmigration des individuellen Selbst, während sie im Mahayana dazu verwendet wird, den gesamten Prozess der Entwicklung der objektiven Welt zu erklären, einschließlich der Faktoren der Existenz bzw. *dharma* aus der universellen Essenz des Geistes.[180]

Im *Visuddhi-magga* erfahren wir, wie der gute Buddhist sich nicht mit dem scheinbaren Wert des Daseins zufrieden gibt, sondern sich bemüht, das Problem des Entstehens zu lösen:

> „Der Mönch, der nach Wissen strebt, begibt sich auf die Suche nach den Ursachen der Bedingtheit von Name und Form, so wie ein geschickter Arzt beim Anblick einer Krankheit herausfinden will, wodurch sie entstanden ist. Zuerst überlegt er: Name und Form können nicht ohne Grund entstanden sein, da sie überall, zu allen Zeiten und für alle Menschen, vorliegen. Nach dieser Betrachtung fängt er an, die Ursachen und Bedingungen der Form wie folgt zu untersu-

[180] [Fußnote im Original] Siehe hierzu Teil 3 des *Mahayana-sraddhotpada-sastra.* [Siehe zum *pratitya-samutpada* insbesondere die Ausführungen von Nyanatiloka in seinem *Führer durch den Abhidhamma-Pitaka.*]

chen: Wenn dieser Körper ins Dasein kommt, entsteht er nicht inmitten eines Lotos, inmitten von Juwelen etc., sondern übelriechend, abstoßend und widerwärtig, er entsteht zwischen dem Bauch und den Eingeweiden. ... Wenn er ins Dasein tritt, sind diese vier – d. i. Unwissenheit, Verlangen, Anhaften und Handeln – seine Ursachen, insofern sie ihn erzeugen. Nahrung ist eine seiner Abhängigkeiten, insofern diese ihn stützt. Diese fünf sind seine Ursachen und Bedingungen. ...

Wenn er so die Abhängigkeit der Form erfasst hat, begreift er nun die Abhängigkeit des Namens wie folgt: In Abhängigkeit vom Auge und mit Bezug auf die Form, entsteht Sehbewusstsein (und so weiter mit den restlichen fünf Bewusstseinsarten). Wenn er so die abhängige Natur von Name und Form erkannt hat, gelangt er zu der Einsicht: So wie Name und Form im jetzigen Moment ein Dasein haben, ebenso hatten sie ein Dasein in der Vergangenheit und werden ein zukünftiges Dasein haben."[181]

Mittels eines ähnlichen Prozesses psychologischer Analyse gelangen wir am Ende zu dem Schluss, dass Name und Form mit ihrem Entstehen und ihrer Auflösung ein Teil der universellen Abfolge der Verursachung sind. Dieser Prozess wird in einem Sutra der nördlichen Tradition beschrieben, dem *Sutra über Ursache und Wirkung in der Vergangenheit und Gegenwart* (Nr. 666), welches über das Leben des Buddha berichtet. Die betreffende Passage lautet wie folgt:

„Zu dieser Zeit, der dritten Nacht seiner Meditation, untersuchte der Bodhisattva die Natur der fühlenden Wesen und aus welchem Grunde Alter und Tod existieren. Dann erkannte er, dass Alter und Tod als ihren Ursprung die Geburt haben, denn jenseits von Geburt gibt es kein Alter und Tod. Und diese Geburt wiederum erfolgt nicht durch Gott oder aus sich selbst heraus, noch ohne Grund, sondern sie erfolgt aufgrund von Ursachen und Bedingungen, denn sie hängt ab von der Existenz oder dem Taten-Prozess in der Begierde-Sphäre, der Feinkörperlichen Sphäre oder der Formfreien Sphäre. Dann untersuchte er diesen dreifachen Tat-Prozess und wie er entsteht, und erkannte, dass er von einem vierfachen Anhaften abhängt. Dann unter-

[181] [Fußnote im Original] Übersetzung in Warren, *Buddhism in Translation*.

suchte er das vierfache Anhaften und wie es entsteht, und erkannte, dass es von Begierde abhängt. Dann untersuchte er die Begierde und wie sie entsteht, und erkannte, dass sie vom Gefühl abhängt. Dann untersuchte er das Gefühl und sein Entstehen, und erkannte, wie es von Sinneswahrnehmung abhängt. Dann untersuchte er die Sinneswahrnehmung und ihr Entstehen, und erkannte, wie sie von den sechs Sinnesorganen abhängt. Und woher stammen diese? Er erkannte, dass sie von den mentalen und materiellen Aspekten (Name und Form) der Person abhängen. Dann untersuchte er Name und Form und ihr Entstehen, und erkannte, wie sie vom Bewusstsein abhängen. Dann untersuchte er das Bewusstsein und sein Entstehen und erkannte, wie es vom Handeln abhängt. Dann untersuchte er das Handeln und sein Entstehen, und erkannte, wie es von der Unwissenheit abhängig ist. ...

Darüber hinaus erkannte er: Wenn Unwissenheit ausgelöscht ist, ist das Handeln ausgelöscht. Wenn das Handeln ausgelöscht ist, ist das Bewusstsein ausgelöscht. Wenn das Bewusstsein ausgelöscht ist, sind Name und Form ausgelöscht. Wenn Name und Form ausgelöscht sind, sind die sechs Sinnesorgane ausgelöscht. Wenn die sechs Sinnesorgane ausgelöscht sind, ist die Sinneswahrnehmung ausgelöscht. Wenn die Sinneswahrnehmung ausgelöscht ist, ist das Gefühl ausgelöscht. Wenn das Gefühl ausgelöscht ist, ist das Verlangen ausgelöscht. Wenn das Verlangen ausgelöscht ist, ist das Anhaften ausgelöscht. Wenn das Anhaften ausgelöscht ist, ist der Tat-Prozess [das Werden] ausgelöscht. Wenn der Tat-Prozess ausgelöscht ist, ist die Geburt ausgelöscht. Wenn schließlich die Geburt ausgelöscht ist, sind Alter, Tod, Leiden, Pein und geistige Qualen ausgelöscht.“[182]

Die zwölf *nidana* sind, in der korrekten Reihenfolge angeführt:

1) Unwissenheit bzw. *avidya*.
2) Handeln bzw. *samskara* oder *karma*.
3) Bewusstsein bzw. *vijnana*.
4) Name und Form oder Körperliches und Geistiges bzw. *nama-rupa*.

[182] [Fußnote im Original] Faszikel 3. Die Aufzählung und teilweise Erklärung der zwölf *nidana* findet sich an diversen anderen Stellen des Kanon, v. a. im Sutra-Pitaka (siehe Sutra Nr. 15 des *Dhiga-Nikaya* und R. Davids Einleitung zu der Übersetzung dieses Sutra, *D. B.* 2, S.4). Das chinesische Gegenstück dieses Sutra findet sich im *Dirgha-Agama*, S. 48b (Kioto-Ausgabe), wo jedoch alle zwölf statt nur zehn *nidana* angeführt sind.

5) Die sechs Sinnesorgane bzw. *sadayatana.*
6) Wahrnehmung bzw. *sparsa.*
7) Gefühl bzw. *vedana.*
8) Verlangen bzw. *trsna.*
9) Anhaften bzw. *upadana.*
10) Tat-Prozess oder aktives Dasein bzw. *bhava.*
11) Geburt bzw. *jati.*
12) Alter, Krankheit und Tod bzw. *jara-marana.*

(a) Hinayana-Interpretation

Es muss zugegeben werden, dass dieser alte Rätselspruch des Buddhismus logischer Exaktheit entbehrt; spätere Denker haben sich viel mit seiner korrekten Deutung beschäftigt. Innerhalb aller Zweige des Hinayana besteht aber bemerkenswerte Einigkeit. Das Gesetz der Wiedergeburt wird mit einbezogen; die ersten beiden Glieder beziehen sich dann auf das vergangene Dasein, die nächsten acht auf das gegenwärtige und die letzten beiden auf das zukünftige.[183] Genauer ausgeführt ist die Abfolge der Verursachungen folgendermaßen:

Vergangenheit

1) *Unwissenheit.* – Der Zustand der Vergangenheit, in dem der Mensch Leidenschaften durch die Wirkung von Unwissenheit bzw. Täuschung besaß.

2) *Handeln.* – Der Zustand in der vergangenen Existenz, in dem als Ergebnis der üblen Leidenschaften heilsames und unheilsames Karma geschaffen wurde.

Gegenwart

3) *Bewusstsein.* – Der Zustand in der gegenwärtigen Existenz, in dem ein Mensch in den Mutterschoß eintritt und erstmalig Be-

[183] [Fußnote im Original] Abhidhamma-Erklärungen des *pratitya-samutpadda* sind zu zahlreich, um sie anzuführen. Mit Bezug auf das Hinayana siehe für die Sthaviravadin jedoch den Anhang zu Silacaras *Word of Buddha*, Exzerpte aus dem *Visuddhi-magga,* in Warrens *Buddhism in Translation* Kap. 2; R. P. 189 und 259. Für die Sarvastivadin *A. K.*, zweite Hälfte von Faszikel 9 und Faszikel 10 ganz; *N. A.* 25; *P. A.* 14; *M. V.* Faszikel 3 und 25. Diese alle stimmen grundsätzlich überein, so dass es nicht notwendig ist, noch weitere Autoritäten für die im Folgenden erläuterte Hinayana-Interpretation anzuführen.

wusstsein empfängt; mit anderen Worten, der Moment der Empfängnis.

4) *Name und Form.* – Der Zustand, in dem die fünf bzw. sechs Sinnesorgane im Mutterschoß ausgebildet werden. „Name" ist hier eine niedere Stufe geistiger Operationen, welche dem Fötus als körperlich noch nicht vollständig ausgebildet zukommen; oder Name und Form bedeuten zusammen den geistigen und physischen Zustand eines Embryos, etwa vier Wochen nach der Empfängnis im Mutterschoß. Wir haben bereits die fünf Stadien des Fötus kennengelernt, nämlich (1) *kalala*, (2) *arbuda*, (3) *pesi*, (4) *ghana* und (5) *prasakha*. Es heißt, der Embryo im Stadium von Name und Form hat die ersten vier der obigen fünf Stufen durchlaufen und auch schon einen Teil der fünften.

5) *Sechs Sinnesorgane.* – Der Zustand, in dem ein Mensch aus dem Mutterschoß ausgeht und seine Sinnesorgane vollständig sind, er sie aber noch nicht benutzt hat.

6) *Sinneswahrnehmung.*[184] – Der Zustand des Kindes, in welchem es in Berührung mit der äußeren Welt kommt. Dies ist das Stadium eines Kindes während der ersten zwei oder drei Jahre nach seiner Geburt, in dem sein Bewusstsein gering ist und es die subjektive Welt nicht wahrnimmt.

7) *Gefühl.* – Der Zustand eines Kindes, welches nach fünf oder sechs Jahren mit subjektiven Leiden und Freuden vertraut wird. Bis zu seinem zehnten Jahr entwickeln sich die geistigen und körperlichen Funktionen des Kindes, ohne dass es die sinnlicheren Verlangen des Fleisches wahrnimmt.

8) *Verlangen* oder *Begierde.* – Der Zustand eines Menschen, der nach fünfzehn oder sechzehn Jahren anfängt, unter die Herrschaft seiner Leidenschaften und Wünsche zu geraten. Er beginnt nun, angenehme Objekte zu begehren, ohne sich jedoch eifrig darum zu bemühen, sie zu erlangen – d. i. die Wünsche des Fleisches zu erfahren, aber noch ohne große Absicht, sie tatsächlich zu verwirklichen.

---

[184] [Fußnote im Original] Es kann etwas Verwirrung durch den Umstand hervorgerufen werden, dass die ältere Übersetzung von *sparsa* „Kontakt" war, während Sinneswahrnehmung [*sensation*] für *vedana* gebraucht wurde. Die obige Übersetzung scheint jedoch zutreffender; vgl. Teil ii, Diskussion über *vedana-skandha.*

9) *Anhaften* bzw. *Ergreifen.* – Der Zustand eines Menschen im Alter von 20 oder 30 Jahren, wo die Verlangen stärker werden und er sie nicht mehr unterdrücken kann, da sie nun eine anhaltende Wirkung ausüben. Es handelt sich einfach um eine intensivierte Form der Begierde.

10) *Dasein* oder *Tat-Prozess.* – Der Zustand, in dem der Mensch unter dem Einfluss seiner Wünsche allerlei Handlungen begeht und dadurch heilsames und unheilsames Karma für die nächste Existenz ansammelt. Es wird durch Anhaften erzeugt und entspricht dem Handeln der letzten Existenz, welches den Anlass für die Entstehung des gegenwärtigen Daseins bildet. Existenz meint hier Dasein plus Handeln, oder schöpferische Existenz bzw. karmische Existenz.

Zukunft

11) *Geburt.* – Der Zustand eines Menschen in der nächsten Existenz, wo er ein weiteres Mal in den Mutterschoß eintritt und erneut in der Welt der fühlenden Wesen erscheint, um heilsames und unheilsames Karma anzuhäufen.

12) *Alter und Tod.* – Der Zustand eines Menschen in der zukünftigen Existenz, in dem er die Verwüstungen des sterblichen Fleischs erleidet. Die Glieder 11) und 12) entsprechen denen von 3) bis 10).

Aufbauend auf dieser Interpretation der zwölf *nidana* haben die Buddhisten noch diverse ergänzende Methoden der Klassifizierung entwickelt.

1. *Die drei Elemente des Gesetzes der Verursachung.* Mit Hinsicht auf die fühlenden Wesen gibt es drei unabänderliche Elemente der Kausalität.[185] Es handelt sich um: (1) *Täuschung*, oder die Leidenschaften; (2) *Handeln*, oder das praktische Ausführen der Täuschungen oder Leidenschaften; (3) *Leiden* als notwendige Folge unheilsamen Handelns.

Im *pratitya-samutpada* gelten (1) Unwissenheit auf der einen Seite und Verlangen sowie Anhaften auf der anderen Seite als identisch vom Standpunkt der Verursachung aus und ergeben zusammen Täuschung. (2) Handeln und Dasein bzw. Tat-Prozess gelten als identisch und bilden zusammen

[185] [Fußnote im Original] 仏教統一論, Vol.1, S.163 führt und vergleicht kanonische Stellen zu diesem Thema.

das dreifache Handeln [gedanklich, sprachlich, körperlich]. (3) Bewusstsein, Name und Form, Sinnesorgane, Sinneswahrnehmung und Gefühl auf der einen Seite sowie Geburt, Alter und Tod auf der anderen Seite gelten als identisch und ergeben zusammen das Leiden.

2. *Ursache und Wirkung in den drei Zeiten.* – (1) Täuschung und (2) Handeln können zusammengefasst werden als Ursache, während (3) Leiden die Wirkung darstellt, und da die Kette der Verursachung sich über die drei Zeitperioden – Vergangenheit, Gegenwart und Zukunft – erstreckt, können die zwölf *nidana* wie folgt eingeteilt werden:

(A) Ursache und Wirkung in Vergangenheit und Gegenwart
(a) Vergangene Ursachen
1) Unwissenheit
2) Handeln
(b) Gegenwärtige Wirkungen
3) Bewusstsein
4) Name und Form
5) Sinnesorgane
6) Sinneswahrnehmung
7) Gefühl
(B) Ursache und Wirkung in Gegenwart und Zukunft
(a) Gegenwärtige Ursachen
8) Verlangen
9) Anhaften
10) Tat-Prozess bzw. Dasein
(b) Zukünftige Wirkungen
11) Geburt
12) Alter und Tod

3. *Modifikationen durch die Kommentare.* – In diesem Zusammenhang muss auf zwei Aspekte hingewiesen werden. Erstens finden sich in der vorherigen Tabelle in der Vergangenheit nur Ursachen, aber keine Wirkungen, und in der Zukunft finden sich nur Wirkungen, aber keine Ursachen. Die Kommentatoren betonen jedoch eindringlich, dass dies nur deshalb so ist, weil diese Tabelle aufgestellt wurde, um die gegenwärtige Existenz zu erklären, und es außer Frage steht, dass es in der Vergangenheit Wirkungen gegeben haben muss, damit sich dort Ursachen finden, und auch, dass als Ergebnis der Wirkungen in der Zukunft es dort (so lange, bis Nirvana er-

reicht worden ist) auch Ursachen geben wird. Zweitens: Auch wenn verschiedene Bezeichnungen für dieselben Ursachen und Wirkungen in den verschiedenen Zeiten verwendet werden, sind diese unterschiedlichen Ausdrücke in der Realität doch austauschbar. Als Folge haben die Kommentatoren die folgende, berichtigte und erweiterte Tabelle erstellt:

Vergangenheit

1) *Wirkung*. – (1) Geburt sowie Alter und Tod oder ihre Äquivalente; (2) Bewusstsein, Name und Form, Sinnesorgane, Kontakt, Sinneswahrnehmung.
2) *Ursache*. – (1) Unwissenheit und Handeln oder ihre Äquivalente; (2) Verlangen, Anhaften und Tat-Prozess.

Gegenwart

1) *Wirkung*. – (1) Bewusstsein, Name und Form, Sinnesorgane, Sinneswahrnehmung, Gefühl oder ihre Äquivalente; (2) Geburt, Alter und Tod.
2) *Ursache*. – (1) Verlangen, Anhaften, Tat-Prozess oder ihre Äquivalente; (2) Unwissenheit, Handeln etc.

Zukunft

1) *Wirkung*. – (1) Geburt, Alter und Tod oder ihre Äquivalente; (2) Bewusstsein, Name und Form, Sinnesorgane, Sinneswahrnehmung, Gefühl.
2) *Ursache*. – (1) Unwissenheit, Handeln oder ihre Äquivalente; (2) Verlangen, Anhaften, Tat-Prozess.

(b) Mahayana-Interpretation[186]

Die Interpretation der Kette der Verursachungen bei den Sarvastivadin und den Sthaviravadin ist so einstimmig hinsichtlich aller wesentlichen Punkte, dass sie gemeinsam betrachtet werden konnte. Hier jedoch hat die Yogacarin-Schulrichtung radikale Neuerungen eingebracht. Die wichtigsten Punkte sind die folgenden:

---

[186] [Fußnote im Original] Die Madhyamika lehnen den *pratitya-samutpada* vom absoluten Standpunkt aus ab, akzeptieren jedoch die Sarvastivadin-Interpretation für ihre relative Philosophie. Vgl. *Mad. Vr.* (chinesische Übersetzung), Faszikel 26 etc. Richtigerweise beginnt das, was als Mahayana-Interpretation bekannt ist, mit den Yogacarin. Für diese siehe *V. M. S.*, Faszikel 8, S.35 ff. und *Weih-shih*, S. 217 sowie *Prat. Sam. Sastra*.

1. Eine zweifache statt einer dreifachen Beziehung. Im Hinayana bezicht sich die Kette auf drei Leben – in Vergangenheit, Gegenwart und Zukunft. Im Mahayana wird nur die Wirkungsbeziehung von zwei Existenzen dargestellt, wobei die ersten zehn Glieder zum einen Leben gehören und die letzten zwei zum anderen. Die Abfolge kann jedoch entweder auf die Beziehung zwischen der Vergangenheit und der Gegenwart oder zwischen der Gegenwart und der Zukunft bezogen werden. Das gegenwärtige Dasein kann somit als die Glieder 11 und 12 betrachtet werden, d. i. die Ergebnisse von 1-10 im vergangenen Dasein; oder als die Glieder 1-10, welche in 11 und 12 des nächsten Daseins resultieren. Somit decken die Glieder 11 und 12 dieselbe Zeit, denselben Ort, dieselbe Person und dieselben Stadien ab wie die Glieder 1-10, wobei es sich nur um zwei verschieden Weisen handelt, dieselbe Gruppe von *dharma* zu betrachten – die einen als Ursache und die anderen als Wirkung. Die Yogacarin vertreten die Ansicht, dass der kausale Aspekt stärkere Betonung und Unterteilung als der Wirkaspekt nur insofern hat: Wenn die genaue Natur des Kausalprozesses verstanden wird, könne die Beschaffenheit der nächsten Geburt kontrolliert werden, oder noch besser, man könne die kausalen Ursachen so gestalten, dass keine weitere Geburt mehr stattfindet.

2. Die vierfache Klassifizierung der *nidana*. Die Hinayana-Einteilung der *nidana* in (1) vergangene Ursachen, (2) gegenwärtige Wirkungen, (3) gegenwärtige Ursachen und (4) zukünftige Wirkungen wird gänzlich aufgegeben, und an ihre Stelle tritt eine völlig andere vierfache Anordnung der zwölf Glieder, welche größtenteils auf der Ansicht basiert, dass die uns umgebende phänomenale Welt nur der Ausdruck, die Manifestation und Entfaltung (現行) der (selbstverständlich geistigen) Keime ist, welche im *alaya-vijnana* aufbewahrt werden. Damit die phänomenale Welt ins Dasein treten kann (da substantielle Materie nicht anerkannt wird), ist es daher notwendig, (1) dass bestimmte kausale Kräfte die Bildung der Keime jedes *dharma* bewirken und (2) dass diese Keime selbst nach ihrer Erzeugung so lange ruhig im *alaya-vijnana* verbleiben, ohne das phänomenale Universum zu manifestieren, bis eine neue Kraft als Stimulus oder Dünger hinzutritt. Damit daher eine Pflanze eine andere Pflanze erzeugen kann, muss sie Keime schaffen, und diese Keime müssen den fruchtbaren Einflüssen des Bodens, der Sonne und des Regens ausgesetzt sein. Auf dieser Grundlage können wir nun die vierfache Kategorisierung der Yogacarin verstehen, nämlich:

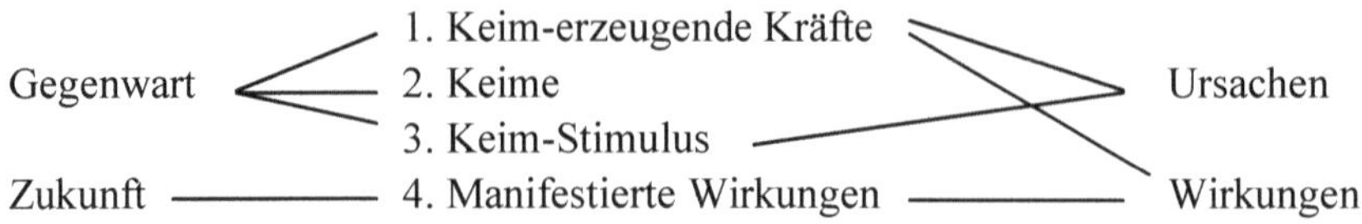

Innerhalb dieser vier Gruppen sind die zwölf *nidana* wie folgt untergebracht:

1. *Keim-erzeugende Kräfte.* – Diese bestehen aus Unwissenheit und Handeln. Diese sind letztgültige Ursachen der Wiedergeburt, da sie allein machtvoll genug sind, um Keime zu erzeugen. Unwissenheit ist von zweierlei Art: (i) Unwissenheit hinsichtlich Ursache und Wirkung, d. h. mangelndes Verständnis darüber, dass Missetaten unweigerlich bestraft werden und heilsames Handeln belohnt wird, wenn nicht in diesem Dasein, dann in einem späteren. Infolge dieser Art von Unwissenheit begehen die Menschen Taten, welche zu einer Wiedergeburt in den niederen Daseinsbezirken (*gati*) führen. (ii) Unwissenheit in der Bewertung, d. h., obwohl sie das Gesetz von Ursache und Wirkung kennen, vollziehen die Menschen Taten, welche zu einer Wiedergeburt in einem der Himmel der Begierde-Sphäre, der Feinkörperlichen Sphäre oder der Formfreien Sphäre führen, da sie nicht erkennen, dass diese Sphären kein dauerhaftes Glück schenken.

Handeln wird auf vielfache Weise unterteilt, aber im vorliegenden Fall reicht es, die Unterscheidung der Taten in unglücklich, glücklich und unbeweglich zu erwähnen. Die erste Art führt zu einer Wiedergeburt in den niederen Bezirken; die zweite zur Wiedergeburt in den Himmeln der Begierde-Sphäre; und die dritte zu einer Wiedergeburt in den beiden oberen Bereichen (Feinkörperliche und Unkörperliche Sphäre).

2. *Die Keime.* – Diese bestehen aus den Gliedern Bewusstsein, Name und Form, Sinnesorganen, Sinneswahrnehmung und Gefühl.

(a) Bewusstsein ist der Keim des achten *vijnana*, welches als Grundlage für die Existenz in einem zukünftigen Leben in allen Bereichen der drei Welten dient. Es ist das Wichtigste an den resultierenden Keimen, da das achte Bewusstsein bzw. *alayavijnana* dasjenige ist, was allen anderen *dharma* zugrunde liegt.

(b) Name und Form. Diese sind die Keime für alle Bereiche der *skandha* der zukünftigen Personalität, mit Ausnahme der Keime (i) des *alayavijnana*, (ii) der sechs Sinnesorgane, (iii) der Sinneswahrnehmung und (iv) des Gefühls. Alle diese Keime gehören dem Bereich des Nicht-Bestimmten, d. h. *vipaka-phala* an.

(c) Die sechs Sinnesorgane. Dies sind die Keime, welche zur Bildung von Augen, Ohren, Nase, Zunge, Körper und der geistigen *indriya* der zukünftigen Existenz führen.

(d) Sinneswahrnehmung. Sie ist der Keim, welcher zur Entstehung der *caitasika-sparsa* der zukünftigen Existenz führt.

(e) Gefühl. Dies ist der Keim, welcher zur Entstehung des einzelnen *caitasika-vedana* der zukünftigen Existenz führt.

3. *Der Keim-treibende Prozess*. – Wenn die Keime des zukünftigen Daseins erzeugt sind, haben sie eine immanente Tendenz zu keimen und zu sprießen (eine zukünftige körperliche Existenz auszubilden). Bislang jedoch ist die Kraft, welche sie ausüben können, zu schwach, um wirksam zu werden. Die nächsten beiden *nidana* (Verlangen und Anhaften) jedoch fungieren als Stimulantien, unter deren Einfluss die Keime zur vollen Aktivität erwachen. Verlangen wird fachgerechter als niedere *klesa* definiert, und Anhaften als die überragenden *klesa*, welche mit dem *manovijnana* assoziiert werden.

Bhava oder Dasein, das zehnte *nidana*, wird in der Yogacarin-Schulrichtung als die oben erwähnte Keime des zukünftigen Lebens in ihrem sprießenden Zustand definiert, oder wenn der Prozess des Austreibens als Ergebnis der Wirkungen der *klesa* begonnen hat.

4. *Manifestierte Wirkungen*. – So wie der Samen eines alten Samens weiterlebt und eine neue Pflanze hervorbringt, wenn die elterliche Pflanze verfallen ist, so resultiert auch der treibende Same einer alten Personalität nach deren Tod in der Manifestation einer neuen Person. In dieser Personalität sind zwei Stadien erkennbar. Das erste ist das Stadium des Anwachsens, von dem Moment an, in dem der austreibende Keim in den Schoß der Mutter eingeht, bis zur Lebensmitte, wenn die Periode des Wachstums endet. Dieses Stadium wird *jati* bzw. Geburt genannt und ist das elfte *nidana*. Vom Zeitpunkt des Endes des Wachstums und dem Beginn des Verfalls bis zum Ende des neuen Lebens wird die Personalität von *jarana-marana* dominiert, d. i. Alter, Krankheit und Tod.

2.2 Zusätzliche Anmerkungen zum *karma*

Der *pratitya-samutpada* und der gesamte, auf die Personalität bezogene Prozess der Verursachung werden in dem Begriff „Karma“ zusammengefasst. Es war demnach zu erwarten, dass die buddhistischen Philosophen diesem Ausdruck große Aufmerksamkeit schenkten, wobei dies für die

Menschen des Ostens [*Orientals*] bedeutete, Unterteilungen einzuführen. Es ist nicht möglich, auf alle diese minutiösen Klassifizierungen genauer einzugehen, v. a., da die meisten von ihnen nur von ethischer Bedeutsamkeit sind und keinen Bezug zur Philosophie aufweisen; ein oder zwei allgemeine Begrifflichkeiten sollen dennoch erwähnt werden.

Die Sarvastivadin- und die Yogacarin-Unterteilungen des Karma befassen sich hauptsächlich mit der Frage nach der angemessenen Auflistung der *sila* oder sittlichen Regeln, obwohl nicht wenig Raum der weiter vorne behandelten Unterscheidung des Karma in *vijnapti* und *avijnapti* gewidmet wird. Diesen Punkt müssen wir jedoch ignorieren. Davon abgesehen findet sich in der Behandlung des Karma wenig System, obgleich ein flüchtiger Blick in den *Abhidhamma-kosa* (viertes *kosasthana*) uns die folgende Liste von Fachausdrücken liefert, von denen manche Licht auf die nördliche Theorie des Prozesses der kausalen Gesetzmäßigkeit werfen, wie sie auf die Individuen angewandt wird.

Die wichtigsten Begriffe sind:

(1) *Drsta-dharma-vedaniya* oder Karma, dessen Früchte im gegenwärtigen Leben erfahren werden.

(2) *Upapadya-vedaniya* oder Karma, dessen Resultate in der nächsten Existenz oder gar nicht erfahren werden.

(3) *Apara-paryaya-vedaniya* oder Karma, dessen Resultate in irgendeinem zukünftigen Dasein erfahren werden.

(4) *Niyata-vedaniya* oder Karma, dessen Resultate zu einer speziellen oder festgelegten Zeit erfahren werden, im Unterschied zu:

(5) *Aniyata-vedaniya* oder Karma, dessen Resultate zu jeder Zeit erfahren werden können, zu der begünstigende Umstände es erlauben.

(6) *Karma-svaka* oder autonomes Karma bzw. Handeln, dessen Resultate nur von einem selbst erfahren werden im Unterschied zu:

(7) *Karma-dadaya* oder heteronomes Karma bzw. Handeln, dessen Resultate von anderen ebenso wie von einem selbst erfahren werden.

(8) *Karma-yoni* oder Karma, dessen Resultate durch die Geburtsumstände erfahren werden, wie z.B. in einer wohlhabenden oder einer armen Familie, als Mensch, *deva* etc. geboren zu werden.

(9) *Karma-pratisaranam* oder Karma, dessen Resultate durch die Umgebung im zukünftigen Dasein erfahren werden.[187]

Unter den Neo-Sthaviravadin, d. h. Buddhaghosa und seinen Nachfolgern, wurde diesem Themen mehr Aufmerksamkeit geschenkt, und wir finden bei ihnen die folgende, ausführliche Tabelle karmischer Beziehungen.[188]

Es findet sich zunächst eine Unterteilung des Karma hinsichtlich der Zeit, zweitens eine Unterteilung bezüglich der Funktion, und drittens eine Unterteilung mit Bezug auf die vorrangige Wirkung. Jede dieser Gruppen ist vierfach unterteilt, was insgesamt zwölf Abteilungen ergibt.

1. Bezüglich der ersten Gruppe haben wir die folgenden Unterteilungen:

(1) Unmittelbar wirksames Karma: Karma, dessen Resultate in diesem Leben erfahren werden. Wenn man seinem Einfluss entgegengewirkt und es nicht tätig werden kann, wird es unwirksam. „Ein Jäger schießt einen Pfeil ab; wenn er danebenschießt, bleibt der Hirsch unbeeinflusst.“

(2) Später wirksames Karma oder Karma, dessen Resultate im nächsten Dasein erfahren werden. Auch hier gilt: Wenn dieses durch andere Ursachen unwirksam gemacht und nicht tätig werden kann, wird es nicht in ein anderes Dasein übertragen.

(3) Unbestimmt wirksames Karma oder Karma, dessen Resultate in irgendeinem späteren Dasein erfahren werden. Die Reichweite dieses Karma ist nicht so eingeschränkt [wie die von (1) und (2)] und es kann zu irgendeiner Zeit aktiv werden, solange in der Zwischenzeit nicht Nirvana erlangt wurde, wodurch es natürlich ebenfalls unwirksam wird.

(4) Nicht-wirksames Karma (wörtlich: „Karma, das gewesen ist“). Diese Gruppe umfasst alle Arten von Karma der ersten beiden Gruppen, die zu schwach waren, um wirksam zu werden, oder durch stärkeres Karma aufgehoben worden sind.

2. Mit Bezug auf die zweite Gruppe haben wir die folgende Unterteilung:

[187] [Fußnote im Original] Siehe insbesondere die Faszikel 13, 14 und 15 der Übersetzung von Hsüan Tsang.

[188] [Fußnote im Original] Vgl. *C. P.* S.143 ff. und die Neuauflage des Aufsatz von S. Pereira in der *Buddhist Review*, „Elucidation of Kamma“ (Jahr nicht belegt). [Zu den 12 Aspekten des Karma siehe *Visuddhi-magga*, Kap. 19: „Reinheit der Zweifelentrinnung“].

(1) Wiedergeburt erzeugendes Karma. „Dies verursacht Empfängnis und ist von da ab latent. Es kann später hilfreich sein oder auch nicht, je nachdem, ob es später unterstützt oder neutralisiert wird. Mit Empfängnis ist hier nur ein Neueinstellen des Daseinsstroms (*bhavanga*) gemeint, die Frucht eines vergangenen Karma aus der später wirksamen Gruppe der zeitlichen Klassifizierung des Karma [Nr. (2) der vorangehenden vier Gruppen]." (*Elucidation of Kamma*, S. 8).

(2) Unterstützendes Karma. Dieses liefert Beistand für das Wiedergeburt erzeugende Karma, und die dadurch ins Dasein gebrachten Phänomene erhalten eine dauerhafte Grundlage.

(3) Entgegenwirkendes Karma. Dieses tendiert dazu, das Karma der beiden vorherigen Klassen zu annullieren. Es kann daher sowohl heilsamem wie auch unheilsamem Karma entgegenwirken.

(4) Zerstörerisches Karma. Diese Art von Karma, welche stärker ist als die vorherige, schneidet aktives oder potentielles Karma an der Wurzel ab und lässt es unwirksam werden.

3. Mit Bezug auf die dritte Gruppe haben wir die folgende Unterteilung:

(1) Schwerwiegendes Karma. – Dies wird so genannt, weil Karma dieser Art alle anderen Karma-Arten dominiert. Es kann sowohl heilsam als auch unheilsam sein. In jedem Fall kann es Wiedergeburt erzeugend, unterstützend, entgegenwirkend oder zerstörerisch sein. Unheilsames schwerwiegendes Karma verhindert die Wirksamkeit von heilsamem schwerwiegendem Karma so lange, bis seine Wirkungen gänzlich eingetreten sind.

(2) Todesnahes Karma. – Dies ist das Karma, welches die Beschaffenheit des nächsten Daseins bestimmt. Wenn irgendwelches schwerwiegendes Karma, sei es heilsam oder unheilsam, vorhanden ist, kommt es hier zum Tragen. Wenn kein schwerwiegendes Karma vorhanden ist, nimmt die im Moment des Todes vorhandene Art von Karma die Vorherrschaft ein.

(3) Gewohnheitsmäßiges Karma. – Dies ist Karma, welches durch die kontinuierliche Wiederholung von Gedanken, Worten und Taten erzeugt worden ist. Es folgt in seiner Mächtigkeit auf das todesnahe Karma und wird tatsächlich zum todesnahen Karma, wenn es stark genug ist, die anderen Arten von Karma zu überwinden.

(4) Aufgespeichertes Karma. – Dies umfasst „alles angesammelte, heilsame, unheilsame und neutrale Karma der gesamten Vergangenheit. Es ist tatsächlich die Gesamtheit der unbegrenzten Vergangenheit eines jeden Wesens – die ‚Jagdhunde' des unbefristet wirksamen Karmas." (*Elucidation of Kamma*) Wenn kein neues Karma stark genug ist, um wirksam zu werden, dann wird ein Karma aus dieser Gruppe als todesnahes Karma wirksam werden. Doch aufgespeichertes Karma ist ein so umfassender Speicher, dass es absolut keine Gewissheit gibt (außer für einen vollständig Erleuchteten), wie es wirksam wird. Es kann zuschlagen, wenn man am wenigsten damit rechnet.

3. Das Gesetz der Verursachung und die Faktoren des Daseins

Wir haben die grundsätzliche Reichweite des buddhistischen Verständnisses vom Gesetz der Verursachung und seine Anwendung auf die menschliche Personalität untersucht. Wir haben uns nun der etwas schwierigeren Aufgabe zuzuwenden, einige in diese Theorie verwickelten technischen Details zu betrachten, mit besonderer Berücksichtigung auf ihren kosmischen Aspekt. Im vorliegenden Fall müssen wir aber unterscheiden zwischen der Entwicklung, welche diese Lehre in der südlichen bzw. Pali-Tradition genommen hat auf der einen Seite, und der Sanskrit-Chinesischen-Tradition auf der anderen Seite.

3.3.1 Die südliche Tradition

(a) Definition von *prasthana* und *pratyaya*

Die Autoritäten des Pali unterteilen die Kausalität in die Beziehungen von *prasthana* (Pali: *patthana*) und *pratyaya* (Pali: *paccaya*). Ledi Sadaw (*Philosophy of Relations*, J.P.T.S., 1915-16) führt eine interessante Definition dieser beiden Begriffe an: „*Patthana* bezeichnet die eigentliche, grundsätzliche oder vorherrschende Ursache innerhalb der Ursachen."[189]

---

[189] [Fußnote im Original] Solange der gesamte *Patthana* [d. i. der siebte Teil des Abhidhamma-Pitaka] noch nicht zugänglich ist, können wir die Implikationen der verschiedenen Arten von Ursachen, wie sie die Sthaviravadin anführen, nicht wirklich verstehen; aber ich halte es für sinnvoll, wenigstens die Namen der Ursachen der südlichen Auflistung anzuführen, um sie mit denjenigen der nördlichen zu vergleichen, welche ich im Anschluss etwas ausführlicher zu erklären versuche. Für weitere Informationen siehe *C. P.*, S.191ff und J.P.T.S., 1915-16, S.21ff. Von geringerem Wert ist *Singularity of Buddhism*, S. 78ff von J. Wetta Shimha.

„*Paccaya* kann als dasjenige Ereignis definiert werden, durch welches eine Frucht oder Wirkung aus sich selbst heraus entsteht“, oder als generelle ursächliche Beziehung jedweder Form, und nicht notwendigerweise als die Beziehung einer direkten Ursache und einer direkten Wirkung.

> „Wirkungen von grundsätzlichen Ursachen sind entweder direkt oder indirekt. Die eine, wohldefinierte Art von Ereignissen, welche eine unauflösliche Beziehung zu einer vorhandenen Ursache aufweisen, gilt als direkte Wirkung. Alle anderen Resultate außer dieser direkten Wirkung sind indirekte Wirkungen. Wenn die alleinige hinreichende Ursache vorhanden ist, treten ihre direkten Wirkungen unveränderlich ein. Aber ihre indirekten Resultate können auftreten oder auch nicht. Es gibt keinen notwendigen Zusammenhang zwischen einer Ursache und diesen indirekten Resultaten. ...
>
> Gier (*lobha*) zum Beispiel ist mit seinen begleitenden geistigen und gleichzeitig existierenden körperlichen Faktoren auf die Art einer besonderen Bedingung (*hetu*) verbunden. Hier treten diese Eigenschaften unmittelbar ins Dasein, zusammen mit ihren *patthana* oder Ursachen. Das bedeutet, immer wenn Gier aufkommt erscheinen sie ebenfalls notwendigerweise. ... Aber hiermit ist es noch nicht zu Ende. Gier kann der Auslöser sein für eine Reihe von geistigen, sprachlichen oder körperlichen Handlungen, selbst wenn es als Stimulus nicht mehr vorhanden ist. Diese Folgen sind dann Resultate oder Ergebnisse der direkten Wirkung.“

Weiterhin heißt es zum Unterschied zwischen *patthana* und *paccaya*:

> „Er besteht darin, dass *patthana* auf nicht-transitive Beziehungen in ihren direkten Wirkungen begrenzt ist, während *paccaya* lediglich nicht-transitive Beziehungen und ihre indirekten Wirkungen abdeckt. ... Die Kommentatoren geben den Ausdruck *paccaya* mit *upakaro* wieder, was so viel wie ‚Dienst erweisen‘ bedeutet. Eine Mutter erweist ihrem Kind einen Dienst durch ihre Tätigkeit der Empfängnis, Schwangerschaft etc., und indem sie auf seine Wünsche eingeht. Aber wenn ein erwachsener, der Kindespflichten bewusster Sohn seine Mutter auf ihre alten Tage unterstützt, wird dies nun zu *paccaya*...“

Im siebten Buch des Pali-Abhidhamma, *Patthana*, werden vierundzwanzig Arten von *paccaya* unterschieden. Es handelt sich dabei um:

1) *hetu* oder Wurzel-Bedingung
2) *arammana* oder Objekt-Bedingung
3) *adhipati* oder Vorherrschaft-Bedingung
4) *anantara* oder Angrenzung-Bedingung
5) *samanantara* oder Unmittelbarkeit-Bedingung
6) *sahajata* oder Zusammenentstehung-Bedingung
7) *annam-anna* oder Gegenseitigkeit-Bedingung
8) *nissaya* oder Grundlage-Bedingung
9) *upanissaya* oder Anlass-Bedingung
10) *purejata* oder Vorherentstehung-Bedingung
11) *pacchajata* oder Nachherentstehung-Bedingung
12) *asevana* oder Wiederholung-Bedingung
13) *kamma* oder Tat-Bedingung
14) *vipaka* oder Tatwirkung-Bedingung
15) *ahara* oder Nährstoff-Bedingung
16) *indriya* oder Fähigkeit-Bedingung
17) *jhana* oder Vertiefung-Bedingung
18) *magga* oder Pfad-Bedingung
19) *sampayutta* oder Verbundensein-Bedingung
20) *vippayutta* oder Nicht-Verbundensein-Bedingung
21) *atthi-paccaya* oder Anwesenheit-Bedingung
22) *natthi* oder Abwesenheit-Bedingung
23) *vigata* oder Geschwundensein-Bedingung
24) *avigata* oder Fortdauer-Bedingung

(b) Anwendung der vierundzwanzig *pratyaya*

Es heißt (*C. P.* S.193), dass es vier verschiedene Arten von Beziehungen gibt; nämlich:

1) geistig-geistig
2) geistig-körperlich
3) körperlich-körperlich
4) körperlich-geistig

(1) Alle Arten des Bewusstseins, die wir früher in dreiunddreißig Gruppen zusammengefasst haben, werden innerhalb dieser Kategorie aufeinander

bezogen. „Hier ist die Beziehung symmetrisch, d. h. die Beziehung zwischen den beiden Ausdrücken A und B entspricht derjenigen zwischen B und A.“ (2) Die Beziehung zwischen den resultierenden Arten des Bewusstseins und den resultierenden körperlich-materiellen Formen gehören zu dieser Kategorie. Im Moment der Empfängnis treten sie gemeinsam ins Dasein; danach jedoch entstehen Bewusstseinsarten in Abhängigkeit von äußeren Objekten. (3) Die Beziehung zwischen den vier Elementen und ihren Ableitungen fallen in diese Kategorie. „Es gilt daran zu erinnern, dass die abgeleitete Körperlichkeit nicht den Status einer Ursache oder *paccaya* erlangen kann. Das heißt, die Beziehung zwischen den primären Faktoren A und den sekundären Faktoren B ist nicht symmetrisch. Oder anders ausgedrückt, die Beziehung von A zu B entspricht nicht derjenigen von B zu A.“ (4) Unter dieser Kategorie wird die Beziehung der Herz-Grundlage zum Bewusstsein im Moment der Empfängnis erfasst.

Der *Abhidhammattha-sangaha* fügt diesen vier Gruppen zwei weitere hinzu, nämlich: (5) die Beziehung zwischen Wort und Konzept auf der einen und dem Geist auf der anderen Seite; (6) die Beziehung zwischen einer Gruppe körperlich-geistiger Zustände und einer anderen Gruppe körperlich-geistiger Zustände. Die Beziehung zwischen diesen sechs Kategorien und den vierundzwanzig *pratyaya* wird dabei wie folgt angegeben:

(1) geistig – geistig
- 1) Angrenzung
- 2) Unmittelbarkeit
- 3) Abwesenheit
- 4) Geschwundensein
- 5) Wiederholung
- 6) Verbundensein

(2) geistig – geistig-körperlich
- 7) Wurzel
- 8) Vertiefung
- 9) Pfad
- 10) Tat
- 11) Tat-Wirkung

(3) geistig – körperlich
- 12) Nachher-Entstehung

(4) körperlich – geistig

13) Vorher-Entstehung

(5) Wort und Konzept – Geist

14) Objekt

15) Anlass

(6) geistig-körperlich – geistig-körperlich

16) Vorherrschaft

17) Zusammen-Entstehung

18) Gegenseitigkeit

19) Abhängigkeit

20) Unterstützung

21) Fähigkeit

22) Nicht-Verbunden-Sein

23) Anwesenheit

24) Fortdauer

3.3.2 Die nördliche Tradition[190]

Während die Sthaviravadin und die Sarvastivadin sich bezüglich der Interpretation der Kausalität mit Bezug auf die Personalität einig sind, finden wir nun bei der Behandlung der kosmischen Verursachung eine Übereinstimmung der Yogacarin und Sarvastivadin, im Unterschied zu der gänzlich anderen Auffassung der Sthaviravadin. In manchen speziellen Punkten waren sich die beiden nördlichen Schulen uneins; doch was die zentralen Lehren dieses Themas angeht, stimmen sie überein, und wir können sie daher zusammen abhandeln.

Die nördliche und die südliche Tradition scheinen sich, die kosmische Verursachung betreffend, ziemlich eigenständig entwickelt zu haben. Anstelle einer eher ungeordneten Liste von vierundzwanzig Beziehungen finden wir bei ihnen vier grundlegende *pratyaya* oder Weisen, auf denen Phänomene zueinander in Beziehung stehen können, während die eigentliche Kausalität anhand von sechs oder zehn *hetu* und ihren fünf *phala* oder Früchten erklärt wird. Es ist interessant zu erkennen, dass diese Lehre von den sechs oder zehn *hetu* und ihren fünf Früchten zugegebenermaßen eine spätere Entwicklung der buddhistischen Sichtweise darstellt, während jedoch behauptet wird, dass die Lehre von den vier *pratyaya* bereits in den

[190] [Fußnote im Original] Für die Sarvastivadin besonders *A. K.*, das Ganze von Faszikel 6 und 7; *N. A.* Faszikel 15; *A. P.* 14; *M. V.* 16-17b ff. Für die Yogacarin siehe insbesondere *V. M. S.*, Faszikel 7 und S. 32 sowie *Wei-shih* S.212 ff.

frühesten Hinayana-Sutras gelehrt wird.[191] Leider können wir diese Aussage nicht verifizieren, und obwohl eine Bezugnahme auf das *Samyukta-Agama* vorhanden ist, enthält keiner der existierenden Texte die fragliche Passage. Es ist jedoch wichtig, was für ein Licht diese Aussage auf die Entwicklung der Abhidhamma-Lehren wirft, besonders, da sie in so großem Widerspruch zu den Sthaviravadin stehen, welche für sich in Anspruch nehmen, dass alle ihre vierundzwanzig *pratyaya* der ursprünglichen Lehre zugehörig sind. Wir werden nun jede der vier *pratyaya* genauer betrachten.

(a) Die vier *pratyaya*

Pratyaya wird, wie wir bereits gesehen haben, als die Bedingungen erklärt, welche ein gegebenes Phänomen hervorbringen. In diesem Sinne erklären die *pratyaya* die verschiedenen Weisen, auf welche sich Phänomene zueinander verhalten können. All diese Beziehungen gehören in die eine oder andere der folgenden Arten:[192]

1) *Hetu-pratyaya* oder direkte ursächliche Beziehung.
2) *Samanantara-pratyaya* oder die Beziehung von einheitlicher und ununterbrochener Folge.
3) *Alambana-pratyaya*, die Beziehung zwischen dem Objekt und dem Subjekt der Wahrnehmung.
4) *Adhipati-pratyaya*, erklärt als der indirekte Einfluss, den ein *dharma* auf ein anderes *dharma* haben kann.

Es heißt, dass diese vier Gruppen auf zwei reduziert werden können. Die erste Gruppe wird nur von *hetu-pratyaya* gebildet, der direkten Verursachung, während die zweite Gruppe sich aus den übrigen drei *pratyaya* zusammensetzt, welche die indirekte oder sekundäre Verursachung bilden. Tatsächlich umfasst *adhipati-pratyaya* alle Formen der indirekten Kausalität, so dass *alambana* und *samanantara* lediglich Untergruppen davon sind, jedoch wichtig genug, dass sie eigens erwähnt werden.

1. *Hetu-pratyaya*. – Diese bezieht sich auf die Beziehung zwischen zwei *dharma*, wenn eins die unmittelbare Ursache des anderen ist. Mit anderen Worten: Wenn ein *dharma* gänzlich die Ursache eines anderen ist – selbst

[191] [Fußnote im Original] Die Madhyamika scheinen nur die vier *pratyaya* in ihre Betrachtungen einbezogen zu haben, vgl. *Mad. Vr.* (Chinesische Übersetzung), Faszikel 1; man vergleiche jedoch auch die Erweiterungen in *M. P. P.-Sastra*, Faszikel 32 S. 1a ff.

[192] [Fußnote im Original] *A. K.* 7-1a; *N. A.* 8-17b; *A. P.* 10-10a; *V. M. S.* S.33b und 34a.

wenn dieser kausale Prozess der Mitwirkung anderer, indirekter Bedingungen bedarf –, spricht man von diesem *dharma* als *hetu-pratyaya*. In früher Zeit scheint kein Versuch gemacht worden zu sein, diese Art der Kausalität zu differenzieren, doch die späteren Gelehrten haben eine Liste von sechs oder zehn *hetu* aufgestellt, welche allesamt Unterteilungen dieser Art von Verursachung sind. Wir werden uns damit im Anschluss hieran genauer beschäftigen.

2. *Samanantara-pratyaya*. – Wenn eine Gruppe von *dharma* einheitlich und ohne Unterbrechung auf eine andere folgt, wird die vorangehende Gruppe als *samanantara-pratyaya* der nachfolgenden Gruppe bezeichnet. Dies betrifft insbesondere die Beziehung zwischen zwei verschiedenen Bewusstseinsmomenten innerhalb derselben Person. Jede Gruppe von mentalen Faktoren (*caitasika*) besitzt nur die Dauer eines einzigen Augenblicks (*ksana*); aber in dem Moment, in dem diese Ansammlung sich auflöst, entsteht eine neue, nimmt ihren Platz ein und erbt deren potentiellen Kräfte. Auf diese Weise bedingt die vorangehende Gruppe die Aktivität ihrer Nachfolger, obwohl sie dennoch nicht als deren [direkte] Ursache bezeichnet werden kann, da die nachfolgende Gruppe ihren Ursprung dem Handeln oder den Leidenschaften (*klesa*) verdankt. Daher ist die Wurzel-Ursache (*hetu-pratyaya*) der neuen Gruppe entweder *karma* oder *anusaya*, und ihre Beziehungs-Ursache (*samanantana-pratyaya*) ist die unmittelbar vorangehende Gruppe des Geistigen.[193]

Der Daseinsstrom des Bewusstseins gilt als einheitlicher und stärker aufeinander bezogen als die anderen Daseinsströme. So werden z. B. zwei verschiedene Phasen des Körpers nicht als mittels *samanantana-pratyaya* verbunden betrachtet. Die Kommentatoren erklären dies damit, dass diese Beziehung Einheitlichkeit und Unmittelbarkeit zwischen dem Bedingenden und dem Bedingten impliziert. Die Beziehung zwischen zwei aufeinanderfolgenden Phasen von *rupa* besitzt keine dieser beiden Voraussetzungen, da der Prozess des Wandels langsamer ist und zwei verschiedene Ersetzungsprozesse zur gleichen Zeit im Körper ablaufen können, im Unterschied zur einheitlichen Auflösung und Ersetzung im Falle des Geistes.

Auf dieselbe Weise können die *citta-viprayukta-dharma* nicht als *samanantara-pratyaya* fungieren, da es bei ihrer Erscheinung in der Welt keine feste Reihenfolge [von früher und später] gibt. Selbst innerhalb des

---

[193] *Anusaya*, die „sieben Neigungen“, sind Begehren, Widerstreben, Ansicht, Zweifel, Dünkel, Daseinstrieb und Unwissenheit.

Geistigen gilt der letzte Bewusstseinsmoment eines Arhat als unwirksam, da keine neue Gruppe mentaler *dharma* mehr folgt, weil sich die Phänomene produzierenden Handlungen und Leidenschaften erschöpft haben. Da es keine Wurzel mehr gibt, kann von der letzten Gruppe geistiger Faktoren nicht gesagt werden, dass sie eine bedingende Wirkung ausüben (*A. K.* 7-2a).

3. *Alambana-pratyaya* oder Wahrnehmung-Bedingung. Diese entspricht dem, was die Kartesianer als Gelegenheits-Ursache bezeichnen würden. Bedingt durch zahlreiche äußere Objekte entstehen verschiedene Arten des Bewusstseins. Die Sarvastivadin dachten, dass die Natur eines neu entstandenen Bewusstseins durch die äußeren Objekte bedingt sei, aber dass die Ursache der Entstehung beim Karma und den Leidenschaften verbleibt. Daher wird die Wirkung der äußeren Objekte als *alambana-pratyaya* bezeichnet. Diese Gruppe ist weit umfassender als die vorherige, insofern als alle Objekte oder alle *dharma* des Universums als Wahrnehmung-Bedingung fungieren können, d. h. dass alle Phänomene Objekte der Wahrnehmung sein können, wobei die *alambana-pratyaya* der fünf sinnlichen Bewusstseinsarten *rupa* ist, während alle *dharma* jeder Gruppe als *alambana-pratyaya* des sechsten Bewusstseins bzw. *mano-vjinana* agieren. Auf diese Weise können sogar die *asamskrta-dharma* und die *samskrta-dharma* der Vergangenheit und Zukunft als *alambana-pratyaya* fungieren.

Es heißt weiterhin, dass alle *dharma* die Bezeichnung *alambana-pratyaya* sogar in solchen Momenten beibehalten, in denen sie nicht als Objekte der Wahrnehmung wirken, da sie immer potentielle Bedingungen sind, so wie Feuerholz immer als Brennstoff bezeichnet wird, selbst wenn es gerade nicht brennt (*A. K.* 7-4).[194]

4. *Adhipati-pratyaya.* – Wenn wir die Beschaffenheit der Dinge, welche wir sehen, untersuchen, erkennen wir, dass alles einen indirekten Einfluss auf alles andere ausübt. Der Schnee des Himalaya beeinflusst das Klima und damit die Nahrung, Kleidung und das Leben aller anderen Teile der Welt. Dieser indirekte Einfluss, den jeder *dharma* auf alles andere ausübt, wird *adhipati-pratyaya* genannt. Daran wird deutlich, wie groß der Unterschied zwischen der nördlichen Interpretation der *pratyaya* und derjenigen der Sthaviravadin ist; denn letztere haben mit „Vorherrschaft" den wörtlichen

[194] [Fußnote im Original] Bezüglich der Modifizierungen von *alambana-pratyaya* bei den Yogacarin von einem grundsätzlichen ontologischen Standpunkt aus siehe *Alam. Prat. Sastra* von Dignaga (siehe Einleitung).

Sinn von *adhipati* beibehalten, während die nördlichen Gelehrten sagen, dass diese Bedingung ihren Namen nur daher bekommen hat, weil sie weit und universell ist, insofern sie allen *dharma* des gesamten Universums eignet. Sie ist sogar noch umfassender als *alambana-pratyaya*, da ein *dharma* sogar dann eine *adhipati*-Wirkung hat, wenn es nicht direkt wahrgenommen wird.

Die Reichweite von *adhipati* hat nur zwei Grenzen: (1) ein Phänomen kann keinen ursächlichen Einfluss auf sich selbst ausüben; (2) die *samskrta-dharma* können keinen Einfluss auf die *asamskrta-dharma* haben, da diese per Definition nicht-bedingt sind (*A. K.* 7-5a).

Aus ihren jeweiligen Definitionen können wir auch ersehen, dass die vier *pratyaya* auf die diversen Kategorien des Daseins in folgender Weise bezogen werden: Alle vier Arten von Bedingungen bewirken die Entstehung von *citta* sowie *caitasika*. Die einzige Ausnahme hiervon sind die *citta* und *caitasika* des Himmels der Nicht-Bewusstheit. Da es in diesem Fall keine Wahrnehmung gibt, können auch keine Phänomene als *alambana-pratyaya* wirken.

Nur zwei der vier *pratyaya* werden auf *rupa* und die *viprayukta-dharma* angewendet, nämlich *hetu-pratyaya* und *adhipati-pratyaya*. Da es keine wahrnehmende Funktion besitzt, passt *alambana-pratyaya* nicht hierher. Der Grund für den Ausschluss von *samanantara-pratyaya* wurde bereits erläutert.

(b) Die sechs *hetu*

Wir wenden unsere Aufmerksamkeit nun den *hetu*, den Arten der direkten Verursachung zu. Die Unterteilung der *hetu* ist eine spätere Entwicklung in der buddhistischen Philosophie, und so gab es unterschiedliche Ansichten bezüglich der exakten Anzahl kausaler Ursachen, die aufgelistet werden sollten. Zum größten Teil hatten die Sarvastivadin sechs in ihrer Liste. Die Yogacarin akzeptierten bisweilen die sechs *hetu* der Sarvastivadin,[195] erwähnen aber häufig noch eine andere Liste von zehn *hetu*, welche zusammen mit fünf anderen Modi der Beziehung ihre vollständige Liste von fünfzehn kausalen Grundfaktoren ergeben.[196] Diese speziellen Ansichten der

---

[195] [Fußnote im Original] Das *Lankavatara-Sutra* erläutert die sechs *hetu* vom Standpunkt der Yogacarin aus, 3-10b der zehnteiligen Ausgabe, und 2-21b der vierteiligen Version.

[196] [Fußnote im Original] Vgl. insbesondere *V. M. S.* Faszikel 8, S. 33b für eine vollständige Aufzählung und Erklärung.

Yogacarin bezüglich der Verursachung sind jedoch nur von untergeordneter Bedeutung. Sie haben in der Yogacarin-Philosophie kaum eine Rolle gespielt, sowohl insgesamt als auch in einzelnen Bereichen. Viele der führenden Kommentare haben sie gänzlich ignoriert (z. B. *Wei-shi-lun-cheng* I). Daher können wir uns im vorliegenden Fall mit der Liste der sechs *hetu* zufrieden geben, welche den Yogacarin und den Sarvastivadin gemein ist und häufig angeführt wird.

Tatsächlich ist diese Gruppe bloß eine Neuauflage der *pratyaya*-Klassifizierung der Ursachen, bei denen die drei *pratyaya*, die einen indirekten Einfluss auf die Phänomene ausüben, zusammengefasst sind und als ein einziges *hetu* namens *karana-hetu* bezeichnet werden, während das eine *pratyaya*, welches einen direkten Einfluss auf die Phänomene ausübt, in fünf Untergruppen eingeteilt ist. Die Beziehung zwischen den *pratyaya* und den *hetu* stellt sich folgendermaßen dar:

Pratyaya	*Hetu*
1. *hetu*	1. *karana*
2. *samanantara*	2. *sahabhu*
3. *alambana*	3. *samprayukta*
4. *adhipati*	4. *sabhaga*
	5. *sarvatraga*
	6. *vipaka*

Untersuchen wir nun die sechs *hetu* einzeln:

1. *Karana-hetu*. – Dies ist Kausalität im weitesten Sinne. Sie umfasst (1) alle anderen Ursachen, und (2) alle *dharma*. (1) Da *karana-hetu* Kausalität im allgemeinen Sinne ist, sind alle anderen Ursachen in dieser Kategorie enthalten und lediglich einzelne Untergruppen davon. Doch aus praktischen Gründen ist es ratsam, Arten von solchen Ursachen zu unterscheiden, welche spezielle Eigenheiten haben, und den Begriff *karana* als Bezeichnung für solche Ursachen zu bewahren, welche nicht anderweitig klassifiziert werden können, so wie, um den *Abhidhamma-kosa* (6-1a) zu zitieren, zehn der *ayatana* als *rupa-ayatana* bezeichnet werden und dennoch nur eines den eigentlichen Namen *rupa-ayatana* trägt.

In diesem speziellen Sinn unterscheidet sich *karana* von den anderen Arten von *hetu*, insofern es sowohl positiv als auch negativ ist. Mit dem positiven Aspekt ist gemeint, dass die Existenz irgendeiner Sache, selbst einer noch so unbedeutenden, einen Einfluss auf alle anderen *dharma* ausübt (siehe oben: *adhipati pratyaya*). Mit negativem Aspekt ist gemeint: Wenn ein bestimmter *dharma* keinen speziellen Einfluss auf einen anderen ausübt, kann er gleichermaßen als Ursache bezeichnet werden, insofern auf diese Weise die Entstehung eines Phänomens nicht behindert wird. Wenn ein König weise und gerecht regiert, ist dies ein positiver Einfluss auf den Wohlstand der Menschen. Wenn ein König überhaupt nicht regiert, geht das ganze Land zugrunde, so dass gerade das Nicht-Handeln bzw. die Abwesenheit von Etwas einen Einfluss auf etwas anderes ausübt (*A. K.* 6-2a).

(2) Es folgt daraus, dass jeder *dharma* die *karana-hetu* von jedem anderen *dharma* ist, obwohl er keinen ursächlichen Einfluss auf sich selbst ausüben kann. So kann man sagen, dass der Faktor „Vertrauen" (*sraddha*) die *karana-hetu* von Vertrauenslosigkeit (*asraddha*) ist. Durch die Einbeziehung von *alambana-pratyaya* in diese Kategorie sind *nirvana* und die anderen *asamskrta-dharma* gleichfalls in der Liste der *karana-hetu* enthalten (*A. K.* 6-2a).

2. *Sahabhu-hetu.* – Dieser Begriff wird verwendet, um die ursächliche Wirkung von zwei *dharma* zu erklären, welche simultan existieren.[197] Es gibt zwei verschiedene Interpretationen zu dieser Art von *hetu*:

(1) Die erste besagt, dass man von *sahabhu-hetu* spricht, wenn mehrere unterschiedliche *dharma* einen einzigen Effekt zur gleichen Zeit gemeinsam bewirken, so wie die Zusammenarbeit einer Gruppe von Menschen die Bildung eines Regiments erzeugt. Dies impliziert ein gewisses Maß an Koordination zwischen den getrennten ursächlichen Faktoren, was zur zweiten Interpretation dieser Ursache führt, welche vom *Abhidhamma-kosa* präferiert wird; nämlich:

(2) *Sahabhu-hetu* ist die simultane Wechselwirkung einer bestimmten Anzahl von *dharma*. In gewissen Fällen bewirken gleichzeitig existierende *dharma* nicht nur einen weiteren getrennten Effekt, sondern haben auch einen ursächlichen Einfluss aufeinander. Hier impliziert das Aufeinander-Bezogensein eine symmetrische Wechselbeziehung, d. h. nicht nur wirkt A auf B ein, sondern gleichermaßen wirkt B auf A.

---

[197] [Fußnote im Original] Der *Abhidhamma-kosa* und der *Abhidhamma-prakarana* unterscheiden sich in ihrer Erklärung dieser Art von Ursache. Siehe *A. K.* 6-2b und *A. P.* 9-1a; beide Sichtweisen finden sich in *M. V.* 15-16a etc. Der *A. P.* folgt der ersten und der *A. K.* der zweiten der oben angeführten Interpretationen.

Beispiele hierfür finden sich sowohl bei körperlichen wie geistigen Phänomenen. In jedem beliebigen Molekül stellt der gegenseitige Wirkeinfluss der Atome der vier *mahabhuta* eine *sahabhu-hetu* dar. Die Beziehung zwischen den *mahabhuta* und den *bhautika* hingegen gehört nicht hierher, da diese Beziehung asymmetrisch ist, insofern als die *mahabhuta* die *bhautika* beeinflussen, während die *bhautika* nicht unmittelbar auf die *mahabhuta* einwirken können.

Gemäß den Sarvastivadin umfasst eine geistige Gruppe vierundfünfzig *dharma*, welche als *sahabhu-hetu* fungieren. Diese sind (a) *citta* selbst, (b) die zehn universellen oder allgemeinen *caitasika*, (c) die vier Kennzeichen (*laksana*) von *citta*, und (d) die vier Kennzeichen jedes der zehn *caitasika*, d. h. zusammen vierzig (*A. K.* 6-3b).

3. *Samprayukta-hetu.* – Dies ist eine weitere, besondere Klasse von *sahabhu-hetu* und bezieht sich spezieller auf die Beziehung zwischen *citta* und den *caitasika*. Sie unterscheidet sich von der vorherigen Gruppe durch die engere Verfasstheit der Einheit zwischen den gemeinsam existierenden und einander beeinflussenden Teilen. Folgerichtig ist jede *samprayukta-hetu* notwendig auch eine *sahabhu-hetu*; jedoch gibt es gewisse *sahabhu-hetu* die nicht ausreichend untereinander verbunden sind, um die Bezeichnung *samprayukta-hetu* zu tragen. Die Einheit der letzteren ist so eng, dass man fast von einer Verschmelzung sprechen könnte, während die der ersteren nur gemeinsames Wirken bedeutet, wobei jeder Teil seine eigenständige Funktion beibehält. Der *Abhidhamma-kosa* illustriert die Wirkung der *sahabhu-hetu* mit der Reise von Händlern in einer Karawane mit dem Ziel, sich vor den Gefahren auf dem Weg zu schützen, während die Wirkung der *samprayukta-hetu* anhand derselben Reisenden dargestellt wird, wenn sie zur genau gleichen Zeit exakt die gleichen Handlungen ausführen (*A. K.* 6-10b).

Die Buddhisten waren der Ansicht, dass diese engere Form der Verbundenheit des materiellen sowie des *citta-viprayukta-dharma* nicht möglich sei und beschränkten sie daher auf gegenseitige Bezogenheit der diversen *caitasika*. Ihre Funktion als *samprayukta-dharma* hängt von ihrer bereits erwähnten vier- oder fünffachen Einheit ab.

4. *Sabhaga-hetu.* – Diese wird für gewöhnlich als „homogene Ursache" bezeichnet. Sie unterscheidet sich von der vorherigen Kategorie dadurch, dass sie nicht zeitgleich mit ihrer Wirkung besteht; tatsächlich muss sie sogar aufgehört haben zu existieren, bevor ihre Wirkung (*phala*) entstehen

kann. Auf die gleiche Weise unterscheidet sie sich von dem weiter unten angeführten *vipaka-hetu*, da die Wirkungen von *sabhaga-hetu* von derselben Natur sind wie die Ursache selbst. D. h. wenn ein Apfel einen anderen Apfel hervorbringt, spricht man von *sabhaga-hetu*. Gleichermaßen wird das erste Stadium des menschlichen Fötus als *sabhaga-hetu* der folgenden Stadien bezeichnet. Die größte Ähnlichkeit besteht daher zum bereits besprochenen *samanantara-pratyaya*, von dem es jedoch auf mehrere Weisen unterschieden wird. (1) Es ist eine Ursache und keine Bedingung, d. h. die Beschaffenheit des Geistes als Ganzes ist der bedingende Faktor für den darauffolgenden Moment des Bewusstseins, während bestimmte Leidenschaften im vorherigen Bewusstseinsmoment, deren Kräfte das Entstehen eines ähnlichen Bewusstseins zu einem späteren Zeitpunkt bewirken, nicht *sabhaga-hetu* genannt werden können. (2) *Samanantara-pratyaya* bezieht sich spezieller auf die Beziehung zweier mentaler Gruppen in zwei aufeinanderfolgenden Momenten, während *sabhaga-hetu* über eine verlängerte Zeitperiode wirksam sein kann. (3) Daher gilt *samanantara-pratyaya* nur für den Geist und die geistigen Faktoren, während *sabhagu-hetu* auf die Beziehungen zwischen allen ähnlichen Gruppen von *dharma*, z. B. auch *rupa*, angewendet werden kann.

Die Buddhisten waren der Ansicht, dass alle Phänomene die Tendenz haben, sich selbst zu reproduzieren. Ein heilsames *caitasika* der Gegenwart tendiert dazu, ein heilsames *caitasika* in der Zukunft zu zeugen, ein unheilsames *caitasika* ein unheilsames. Diese Kraft oder Tendenz kann kontrolliert oder vereitelt werden; oder sie kann so schwach sein, dass sie nicht ausreicht sich selbst ohne äußere Hilfe zu reproduzieren, wie im Falle der nicht-determinierten Phänomene. Wenn die Kraft jedoch stark genug ist, um ihre Wirkung der Reproduktion auszuführen, heißt sie *sabhagu-hetu*. Dennoch ist diese Kraft in ihrer Reichweite sehr begrenzt, denn sie trifft nur für Effekte zu, welche (1) von derselben Verfasstheit sind, (2) denselben Bereich betreffen, und (3) derselben Sphäre.

„Verfasstheit" betrifft die drei Hauptkategorien heilsam, unheilsam und neutral. „Bereiche" bezieht sich auf die diversen Unterteilungen dieser dreifachen Beschaffenheit, wie z. B. die fünf Gruppen. „Sphäre" bezieht sich auf die verschiedenen Existenzebenen des Universums. Zu diesem Zweck wird das Universum in neun Ebenen eingeteilt; eine für die gesamte Begierde-Sphäre (*kama-dhatu*), je eine für die vier Gruppen der Feinkörperlichen Sphäre (*rupa-dhatu*) und je eine für die Formfreien Himmel (*arupa-dhatu*).

So kann ein heilsamer Faktor genug Kraft besitzen, sich in der Begierde-Sphäre zu reproduzieren; um jedoch zu einer Wiedergeburt in der Feinkörperlichen Sphäre zu gelangen, benötigt er zusätzliche Hilfe von außerhalb.

5. *Sarvatraga-hetu* (*A. K.* 6-10b). – Diese ist eng mit der vorhergehenden Art von Ursache verbunden, außer dass ihre Reichweite größer ist. Die *dharma* welche diesen Einfluss ausüben, sind die *anusaya*, d. i. Wurzel- oder Grundleidenschaften, welche die spätere Entstehung unheilsamer Bewusstseinszustände bedingen. Sie tragen die Bezeichnung *sarvatraga* bzw. universell aktiv, weil jede dieser Wurzelleidenschaften nicht nur die Ursache für das anschließende Entstehen ihrer eigenen Art von unheilsamen *dharma* ist, sondern auch von allen anderen Leidenschaften und Befleckungen, egal ob ihrem eigenen Bereich zugehörig oder nicht. Während *sarvatraga-hetu* als Konsequenz dieser Definition, wie *sabhaga-hetu*, in ihrer Aktivität auf *dharma* ihrer eigenen Sphäre begrenzt ist, ist es nicht wie letztere auf solche des eigenen Bereichs begrenzt, und muss daher als ein eigener Typ von Ursache erfasst werden.

6. *Vipaka-hetu* (*A. K.* 6-11b). – Dies ist in gewisser Hinsicht die wichtigste der *hetu*, da sie das wesentliche Glied im Prozess der Wiedergeburt darstellt. Wie die beiden vorangehenden *hetu* wird sie von *sahabhu-hetu* und *samprayukta-hetu* unterschieden, weil ihre Wirkung erst einsetzen kann, wenn sie selbst vergangen ist; und sie wird von *sahabhu-hetu* und *sarvatraga-hetu* unterschieden, weil sie in ihrer Reichweite nicht auf irgendeine Bereich oder irgendeine Sphäre begrenzt ist. Die wesentliche Funktion dieser Art kausaler Ursache besteht für unheilsame Wurzeln darin, schmerzhafte Konsequenzen wie z. B. Wiedergeburt in einer der Höllen zu erzeugen, für weltlich-heilsame Wurzeln jedoch angenehme Konsequenzen wie z. B. himmlische Wiedergeburt. Solche Resultate sind jedoch ihrerseits weder heilsam noch unheilsam, sondern indifferent. Daher gehören sie zu einer gänzlich anderen Kategorie als ihre Ursachen. Aus diesem Grund wird *vipaka-hetu* in der Regel als heterogene Ursache bezeichnet, insofern ihre Wirkungen, sowohl was die zeitliche Reifung als auch was ihre Beschaffenheit angeht, von ihrer Ursache verschieden sind.

Die *dharma*, welche als *vipaka-hetu* fungieren, können entweder der Kategorie des Materiellen (*rupa*), des Geistigen (*citta* oder *caitasika*) oder des Vermischten (*viprayukta*) angehören; jedoch müssen diese *dharma* der Gruppe der aktiv unheilsamen oder *sasrava*-heilsamen angehören. Keine der beiden neutralen Klassen (hemmend und nicht-hemmend) noch die heilsamen *anasrava-dharma* können als *vipaka-hetu* agieren. Die neutralen *dharma* sind dem *Abhidhamma-kosa* zufolge ausgeschlossen, weil sie wie ein schimmliger Samen sind, und *anasrava-kusala* ist ausgeschlossen, weil es unbeeinflusst von den karmischen Früchten der Leidenschaften wie ein guter Samen ist, der aber nicht zur Reife gelangt, da er nicht mit Wasser versorgt wurde. Aus diesem Grund können sie keine Wiedergeburt erzeugen.

Die Buddhisten, genauer die Sarvastivadin, glauben, dass es mehrere Arten numerischer Beziehungen zwischen den *vipaka-hetu* und ihrer Wirkungen geben kann. Die Ursache wird häufig mit einem Samen verglichen, und so wie manche Samen in einer kleinen Menge an Früchten resultieren und andere in einer großen, so auch können manche *vipaka-hetu* viele Wirkungen haben und andere wenig. Auf diese Weise kann eine einzelne Tat in einem Leben viele Auswirkungen in mehreren Leben haben; doch angesammelte Taten in mehreren Leben können nicht eine einzige Gruppe bilden, welche nur einen Effekt in einem Leben erzeugt. Ein einziger Gedankenmoment kann die Ursache für viele darauf folgende Gedankenmomente sein; doch viele Gedankenmomente können nicht die Ursache von nur einem Gedankenmoment sein.

Auf der anderen Seite kann eine Anzahl unterschiedlicher *dharma*, welche zu einer bestimmten Zeit innerhalb des Umfangs eines einzelnen Menschen oder anderen Wesens gemeinsam existieren, eine Gruppe bilden, die wie eine einzelne *vipaka-hetu* agieren und einen oder mehrere Effekte hervorrufen. Die ursächlichen *dharma* können Bestandteile eines einzigen *skandha* sein oder auch nicht. (Numerische Details möglicher Kombinationen von *dharma*, *skandha* etc. als Ursachen und Wirkungen finden sich in *A. K.* 6-12bff.)

Aus diesen Anmerkungen wird ersichtlich, dass die *hetu* bequem in zwei Gruppen eingeteilt werden können: in eine entsprechend der *dharma*, welche als Ursachen fungieren, und in die andere entsprechend den zeitlichen Beziehungen zwischen den Ursachen und ihren Wirkungen. Dies lässt sich wie folgt illustrieren:

1. Arten von Kausalität, bei denen alle *dharma* als Ursachen wirken können: *karana-hetu*, *sahbhu-hetu*, *sabhaga-hetu*, *sarvatraga-hetu*, *vipaka-hetu*.

2. Arten von Kausalität, bei denen nur geistige *dharma* als Ursachen wirken können: *samprayukta-hetu, sarvatraga-hetu.*

1. Arten von Kausalität, bei denen Ursache und Wirkung gleichzeitig sind: *karana-hetu, sahabhu-hetu, samprayukta-hetu.*

2. Arten von Kausalität, bei denen die Wirkungen erst nach Ende der Ursache auftreten: *karana-hetu, sabhaga-hetu, sarvatraga-hetu, vipaka-hetu.*

Aufgrund des uns zur Verfügung stehenden begrenzten Platzes ist es nicht möglich, die Lehren der nördlichen Buddhisten – die Kausalität und ihre Beziehungen zu anderen Kausaltheorien betreffend – ausführlich darzustellen; jedoch es ist wichtig zu beachten, wie die nicht-substantialistische Position des Buddhismus seine Theorie der Verursachung beeinflusst hat, in scharfem Gegensatz zu den Kausaltheorien der Substantialisten. Diese späteren Philosophen, egal ob abendländische wie Aristoteles oder morgenländische wie im Falle des Vaisesika-, Jaina- oder Samkhya-Systems, glaubten an eine permanente Substanz hinter den Eigenschaften und Zuständen; und da kein Phänomen ohne diese dahinterstehende Substanz existieren könne, kann diese Substanz als gleichzeitig-existierende Ursache verstanden werden. Im Unterschied hierzu nahmen die Buddhisten nur zwei Arten von Ursachen an, bei denen Ursache und Wirkung gleichzeitig sind, wobei in keinem der Fälle irgendeine Ursache beständig ist; tatsächlich besitzen sowohl Ursache wie Wirkung nur momentane Dauer. In den anderen drei Fällen der direkten Verursachung kann die Wirkung erst dann eintreten, wenn die Ursache selbst verschwunden ist. (Vgl. zu diesem Punkt die Argumentation des *Abhidhamma-kosa* mit derjenigen der Samkhya, *A. K.* 11-2b).

(c) Die fünf *phala*[198]

Als Ergebnis der Wirkungen und Wechselwirkungen der vier *pratyaya* und der sechs *hetu* kommt das Universum zustande. Vom kausalen Standpunkt aus kann jedes existierende Phänomen als eine der fünf Früchte (*phala*) betrachtet werden. Jedes einzelne Objekt kann unter mehr als eine dieser Kategorien fallen, denn jedes Phänomen ist das Resultat von mehr als einer Ursache. Die fünf Arten von Früchten sind:

---

[198] [Fußnote im Original] Für die Sarvastivadin siehe *A. K.* 6-14ff; *N. A.* 17-1a. Für die Yogacarin *V. M. S.* Faszikel 8, S.346.

1. *Adhipati-phala* oder angehäufter Effekt
2. *Purusakara-phala* oder Simultan-Effekt
3. *Nisyanda-phala* oder Einheitlich fortdauernder-Effekt
4. *Vipaka-phala* oder heterogener Effekt
5. *Visamyogha-phala* oder selbständiger Effekt

1. *Adhipati-phala* ist ein Phänomen, welches als einzelne Wirkung des allgemeinen ursächlichen Einflusses betrachtet wird, die jedes *dharma* im Universum ausübt. Daher ist es die Wirkung von *karana-hetu* und ist somit zur gleichen Zeit das Resultat von *alambana-*, *samanantara-* und *adhipati-pratyaya* (unter solchen Umständen, wo solche *pratyaya* anwendbar sind), da diese nur Untergruppen von *karana-hetu* sind. Da ein solches resultierendes *dharma* der Effekt der Aktivität einer großen Zahl unterschiedlicher ursächlicher *dharma* ist, wird es häufig als angehäufter Effekt bezeichnet. Da alle Dinge durch alle anderen Dinge beeinflusst sind, folgt daraus, dass alle Phänomene als *adhipati-phala* angesehen werden können, auch wenn der Ausdruck speziell für diejenigen Phänomene verwendet wird, deren Entstehung nicht einer der fünf anderen *hetu* zugeschrieben werden kann. Dies ist allerdings eine sehr wichtige Kategorie, denn das äußere Universum gilt als *adhipati-phala* der angehäuften Handlungen der fühlenden Wesen früherer Zeiten.

2. *Purusakara-phala* bezeichnet wörtlich den Effekt menschlicher Handlungen. Primär wird es metaphorisch verstanden im Sinne von Wirkungen, welche zeitgleich mit ihren Ursachen sind; so wie wenn ein Mensch ein Hufeisen schmiedet und dabei die vom Hufeisen angenommene Form simultan mit der vom Menschen ausgeübten Energie entsteht. In diesem Sinne gilt *purusakara-phala* als Wirkung der ursächlichen Einflüsse von *sahabhu-hetu* und *samprayukta-hetu*, wobei jedoch nicht nur die Ursache und Wirkung gleichzeitig, sondern die diversen Einheiten so aufeinander bezogen sind, dass man von jeder sagen kann, sie sind Ursache und Wirkung voneinander.

Neben dieser speziellen Verwendung von *purusakara-phala* wird der Begriff aber auch im wörtlicheren Sinne der von einem fühlenden Handelnden erzeugten Wirkung gebraucht, oder wenn eine Sache als direktes Resultat einer anderen entsteht, entweder unmittelbar oder in schneller Aufeinanderfolge oder sogar mit einiger zeitlicher Unterbrechung, so wie wenn die gegenwärtige Ernte als *purusakara-phala* des Aussäens der Samen durch den Farmer im vorherigen Jahr betrachtet wird. Wenn auf diese Weise das Resultat einer bestimmten Art von geistiger Aktivität zum Entstehen einer höheren Bewusstseinsstufe führt, kann sie als *purusakara-phala* der Handlung der vorangehenden geistigen Aktivität betrachtet werden. Wenn es in diesem Sinne verwendet wird, ist *purusakara-phala* nicht nur die Wirkung von *sahabhu-hetu* und *samprayukta-hetu*, sondern auch der Aktivität von *sabhaga-hetu*, *sarvatraga-hetu* und *vipaka-hetu*, und zusätzlich natürlich von *karana-hetu*.

Purusakara-hetu wird *adhipati-hetu* gegenübergestellt durch die Direktheit bzw. Indirektheit der Beziehung zwischen den verursachenden Wirkkräften und den Resultaten. Die allgemeine Bedingung der materiellen Welt ist *adhipati-phala*, aber jedes durch die Handlung eines Menschen A geschaffene materielle Objekt ist *purusakara-phala* hinsichtlich A, doch *adhipati-phala* bezüglich aller anderen Personen (*A. K.* 6-21).

3. *Nisyanda-phala* oder fortlaufender Effekt liegt dann vor, wenn ein Moment innerhalb eines Organismus als Wirkung der vorherigen Momente angesehen wird, zumindest wenn die darauf folgenden Momente von derselben Beschaffenheit sind wie ihre Vorläufer. So kann z. B. infolge der Aktivität von *vipaka-hetu* oder einer anderen Ursache auf den Zustand A eine Gruppe von gänzlich anderer Beschaffenheit folgen. In diesem Fall würde man die neue Gruppe nicht als *nisyanda-phala* bezeichnen; aber in fast allen neuen Gruppen gibt es bestimmte *dharma*, die als Ergebnis der reproduktiven Kräfte gleichartiger früherer *dharma* gestaltet sind, und diese fallen unter die hier behandelte Kategorie.

Diese Art von Wirkung umfasst die Resultate der Aktivität von *sabhaga-hetu* und *sarvatraga-hetu*. Wir haben bereits die Unterschiede zwischen diesen beiden Ursachen behandelt, wobei letztere auf diejenigen beflecken-den Einflüsse begrenzt ist, welche einen produktiven Einfluss auf alle nicht-heilsamen *caitasika* ihrer eigenen Sphäre haben; während erstere lediglich die natürliche Tendenz der *caitasika* jeder Sphäre, Natur und jedes Bereiches repräsentieren, sich selbst zu reproduzieren. Daher können manche geistigen Gruppen das Resultat der einen oder der anderen Ursache sein, manche das Resultat von beiden, und manche weder der einen noch der andern (siehe die Liste im *A. K.* 6-20b).

4. *Vipaka-phala* bzw. heterogener Effekt ist offenbar das Resultat der Aktivität von *vipaka-hetu*. Wenn der Effekt weder simultan mit, noch unmittelbar folgend auf, noch von derselben Beschaffenheit wie die Ursache,

aber dennoch das Ergebnis persönlicher Aktivität ist, spricht man von *vipaka-phala*. So ist das im Moment der Wiedergeburt in einem der Himmel oder Höllen neu entstehende *nama-rupa* ein *vipaka-phala*. Insofern ist die von *vipaka-hetu* und *vipaka-phala* repräsentierte Art von Kausalität sehr groß. Dennoch ist sie in der folgenden Weise begrenzt. *Vipaka-hetu* muss entweder eindeutig heilsam oder eindeutig unheilsam sein, wie wir bereits erfahren haben. *Vipaka-phala* hingegen kann nur zur Kategorie des nicht-hemmenden neutralen gehören. Da es nur ein Resultat ist, kann es zu keiner eindeutig moralischen Kategorie gehören.[199] Weiterhin ist *vipaka-phala* nur auf fühlende Wesen anwendbar. Der Gesamtzustand der externen Welt gilt als Resultat von Karma. Warum ist sie dann nicht in der Kategorie von *vipaka-phala* enthalten? Weil sie die angesammelte Wirkung der Handlung aller fühlenden Wesen und damit *adhipati-phala* ist, während *vipaka-phala* das individuelle Resultat individuellen Handelns ist (*A. K.* 6-20a).

5. *Visamyoga-phala* ist gleichbedeutend mit Nirvana. Wörtlich bedeutet es die Freiheit von Fesseln oder Befreiung vom Rad des Lebens und Sterbens. Dies ist das Resultat bestimmter Arten geistiger und moralischer Schulung bzw. von Karma und gilt daher als eine besondere Klasse von *vipaka-phala*; doch die transzendentale Beschaffenheit dieser Kategorie machte es für die Buddhisten notwendig, ihr einen eigenen Platz in ihrer Liste von Wirkungen einzuräumen.

Eine sorgfältige Untersuchung des Vorangehenden führt uns zu folgender Zusammenstellung der Beziehung zwischen den fünf *phala* auf der einen Seite und den vier *pratyaya* sowie den sechs *hetu* auf der anderen Seite:

[199] [Fußnote im Original] Dies war ein Zankapfel zwischen den Sarvastivadin und den Sautrantika. Zur Diskussion und Gegenargumentation siehe *A. K.* 6-14a und 6-19b.

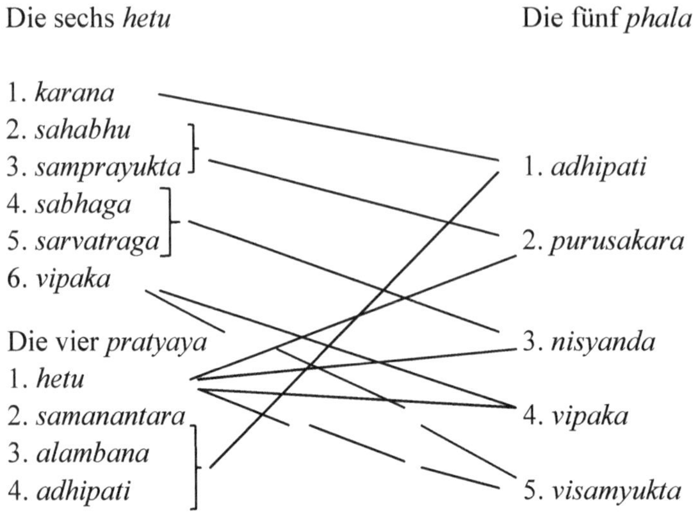

Bei diesen Verknüpfungen müssen zusätzlich ein oder zwei Punkte beachtet werden. Der erste Punkt ist der, dass manche Schulrichtungen vier zusätzliche Effekte angenommen haben. Diese waren (1) der unterstützte Effekt, wie im Falle der Wasserebene, welche der buddhistischen Kosmologie zufolge durch eine Ebene von Luft getragen wird. Auf die gleiche Weise wird die gesamte Vegetation durch die Erde unterstützt. (2) Der erworbene Effekt, wenn der Geist durch die Mittel der Meditation Weisheit erwirbt. (3) Der harmonisierende Effekt, wie im Falle des Seh-Bewusstseins (*caksur-vijnana*), welches der harmonisierte Effekt der Seh-Fertigkeit (*caksur-indriya*) ist. (4) Der durch Übung erworbene Effekt, so wie wenn die Natur des Geistes durch die Mittel der Versenkung (*dhyana*) verändert wird. Diese vier Klassen von Effekten betrachtet Vasubandhu (*A. K.* 6-27b) jedoch nur als Variationen von *purusakara-phala* und *adhipati-phala*.

Entsprechend dem vorherrschend psychologischen Ton aller buddhistischen Spekulationen wurde mehr Gewicht auf die ursächlichen Beziehungen zwischen den verschiedenen Arten geistiger Faktoren gelegt als auf diejenigen der materiellen Faktoren. Es mag daher interessant sein zu sehen, was die Sarvastivadin hinsichtlich der kausalen Kräfte dachten, welche eine Art von Materie auf eine andere ausübt. Dieses Problem lag natürlich außerhalb des Spektrums der Yogacarin. Derartige Beziehungen werden auf fünf Weisen diskutiert:

1. Der ursächliche Einfluss eines Grundelementes (*mahabhuta*) auf ein anderes. Dieser gilt als zweifach, *sahabhu-hetu* und *sabhaga-hetu*. Ersterer

ist die Beziehung der vier *mahabhuta* aufeinander zu irgendeinem Zeitpunkt und innerhalb eines speziellen Organismus. Letzterer ist die Weise, auf welche die *mahabhuta* sich zu späteren Momenten selbst reproduzieren (*A.K.* 7-8a ff.).

2. Der ursächliche Einfluss, den die *mahabhuta* auf die *bhautika* ausüben. Wir haben bereits gesehen, dass es eine fünffache Beziehung zwischen den fundamentalen und den abgeleiteten Arten der Materie gibt. Der *Abhidhamma-kosa* berichtet jedoch, dass diese fünf Arten von Abhängigkeit nur Untergruppen des Einflusses von *karana-hetu* auf *adhipati-phala* sind.

3. Der Einfluss der *bhautika* auf die *bhautika* [sic!]. Dies umfasst *sabhaga-*, *sahabhu-* und *vipaka-hetu*, zusätzlich natürlich *karana-hetu*. *Sahabhu-hetu* bezieht sich nur auf die physischen und sprachlichen Handlungen (welche ebenfalls als physische *bhautika* gelten), welche vermöge ihrer Funktion als mit dem Geist verbunden als *sahabhu-hetu* gezählt werden. Unter ihrem rein physischen Aspekt betrachtet, können sie diese Funktion nicht ausüben. *Sabhaga-hetu* ist der Einfluss, welchen die vorherige Gruppe von *bhautika* auf ihre Nachfolger ausübt. *Vipaka-hetu* bezieht sich auf die von Gruppen von *bhautika* erzeugte karmische Energie, egal ob heilsam oder unheilsam, welche im karmisch neutralen *vipaka-phala* (z. B. *caksur-indriya*) des nächsten Lebens resultiert.

4. Der Einfluss der *bhautika* auf die *mahabhuta*. Dieser ist von nur einer Art. Das von den *bhautika* erzeugte Karma kann als *vipaka-hetu* fungieren, welches die Bildung neuer Gruppen von *mahabhuta* bewirkt.

5. Ergänzend haben die Sarvastivadin und in geringerem Maße die Yogacarin lange und ausführliche Tabellen erstellt, welche den ursächlichen Einfluss der diversen mentalen Gruppen aufeinander zeigen (vgl. insbesondere den letzten Teil von Faszikel 7 des *A. K.*). Der Umfang unseres gegenwärtigen Unternehmens erlaubt es uns jedoch nicht, diese hier anzuführen; es wurde jedoch ausreichend dargelegt, wie die allgemeine Beschaffenheit solcher Beziehungen zu verstehen ist.

***

Weitere Veröffentlichungen/Übersetzungen von Dr. Julian Braun

Bunyu Nanjô: Eine kurze Geschichte der japanischen buddhistischen Schulen. (Angkor Verlag 2014)

Junjirô Takakusu: Grundzüge buddhistischer Philososphie (Angkor Verlag 2014)

Nyanatiloka: Führer durch den Abhidhamma-Pitaka (Michael Zeh Verlag 2013)

Karate als Lebensweg. Selbstkultivierung auf der Grundlage der 20 Leitsätze (*shôtô nijûkun*) des *Shôtokan Karate*. (Tengu Publishing 2011)

Samurai und Kriegskunst. Kompendium aus klassischen Texten der *Tokugawa*-Zeit. (Tengu Publishing 2012)

Kaibara Ekiken: Regeln zur Lebenspflege (Yôjôkun). (Iudicium 2010, zusammen mit Andreas Niehaus)

Texte aus der 'Schule der anhaltenden Feindlosigkeit' (Heijô muteki-ryû): Ein Beitrag zum 'gemeinsamen Weg von Schwert und Pinsel' der Samurai im Japan der Tokugawa-Zeit (Grin 2013)

Manase Gensaku (1549-1631): „Wesentliche Punkte für ein langes Leben" (Enju satsuyô): Ein Beitrag zur Tradition der Lebenspflege im Japan der Tokugawa-Zeit (Grin 2013)

www.selbtschmiede.de